U0552265

四库存目

子平汇刊 ③

命理金鉴 附 李虚中命书

[清] 志于道 ◎ 著
庄圆 ◎ 校　郑同 ◎ 注

华龄出版社

责任编辑：薛　治
责任印制：李未圻

图书在版编目（CIP）数据

四库存目子平汇刊. 3／（清）志于道著；庄圆校；郑同注.
—北京：华龄出版社，2015.1
ISBN 978-7-5169-0518-7

Ⅰ.①四… Ⅱ.①志… ②庄… ③郑… Ⅲ.①《四库全书》－图书目录 Ⅳ.①Z833

中国版本图书馆 CIP 数据核字（2014）第 294982 号

声明：依据《中华人民共和国著作权法》及《中华人民共和国著作权法实施条例》，本书整理者依法享有本书的著作权。凡大量引用、节录、摘抄本书内容的，请先与出版社联系。未经出版社及整理者许可，不得以任何方式翻印本书。

书　　名：	四库存目子平汇刊（三）
作　　者：	（清）志于道著　庄圆校　郑同注
出版发行：	华龄出版社
印　　刷：	九洲财鑫印刷有限公司
版　　次：	2014 年 12 月第 1 版　2018 年 6 月第 3 次印刷
开　　本：	720×1020　1/16　印　张：12
字　　数：	176 千字　印　数：6001～9000 册
定　　价：	38.00 元

地　　址：	北京市西城区鼓楼西大街 41 号	邮　编：	100009
电　　话：	(010) 84044445	传　真：	84039173
网　　址：	http://www.hualingpress.com		

校订序

《命理金鉴评批要旨》，① 题清"志于道先生原本，好静居士珍藏"，原藏于武汉图书馆。作者志于道先生，生平不可考。据命书最末"丙寅辛丑辛卯戊戌"条云："谨遵乾隆后编新法《西洋北历》，以同治甲子年后量天尺，拟戌时察太阳过将"，同治甲子年为同治三年（公元1864年），其生活年代当在清代晚期。孔子曰："志于道，据于德，依于仁，游于艺。"② 志于道之名，疑或非其本名也。

"金鉴"者，宝镜也。清代署名"金鉴"之书，尚有《医宗金鉴》、《养蒙金鉴》等。《医宗金鉴》为乾隆时期官方组织编纂的一部医学丛书，《四库全书总目》称赞其"有图、有说、有歌诀，俾学者既易考求，又便诵习"。《养蒙金鉴》采摘古代名贤幼小刻苦研学终成名家的事迹，按历史序列汇集而成，是培养学童启蒙的经典范例。如上二书影响深远，均是各自专业领域之佼佼者。据此不难推测，著者志于道先生曾寄予《命理金鉴》极高的期许，希望是书成为后世学命者案头必备之书。

传世《命理金鉴》为手抄本，通篇行草写就，书法优美，当是著者日常所批命书之汇编。全书以日干为纲领，收录命书共计一百又三十五篇，具体为：甲日十二篇、乙日十六篇、丙日十篇、丁日十三篇、戊日十篇、己日十二篇、庚日十二篇、辛日十篇、壬日十一篇、癸日九篇，另有杂论二十篇。全书宗干支体象及神峰张楠病药之法，兼采五星、演禽等术。部分命书批断包含具体大运、流年吉凶，并提供官场流年通用活套等，极富

---

① 点校者注：以下简称《命理金鉴》。本书凡点校者所作注释，一律在注文前加"校注"二字，以下不再一一说明。

② 校注：引自《论语·述而》。

借鉴意义。全书行文流畅，旁征博引，堪为清代命书范式，具有重要的文献价值。

　　董仲舒《春秋繁露》云："《诗》无达诂，《易》无达占，《春秋》无达辞。"《命理金鉴》成书百年后，只在亲友间传抄，得者视为至宝，秘不示人，故而鲜有人知。如此经典，藏诸深山，岂不惜哉！癸巳年夏初，宁波李锵涛兄慨然赠予珍藏《命理金鉴》影印件一册。一阅之下，大喜过望。由是发心将其逐字录入，以方便同好参研。唯全书通篇行草，字迹龙飞凤舞，卒读为难。其间得易友李常胜兄（网名"鹤伴云"）相助，历时一年，至甲午年夏，方始完成文本录入。全书之整理点校，一依古籍整理通例；原书明显有误，则加按语说明。唯因学识所限，错漏之处难免，还请方家指正。

岁次甲午孟秋，东海舟山庄圆于沪上客舟堂。

叙①

　　尝思天地既判，人物肇②生，凡属乾坤③并立之躯，均乎阴阳五行④之秀。是故经纬之学⑤以之而立法，⑥祸福之机⑦由是而推明。⑧其运行于天也，则有迟留伏逆、⑨生克制化。⑩其赋于人也，则有富贵贫贱、寿夭贤愚。⑪八者虽殊，亦皆有准。天之高、星之远，似若难明；泾之浊、渭之

---

　　① 点校者注：是叙原本录于139页，今依古籍整理通例，前置于书首。凡原行间注释，一律加"行注"于前以别之。此为全书通例，以下不再一一说明。
　　② 校注：肇，音zhào，开始，初始。
　　③ 校注：乾坤，是《易传》为描摹宇宙运行机制而创立的概念，是为《易经》哲学体系创立而定制、建构的范畴。《童子问易》说：所谓"《易》与天地准"，是说《易》所描摹的宇宙图式与自然宇宙是一致的、同构的。先贤仰观天文、俯察地理，近取诸身、远取诸物，发现事物的内在规定性都在于阴阳（日月、天地、男女、雌雄、奇偶、律吕等等），于是取类比象，始画八卦。乾、坤是八卦中的两卦，乾为天，坤为地，乾坤代表天地。
　　④ 校注：阴阳五行学说是中国古代朴素的唯物论和自发的辩证法思想。阴阳五行常说认为，世界是物质的，物质世界是在阴阳二气作用的推动下孳生、发展和变化；并认为木、火、土、金、水五种最基本的物质是构成世界不可缺少的元素。这五种物质相互资生、相互制约，处于不断的运动变化之中。这种学说对后来古代唯物主义哲学有着深远的影响，在长期医疗实践的基础上，将阴阳五行学说广泛地运用于医学领域，用以说明人类生命起源，生理现象，病理变化，指导着临床的诊断和防治，成为中医理论的重要组成部分，对中医学理论体系的形成和发展，起着极为深刻的影响。
　　⑤ 校注：经纬，本指织物的纵线和横线，一般比喻条理秩序。此处经纬之学，指一切阐幽发微的神秘之学。
　　⑥ 校注：立法，即订立规则。
　　⑦ 校注：祸福：灾殃与幸福。机，先兆，征兆。《易·系辞》："知机其神乎。"
　　⑧ 校注：推明，即推究阐明。
　　⑨ 校注：迟留伏逆，五星术语，详解请参阅《增补星平会海》一书。元陶宗仪《辍耕录·日家安命法》："日家者流，以日月五星，即计罗气孛四余气，躔度过宫，迟留伏逆，推人之生年月日时，可以知休咎，定寿夭。"
　　⑩ 校注：生克制化其实是包含两大现象，一为相生，一为相克。相生之序如下：木生火、火生土、土生金、金生水、及水生木，作无始无终之生生不息的循环。相克之序如下：金克木，木克土，土克水，水克火，火克金。
　　⑪ 校注：寿，长寿。夭，短命。贤：有道德有才能。愚：愚笨、愚昧。

清，昭然易见。是故开物成务①之作，有待于圣人；而治历明时②之占，莫逃乎太史。③信斯言也，能无从乎？今者启观。

---

① 校注：开：开通，了解；务：事务。通晓万物之理，得以办好各种事情。指通晓万物的道理并按这道理行事而得到成功。《易·系辞上》："夫《易》开物成务，冒天下之道，如斯而已者也。"

② 校注："治历明时"，语出《周易·革卦》："泽中有火，革，君子以治历明时。""泽中有火"，指水火不能相容，即自然界相互革命之象。"治历明时"，指治世的大从君子，取象于历法，因时而革。如昼夜不同为一日之革，晦朔不同为一月之革，分至不同为一季之革，四时不同为一年之革等。但古代帝王，改朝换代，必须改历，这亦取"治历明时"之义。《周易玩辞》说："凡改世者必治历，改岁者亦必治历，治一世之历者，可以明三正、五运之相革，治一岁之历者，可以明十二岁、六十甲子之相革。"

③ 校注：太史令，也称太史，官职名，相传夏代末已有此职。西周、春秋时太史掌管起草文书，策命诸侯卿大夫，记载史事，编写史书，兼管国家典籍、天文历法、祭祀等，为朝廷大臣。秦汉设太史令，职位渐低。魏晋以后修史的任务划归著作郎，太史仅掌管推算历法。隋改称太史监，唐改称太史局，肃宗时又改为司天台，五代同。宋代有太史局、司天监、天文院等名称。辽称司天监，金称司天台。元代改称为太史院，与司天监并立，但推步测算之事都归太史院，司天监仅余空名。明、清两代，均称钦天监。

目 录

评批要旨					5
甲木					1
辛未	甲午	甲寅	丁卯	……	1
辛酉	己亥	甲戌	癸酉	……	2
辛丑	辛丑	甲申	庚午	……	2
乙巳	己丑	甲子	甲子	……	3
辛卯	丁酉	甲申	己巳	……	3
丁巳	癸卯	甲午	辛未	……	4
庚寅	丙戌	甲寅	甲子	……	6
庚午	戊子	甲申	戊辰	……	7
丙午	庚寅	甲戌	癸酉	……	9
乙丑	己卯	甲午	甲子	……	10
丁巳	壬寅	甲午	癸酉	……	11
庚申	甲申	甲子	丙寅	……	11
乙木					13
甲辰	丁卯	乙未	己卯	……	13
辛未	庚寅	乙卯	丙子	……	15
癸卯	壬戌	乙卯	丙子	……	15
癸丑	庚申	乙丑	丁丑	……	16
戊寅	壬戌	乙未	癸未	……	17
丙申	庚寅	乙亥	戊寅	……	17
壬戌	癸丑	乙未	丙子	……	18
乙未	丙戌	乙亥	己卯	……	19
甲子	癸酉	乙巳	己卯	……	20

癸未	癸亥	乙丑	丙子	20
庚寅	辛巳	乙亥	壬午	20
癸酉	壬戌	乙巳	丙戌	21
辛丑	庚寅	乙卯	丙子	21
癸巳	乙丑	乙丑	丙子	21
癸酉	癸亥	乙巳	丙戌	21
辛丑	己亥	乙酉	丁丑	22

丙火 25

丙寅	丁酉	丙寅	乙未	25
辛酉	癸巳	丙申	壬辰	26
辛丑	庚寅	丙寅	庚寅	26
戊午	乙卯	丙辰	戊戌	27
戊戌	庚申	丙申	乙未	27
乙未	辛巳	丙辰	癸巳	27
癸丑	甲子	丙申	己亥	29
丙戌	戊戌	丙午	甲午	30
癸未	戊午	丙子	戊戌	30
戊午	丁巳	丙寅	壬辰	30

丁火 32

甲寅	丁卯	丁丑	辛亥	32
己未	乙亥	丁丑	己酉	32
乙巳	甲申	丁卯	丙午	33
壬子	丙午	丁亥	壬寅	34
癸酉	乙卯	丁酉	辛亥	35
癸卯	庚申	丁巳	庚戌	36
庚戌	己丑	丁卯	甲辰	36
己丑	丙寅	丁巳	戊申	37
乙卯	戊子	丁酉	庚戌	37
癸未	乙丑	丁未	乙巳	37
壬寅	丁未	丁酉	丁未	38

庚申	丁亥	丁酉	辛丑		39
甲申	乙亥	丁卯	庚子		39

戊土 ······ 41

丙申	己亥	戊戌	庚申		41
丙申	庚寅	戊申	庚申		41
己卯	戊子	戊申	丙辰		42
戊戌	壬戌	戊辰	庚申		43
戊子	甲寅	戊戌	丙辰		43
癸未	己未	戊午	戊午		44
乙未	戊子	戊寅	癸亥		44
壬子	壬寅	戊午	壬戌		44
壬戌	壬寅	戊戌	戊午		45
丙辰	己亥	戊申	甲寅		45

己土 ······ 47

戊午	戊午	己未	己巳		47
戊午	乙卯	己卯	乙亥		47
乙卯	辛巳	己未	庚午		48
戊辰	乙未	己丑	甲戌		49
甲午	乙亥	己亥	癸酉		50
癸亥	癸亥	己亥	乙亥		51
戊戌	丁巳	己卯	庚午		51
戊戌	丁巳	己卯	庚午		52
丁丑	壬子	己未	癸酉		52
辛丑	壬辰	己未	己巳		53
戊申	丙辰	己酉	乙丑		53
丙辰	庚子	己亥	甲子		54

庚金 ······ 55

丙寅	丙申	庚子	丙戌		55
丙寅	辛丑	庚午	壬午		56
癸未	乙卯	庚戌	甲申		56

壬申	乙巳	庚寅	丁巳	……	57
丙申	丁酉	庚申	壬午	……	58
庚子	己丑	庚寅	己卯	……	58
戊午	壬戌	庚寅	丁亥	……	58
丙辰	辛丑	庚寅	丙子	……	59
丁未	丙午	庚子	甲申	……	60
甲寅	丁卯	庚寅	甲申	……	61
丙辰	庚子	庚申	庚辰	……	61
庚申	甲申	庚申	丁亥	……	62

辛金 …… 63

癸亥	庚申	辛亥	丙申	……	63
甲辰	癸酉	辛巳	庚寅	……	63
壬子	丁未	辛酉	癸巳	……	64
己未	庚午	辛酉	癸巳	……	64
壬申	己酉	辛未	庚寅	……	65
壬寅	戊申	辛亥	戊子	……	65
乙未	戊寅	辛卯	乙未	……	66
丙寅	辛丑	辛卯	戊戌	……	66
甲寅	癸酉	辛亥	壬辰	……	70
戊寅	丙辰	辛未	戊子	……	70
戊辰	丁巳	辛未	乙未	……	70

壬水 …… 71

戊寅	丁巳	壬辰	甲辰	……	71
庚寅	戊子	壬申	壬寅	……	71
丙子	庚寅	壬午	庚戌	……	72
庚戌	乙酉	壬辰	壬寅	……	72
己酉	壬申	壬寅	壬寅	……	73
癸巳	甲子	壬午	丙午	……	74
戊申	乙丑	壬戌	辛亥	……	74
壬申	壬子	壬辰	乙巳	……	75

庚寅	戊寅	壬寅	乙巳	……	75
甲寅	癸酉	壬子	戊申	……	76

癸水 …… 77

戊寅	壬戌	癸卯	辛酉	……	77
庚申	庚辰	癸卯	甲寅	……	77
己亥	癸酉	癸巳	甲寅	……	78
辛亥	庚子	癸丑	壬子	……	78
壬寅	辛亥	癸卯	庚申	……	79
乙丑	戊寅	癸酉	戊午	……	80
辛卯	辛丑	癸未	丙辰	……	80
癸巳	己未	癸巳	辛酉	……	81
辛丑	壬辰	癸丑	乙卯	……	81

杂论 …… 83

火贝 …… 83

东孤 …… 86

西孤 …… 88

西孤 …… 90

火春 …… 92

火雀生 …… 93

高滑贲 …… 95

贲孤 …… 97

水苍高滑 …… 99

俚孤火滑 …… 100

俚雀 …… 102

火苍 …… 103

苍水册 …… 104

火册 …… 105

册生 …… 106

坤命一 …… 107

坤命二	108
坤命二	109
星盘活套	115

李虚中命书

原　序	121
提　要	122
李虚中命书卷上	123
李虚中命书卷中	132
李虚中命书卷下	154

评批要旨

甲木

辛未　甲午　甲寅　丁卯　册济

甲木日元，系乔松之质。逢春则秀，值夏则荣，秋与丹桂而并茂，冬历岁寒而长青。兹生五月，节届天中，家家虎艾呈祥，处处龙丹夺锦，正符"甲乙夏逢土气厚，功名半许足田庄"。且也甲乙成林，何异乔松耸翠；丁火吐秀，格全木秀火明。《书》云："火明木秀利名终，木火通明始由是。"观之，五行无偏枯之弊，四柱得中和之荣，足征才性卓越，学问渊深；清高出乎自然，雅度成乎本性；不但作文有变化之机，抑且处世有方圆之德。稍惜杀星不透，比劫遇多，不无清中隐浊之嫌、玉内生瑕之弊。以致髫龄①之年，名欲速而不达，志欲大而未伸；戚友恒多剥削，人情反复生非。观其外似担快活名色，究其内实怀满腹牢骚。还喜贵人带财官，门冲驷马，理宜笃志芸窗，②将见名成利就。遇来大运，悉属用神，锦境格顾，名游泮水，③瑞献长庚。④事业有日新之益，财源有陡发之奇。结局

---

① 校注：幼年。唐王勃《序》："筠抱显于髫龄，兰芳凝于卯齿。"
② 校注：指书斋。唐萧项《赠翁承赞漆林书堂诗》："却对芸窗勤苦处，举头全是锦为衣。"
③ 校注：泮水，即"泮池"，又称"泮宫"，是位于大成门正前方的半月形水池，意即"泮宫之池"，它是官学的标志。古代"诸侯不得观四方，故缺东以南，半天子之学，故曰泮宫。"依古礼，天子太学中央有一座学宫，称为"辟雍"，四周环水，而诸侯之学只能南面泮水，故称"泮宫"。又因孔子曾受封为文宣王，所以建"泮池"为其规制。《诗经·泮水》篇有："思乐泮水，薄采其芹……"等句，意指古时士子在太学，可摘采泮池中的水芹，插在帽缘上，以示文才。有的孔庙在池畔砖壁中央嵌着"思乐泮水"的石刻，便是出自此典。
④ 校注：即长庚献瑞。古代门楣上刻字出现的比较多。如"惟善为宝"、"长庚献瑞"、"玉树芝兰"、"世德流芳"、"奎壁联辉"等等。长庚是星名，即晚上出现在东方的金星。紫为许多人崇尚色，尤其是信奉道的人，认为是祥瑞的颜色，如紫气东来。献：恭敬庄严地送给。瑞：古代作为凭信的玉器。

风光，后昆跻美，岂可以目前之抑郁，而定终身之福泽者乎！

辛酉　己亥　甲戌　癸酉　火欠

甲为阳木，气秉东方，抱曲直以为性，被龙雕之嘉名。每依峻岭，常住危崖。声能震地，翼可乘天。济巨川而为舟楫，建大厦以为栋梁。诚至物也，岂同泛论！诞于孟冬，黑帝司令。斯时朔风渗渗，瑞雪霭霭，山如玉簇，林似银妆。干支金多，西风肃杀。癸透壬藏，雨雪交加，理宜用火解寒除冻，取土堵水培根。火土作用，运爱东南。此去一派春夏运程，将见条达畅茂，欣欣向荣。枝干撼风，柯条撑月，耸壑昂霄，凌云蔽日，掀天揭地，令人可仰而不可及也。最妙财官印透，身坐文库，学堂逢马，日临月德，如斯全备，诗书贵客。所以幼而颖异，长更神奇。循规矩以无方，用心情而独异。曲体义方之训，率敦克让之风。葵始花应能向午，松才干即许摩霄，真天上之石麟、① 人中之骐骥②也。

辛丑　辛丑　甲申　庚午　贲

夫甲木者，乃松柏之姿、栋梁之器也。经日时而不变，历岁寒而独荣。兹诞丑提，序属孟冬，正黑帝司令、玄武秉权，冰霜凛冽之时也。北风其凉，雨雪其滂，草拂之而色变，木遭之而叶脱，乃金星入墓、万物收藏之时也。详夫四柱，岁月时中，重重官杀；丑申午位，叠叠才星。此才官太旺、日主太弱之病也。妙得午时一重伤官，可以制杀。平云："谓之一将挡关，群邪自伏，则敌兵虽有百万之众，亦皆令其自降矣。"合斯象者，身不满七尺，而心雄万丈。胸怀洒落，气宇轩昂。怀经天纬地之才，抱治国安民之略。第官杀混杂，金刚火浅，不作朝廷贵客，乃为市井经商，求名于市廛，③ 争利于货殖，④ 莫非数使然耳！所可羡者，年月逢丑，

---

① 校注：石麟，即石麒麟，是古代建筑中辟邪物品，有消灾解难，驱除邪魔，镇宅避煞的作用。

② 校注：骐骥，骏马。《荀子·劝学》："骐骥一跃，不能十步；驽马十驾，功在不舍。"

③ 校注：市中店铺。语本《孟子·公孙丑上》："市，廛而不征。"赵岐注："廛，市宅也。"

④ 校注：货，《尚书·洪范篇》云："八政，一曰食，二曰货。"殖，广雅云："殖，立也。"孔安国注《尚书》云："殖，生也，生资货财利。"货殖一词最早出自《论语·先进》"赐不受命而货殖焉。"即指谋求"滋生资货财利"以致富而言。即利用货物的生产与交换，进行商业活动，从中生财求利。司马迁所指的货殖，还包括各种手工业，以及农、牧、渔、矿山、冶炼等行业的经营在内。

乃是才官拘印。故子平云："甲生丑月，必主光亨"，又云："贵人头上带才官，门冲驷马"，则知祖父大有根基。本立而道生，虽非将相之后裔，乃是名门之后。其庇廕①已是丰厚，则福寿定主绵长。伫看积庆流芳，他日之荣华富贵、光前裕后，事有必至者焉。

乙巳　己丑　甲子　甲子　火贲

夫甲木者，乃松柏之姿、栋梁之材。历四时而不变，经岁寒而不改。有节有操，栖鹤引凤。能人遇之而逸兴，隐士抚之而盘桓。故子平以之作首排也。荣诞丑提，序属暮冬。虽生正月，尚未交春，正黄帝司令、玄武秉权，冰霜凛冽、新旧交略之时也。日逢天赦，百事逢凶化吉。又带进神，生来出众超群。干支六合，到处结得人缘。财星透立，祖父英雄出色。故《经》云："甲生丑月，必主光亨。"又云："贵人头上带才官，门充驷马。"虽非将相公侯，定是富贵后裔。先天已自不凡，庇廕终有所靠。"虽曰未学，吾必谓之学矣"。又云："甲子日再遇子时，畏庚辛申酉丑午。"今己丑破格，比肩分福，恐黄卷②有情，而青云路左、金榜未易。求名纳粟，③早能成物；而己丑头集，格局显然。故《经》又云："木得金裁，廊庙④辅宰。"先科甲而转异路，从种桃而封五马。⑤指日弹冠相庆，⑥光前裕后，有不期然而然，莫知至而致者，亦命运使之然耳，岂人力所能为哉！施于有政，是亦为政，何必读书然后为学也。

辛卯　丁酉　甲申　己巳　俚孤

夫甲木者，乃松柏之姿、栋梁之材也。荣诞酉提，序属仲秋。正白帝司令、金星秉权。子平云："草木无情，有时飘零。人为万物之灵，盖栋

---

① 校注：庇廕，同"庇荫"，指祖先留下财力、物力或势力以保护后代子孙。唐白居易《初丧崔儿报微之晦叔》诗："文章十帙官三品，身后传谁庇廕谁？"
② 校注：黄卷，指书籍。古人用辛味、苦味之物染纸以防蠹，纸色黄，故称"黄卷"。写错可用雌黄涂改。
③ 校注：明清两代富家子弟捐纳财货进国子监为监生可直接参加省城、京都的考试称纳粟。
④ 校注：廊庙，指殿下屋和太庙，后指代朝廷。李贤注："廊，殿下屋也；庙，太庙也。国事必先谋于廊庙之所也。"
⑤ 校注：五马，古代太守的代称。《玉台新咏·日出东南隅行》："使君从南来，五马立踟蹰。"汉时太守乘坐的车用五匹马驾辕，后世因以五马为太守的代称。
⑥ 校注：比喻一个人做了官，其他人互相庆贺，将有官可做，常用于贬义的意思。但详本文义，似当以褒义理解。

梁之木求斧斤为友。"故《经》云："木得金裁，廊庙辅宰。"八月甲木，正官格也。然月支正官被卯年所冲，年上辛金又被丁火所克；妙得申日巳时，有庚金七杀作用，虽有丙火破庚，又有壬水制之，此去官留杀、杀印相生，格合专财之名，双美之格也。况时带文昌，有去留舒配之妙。六合有功，诚浊里流清之象。纵不登科甲第，亦从仕路峥嵘。① 应卜早登庠序，次由挥金，中年弹冠相庆，壮岁指日高升，安得羁身阛阓、② 久居牖下③者哉！想象其为人也，有耿介拔俗④之标，潇洒出尘⑤之想。度白雪以方洁，干青云而直上，吾方知之矣。抱经天纬地之才，存治国安民之心，则必风云际会，由种桃而封五马；君明臣良，作股肱⑥而为盐梅；⑦ 光前裕后、封妻荫子可贺而至矣。至于升迁调选、品极步位，吾察星盘可预定焉。

丁巳　癸卯　甲午　辛未 贵

夫甲木者，阳木也。森森落落，矫矫苍苍，司三春之令，掌生发之权。春华秋实，夏荣冬枯。于五脏主肝，五常主仁。仁者寿也，历千年而不变，遇岁寒而不凋。荣诞卯提，时维仲春。会桃李之芳园，睹树林之荫翳。竹枝交作绿云天，杏树开成红世界，正草木畅茂、⑧百卉俱菲之时也。甲木值此，不亦盛乎？详查四柱，月支建刃，日带进神，巳午未连珠一气，透丁火英华发越。藏杀露官方言福，官星遇印以荣华。然金火无并用之理，伤官有见官之嫌。故《经》云："木成栋梁金作用，化成灰炭火为灾。"盖巳宫庚金未透，辛金不能间甲，透丁乃有文章，见癸反为蔽塞。所以诗书无缘、科甲无分，不作朝廷柱石，⑨乃为市井经商，数使然耳。

---

① 校注：峥嵘，本用来形容山的高峻突兀或建筑物的高大耸立。此处指做官前途远大。
② 校注：阛阓，指民间。《敦煌变文集·捉季布传文》："公曾泗水为亭长，久于阛阓受饥贫。"
③ 校注：牖下，户牖间之前；窗下。
④ 校注：耿介拔俗，指正直，不同于流俗。
⑤ 校注：出尘，超出世俗，脱离烦恼的牵绊。
⑥ 校注：股肱，比喻左右辅佐之臣。明冯梦龙《东周列国志》：桓公笑曰："寡人于仲父，犹身之有股肱也。有股肱方成其身，有仲父方成其君。尔等小人何知？"
⑦ 校注：盐和梅子。盐味咸，梅味酸，均为调味所需。亦喻指国家所需的贤才。
⑧ 校注：校注：原书漏"茂"字，据前后文意补。畅茂，旺盛繁茂。《孟子·滕文公下》："草木畅茂，禽兽繁殖。"
⑨ 校注：比喻担当重任的人。《汉书·霍光传》："将军为国柱石，审此人不可，何不建白太后，更选贤而立之。"

若乃才藏丰厚，官露清高，带六合，到处结得人缘；坐进神，可谓超群出众。花萼增辉，缅义门以燕翼；棠棣①竞秀，绍德里之鸿图。胸怀洒落，气宇轩昂，待人光风霁月，交游四海春风。顺者千金不惜，逆者一芥如珠。娇嫩气质，不受小人之侮；少年老成，常怀管鲍②之风。妻宫妻守，梁鸿配孟光之贤；③正官佩印，荀氏得八龙之誉。④初行西北，不怕少年

---

① 校注：棠棣、花萼，比喻兄弟，合称棣萼。《晋书·孝友传序》："夫天伦之重，共气分形，心睽则叶领荆枝，性合则华承棣萼。"唐杜甫《至后》诗："梅花一开不自觉，棣萼一别永相望。"仇兆鳌注："棣萼，以比兄弟也。"明陈汝元《金莲记·归田》："似这般桑榆景逼，怎能彀棣萼荣兴？"林之夏《为不识题令祖礼林先生遗像》诗："棣萼光辉映后先，湖山肃穆此书传。"

② 校注：管鲍，典故名，即管仲和鲍叔牙。两人相知很深，交谊甚厚。旧时常用以比喻交情深厚的朋友。典出《史记》卷六十二《管晏列传》："管仲夷吾者，颍上人也。少时常与鲍叔牙游，鲍叔知其贤。管仲贫困，常欺鲍叔，鲍叔终善遇之，不以为言。已而鲍叔事齐公子小白，管仲事公子纠。及小白立为桓公，公子纠死，管仲囚焉。鲍叔遂进管仲。管仲既用，任政于齐，齐桓公以霸，九合诸侯，一匡天下，管仲之谋也。管仲曰：'吾始困时，尝与鲍叔贾，分财利多自与，鲍叔不以我为贪，知我贫也。吾尝为鲍叔谋事而更穷困，鲍叔不以我为愚，知时有利不利也。吾尝三仕三见逐于君，鲍叔不以我为不肖，知我不遭时也。吾尝三战三走，鲍叔不以我怯，知我有老母也。公子纠败，召忽死之，吾幽囚受辱，鲍叔不以我为无耻，知我不羞小节而耻功名不显于天下也。生我者父母，知我者鲍子也。'鲍叔既进管仲，以身下之。子孙世禄于齐，有封邑者十余世，常为名大夫。天下不多管仲之贤而多鲍叔能知人也。"

③ 校注：《后汉书·逸民列传·梁鸿传》：梁鸿字伯鸾，扶风平陵人也。父让，王莽时为城门校尉，寓于北地而卒。鸿时尚幼，以遭乱世，因卷席而葬。后受业太学，家贫而尚节介，博览无不通，而不为章句。学毕，乃牧豕于上林苑中。曾误遗火延及它舍，鸿乃寻访烧者，问所去失，悉以豕偿之。其主犹以为少。鸿曰："无它财，愿以身居作。"主人许之。因为执勤，不懈朝夕。邻家耆老见鸿非恒人，乃共责让主人而称鸿长者。于是，始敬异焉，悉还其豕。鸿不受，而去归乡里。势家慕其高节，多欲女之，鸿并绝不娶。同县孟氏有女，状肥丑而黑，力举石臼，择对不嫁，至年三十。父母问其故。女曰："欲得贤如梁伯鸾者。"鸿闻而聘之。女求作布衣、麻屦，织作筐、缉绩之具。及嫁，始以装饰入门。七日而鸿不答。妻乃跪床下请曰："窃闻夫子高认，简斥数妇，妾亦偃蹇数夫矣。今而见择，敢不请罪。"鸿曰："吾欲裘褐之人，可与俱隐深山者尔。今乃衣绮缟，傅粉墨，岂鸿所愿哉？"妻曰："以观夫子之志耳。妾自有隐居之服。"乃更为椎髻布衣，操作而前。鸿大喜曰："此真梁鸿妻也。能奉我矣！"字之曰德曜，名孟光。居有顷，妻曰："常闻夫子欲隐居避患，今何为默默？无乃欲忧头就之乎？"鸿曰："诺。"乃共入霸陵山中，以耕织为业，咏诗书，弹琴以自娱。后至吴，依大家皋伯通，居庑下，为人赁舂。每归，妻为具食；不敢于鸿前仰视，举案齐眉。伯通察而异之，曰："彼佣以使其妻敬之如此，非凡人也。"乃方舍之于家。鸿潜闭著书十余篇。及卒，伯通等为求葬地于吴要离冢傍。咸曰："要离烈士，而伯鸾清高，可令相近。"葬毕，妻子归扶风。

④ 校注：魏晋时期，整个中原世族最有影响力的，要数颍阴（今河南许昌）荀氏。东汉时期的荀淑（83～149年），为战国荀卿第十一世孙，品行高洁，学识渊博，乡里称其为"智人"，曾征拜郎中，再迁升当涂长，当时名士李固、李膺都曾拜他为师，后出为朗陵侯相。荀淑办事明理，人称为"神君"。他的八个儿子，荀俭、荀绲、荀靖、荀焘、荀汪、荀爽、荀肃、荀旉，并有才名，人称"荀氏八龙"。

苦。美尽东南，黄花晚节香。名利子三者无亏，福禄寿九如有庆。亦云足矣，岂易言哉！

庚寅　丙戌　甲寅　甲子 西孤

甲为阳木，气秉东方。坚刚拔地，正直参天。诞于戌提，序属三秋。西风凛冽，气带肃杀。木遭之而叶脱，草拂之而色变。甲木值此，弱不待言。妙者以戊土为培植，既结根而耸本；仗癸水以灌溉，自畅茂而条达。年日得禄，盘根错节。二甲并列，连理交枝。庚金裁剔，维高维敛。丙火暄照，解冻除寒。四柱如此全备，纵烈风不能摧其枝，虽积雪不能改其性。岁寒立节，后彫可颂。更妙大运后得寅卯辰，三阳布暖，时和气清，原隰①郁茂，草木滋荣，将见枝干撼风、柯条撑月、耸壑昂霄、凌云敝②日，发达得志，掀天揭地，令人可仰而不可及也。妙在财临旺地，食神制杀，日支坐禄，干透二德，如斯佳造，人中俊杰。所以幼即岐嶷，③长更英伟；胸藏韬略，笔扫千军。奇才盖世，妙技绝伦。执戈从戎，建立殊勋。乘风破浪，直躐丹墀。④著伟绩于云台，⑤题芳名于麟阁。⑥异日勒石

---

① 校注：隰音 xí，低湿的地方。《诗经》："山有榛，隰有苓"。

② 校注：敝通蔽。

③ 校注：岐嶷，音 qíyí。《诗·大雅·生民》："诞实匍匐，克岐克嶷。"朱熹集传："岐嶷，峻茂之状。"后多以"岐嶷"形容幼年聪慧。《东观汉记·马客卿传》："马客卿幼而岐嶷，年六岁，能接应诸公，专对宾客。"

④ 校注：指宫殿的赤色台阶或赤色地面。汉张衡《西京赋》："右平左城，青琐丹墀。"《汉书·外戚传下·孝成班倢仔》："俯视兮丹墀，思君兮履綦。"

⑤ 校注：汉明帝时因追念前世功臣，图画邓禹等二十八将于南宫云台，后用以泛指纪念功臣名将之所。唐杜牧《少年行》："捷报云台贺，公卿拜寿卮。"

⑥ 校注：麟阁，汉代阁名。在未央宫中。《三辅黄图·阁》："麒麟阁，萧何造，以藏秘书，处贤才也。"汉宣帝时曾图霍光等十一位功臣像于阁上，以表扬其功绩。见《汉书·苏武传》。封建时代，多以"麒麟阁"或"麟阁"表示卓越的功勋和最高的荣誉。杜甫《投赠哥舒开府翰》诗："今代麒麟阁，何人第一功？"

燕然,①挂斾天山,②茅土之封,③所预卜也。将来筑坛④建节,⑤援钺⑥专征,文德武功,辉煌天上,国恩家庆,炳焕人间,福寿兼隆,有何疑焉!

庚午　戊子　甲申　戊辰　会魁

甲为阳木,气秉东方。坚刚拔地,正直参天。得戊土以培植,根深入地;仗癸水以灌润,节壮参天。有丙火以暄照,能经霜雪;赖庚金⑦以裁剔,成就栋梁。诞于仲冬,黑帝司令。斯时青女⑧传霜,玄冥⑨转斗。古木䌽风,长松落云。支会水局,雨雪交加。用火解寒除冻,取土堵御培根。火土并用,病重得药。正谓松柏长青,后彫致咏。最妙干会三奇,杀印相生。伤官生才,驿马负印,五行无偏枯之弊,一身集中和之祥。足征才华卓越,光浮照乘珠玑;⑩智深识沉,器重荆山璞玉。⑪前行水运,屡踬棘

---

① 校注:东汉窦宪破北匈奴,登燕然山,刻石记功。勒,雕刻;勒功,把记功文字刻在石上,即刻石记功。亦指建立或成就功劳。亦称为"燕然勒石"。

② 校注:指唐薛仁贵三箭定天山的故事。显庆初,薛仁贵领兵击九姓突厥于天山。时九姓有众十余万,令骁健数十人逆来挑战,仁贵连发三矢,射杀三人,九姓气慑遂降。军中歌曰:"将军三箭定天山,壮士长歌入汉关。"见《新唐书·薛仁贵传》。后因以"挂斾天山"指安抚边疆。

③ 校注:古代分封诸侯时,用白茅裹着的泥土授予被封的人,象征授予土地和权力。《尚书·禹贡》:"厥贡惟土五色。"孔颖达疏:"王者封五色土以为社,若封建诸侯则各割其方色土与之,使归国立社……四方各依其方色皆以黄土覆之,其割土与之时,苴以白茅,用白茅裹土与之。"

④ 校注:筑坛,喻天子仰仗贤能。《汉书·高帝纪上》:"汉王齐戒设坛场,拜信(韩信)为大将军,问以计策。"

⑤ 校注:建节,执持符节。古代使臣受命,必建节以为凭信。《史记·司马相如列传》:"〔天子〕乃拜相如为中郎将,建节往使。"《后汉书·寇恂传》:"今天下初定,国信未宣,使君建节衔命,以临四方,郡国莫不延颈倾耳,望风归命。"唐时,节度使或经略使任受,皆赐旄节。后亦以指大将出镇。宋·孙光宪《北梦琐言》卷五:"〔杨晟〕除威胜军节度使,建节于彭州,抚绥士民,延敬宾客洎僧道辈。"

⑥ 校注:钺,音同"越",是中国先秦时代武器,为一长柄斧头,重量也较斧更大,早在新石器时代良渚文化遗址中,已发现玉制的钺,在当时具有神圣的象征作用。但因形制沉重,灵活不足,多用于仪仗、装饰之需,以作为军权的象征。

⑦ 校注:"金"字参照后文校补。

⑧ 校注:青女,汉族传说中掌管霜雪的女神。《淮南子·天文训》:"至秋三月……青女乃出,以降霜雪。"高诱注:"青女,天神,青霄玉女,主霜雪也。"

⑨ 校注:玄冥在中国古代汉族神话传说中主要指神的名字,如水神、冬神、北方之神等等。

⑩ 校注:照乘珠玑,是指光亮能照明车辆的宝珠。唐独孤良器《赋得沉珠于泉》:"皎洁沉泉水,荧煌照乘珠。"

⑪ 校注:《韩非子·和氏》记载,卞和在荆山上伐薪偶尔得一璞玉,先后献于楚厉王、楚武王,却遭楚厉王、楚武王分别砍去左右脚,后"泣玉"于荆山之下,始得楚文王识宝,琢成举世闻名的"和氏璧"。

闱。① 晚入火运，始得抡魁。② 既邀鹗荐，③ 声价倍增。自赋鹿鸣，④ 品题益重。金殿呼⑤余，袍饶绿汁。琼林宴⑥罢，饼赐红绫。嗟乎！匣中锈铁，逢薛烛⑦以腾光；爨下焦桐，⑧ 遇蔡邕⑨而发爆。非盈虚之无数，实显晦之有时也。

---

① 校注：棘闱，科举时代对考场、试院的称谓。

② 校注：抡魁，科举考试的第一名。亦指中选第一名。宋周密《癸辛杂识续集·开庆六士》："时相好名，牢笼宜中为抡魁，馀悉擢魏科。"明无名氏《鸣凤记·陆姑救易》："文省幸抡魁，到皇都赴礼闱。"《古今小说·赵伯升茶肆遇仁宗》："功名着意本抡魁，一字争差不得归。"清蒲松龄《聊斋志异·阿宝》："生以是抡魁。明年，举进士，授词林。"

③ 校注：鹗荐（èjiàn），比喻推举有才能的人，典源《后汉书》卷八十下〈文苑列传下·祢衡〉："鸷鸟累伯，不如一鹗。使衡立朝，必有可观。"

④ 校注：鹿鸣，《诗·小雅》篇名。古代宴群臣嘉宾所用的乐歌。后多借指科举考试。明叶宪祖《碧莲绣符》第八折："吾本章斌名姓，鹿鸣徽幸居先。"《平山冷燕》第十八回："明日鹿鸣得意，上苑看花，天子定当刮目。"

⑤ 校注：明清时期的科举有乡试、会试、殿试三种。殿试又称御试、廷试，是由皇帝亲自主持的最高一级的国家考试。殿试由皇帝亲自出题。考卷的成绩，由阅卷大臣打分，获得前十名的考卷，皇帝还要亲自过目，考中的被赐予进士。列一甲第一名的称为"状元"，第二名者称为"榜眼"，第三名者称为"探花"。殿试两天后，皇帝要召见新考中的进士。考中的进士身着公服，头戴三枝九叶冠，恭立天安门前听候传呼，然后与王公百官一起进太和殿分列左右，肃立恭听宣读考取进士的姓名、名次。这就是"金殿传胪"。"胪"有陈列的意思，"传胪"就是依次唱名传呼，进殿晋见皇帝。

⑥ 校注："琼林宴"是为殿试后新科进士举行的宴会。始于宋代。宋太祖规定，在殿试后由皇帝宣布登科进士的名次，并赐宴庆贺。由于赐宴都是在著名的琼林苑举行，"琼林苑"是设在宋京汴京（今开封）城西的皇家花园。宋徽宗政和二年（1112年）以前，在琼林苑宴请新及第的进士，故该宴有"琼林宴"之称。《宋史·乐志四》又载："政和二年，赐贡士闻喜于辟雍，仍用雅乐，罢琼林苑宴。"所以政和二年以后，又改称"闻喜宴"。元、明、清三代，又称"恩荣宴"。虽名称不同，其仪式内容大致不变，仍可统称"琼林宴"。据载，辽也曾设宴招待新科进士，地点在内果园或礼部，但也沿袭宋人，称之为"琼林宴"。

⑦ 校注：薛烛，春秋秦人，善相剑。薛烛察宝以飞誉，越绝书曰：昔越王句践有宝剑五枚，闻于天下。客有能相剑者名薛烛，王召而问之："吾有宝剑五，请以示子。"乃取豪曹、巨阙、薛烛曰："皆非也。"又取纯钩、湛卢，烛曰："观其剑钥，烂烂如列宿之行，观其光，浑浑如水之将溢于塘，观其文，涣涣如冰将释，此所谓纯钩邪？"王曰："是也。"王曰："客有直之者，有市之乡三，骏马千匹，千户之都二，可乎？"薛烛曰："不可。当造此剑之时，赤堇之山破而出锡，若邪之溪涸而出铜，雨师扫洒，雷公击鼓，太一下观，天精下之，欧冶乃因天之精，悉其伎巧，一曰纯钩，二曰湛卢。今赤堇之山已合，若邪之溪深而不测，欧冶子已死，虽倾城量金，珠玉竭河，独不得此一物。有市之乡三，骏马千匹，千户之都二，亦何足言与！"

⑧ 校注：《后汉书·蔡邕传》："吴人有烧桐以爨者，邕闻火烈之声。知其良木，因请而裁为琴，果有美音，而其尾犹焦，故时人名曰焦尾琴焉。"后因称琴为焦桐。

⑨ 校注：蔡邕（yōng）（公元133～192），字伯喈。陈留郡圉人。东汉时期著名文学家、书法家，著名才女蔡文姬之父。因官为左中郎将，后人称他为"蔡中郎"。

丙午　庚寅　甲戌　癸酉 贲

甲木日元，松柏之姿。耸壑昂霄，凌云敝日，诚至物也，岂同泛论。诞于寅提，青帝司令。三阳布暖，万物发生。老松傲雪，新柳矜春。条达畅茂，欣欣向荣。虽赖庚金裁剔，维高维敛。但初春犹有余寒，嫩木不敌斧斤。理取食神制杀，方为刚柔相济。取土培植，局明格正。用火照暖，情顺理安。妙者大运行一派东南，则本根无盘屈之拘，而枝叶有舒畅之美。定然掀天揭地，发达得志，高出于寻常之外，岂庸碌之者可同日而语哉！最妙食神制杀，火明木秀，月令建禄，时带金神，雨旸时若，[1] 杀印相生。有此美造，胸藏经论、腹隐珠玑见矣。雕龙绣虎，洵乎经武纬文。假使得志济时，展抒抱怀，则终军[2]年少，便能树立奇勋；贾傅弱冠，[3] 即可敷陈治策。扬眉吐气，飞腾万里，无如官杀混杂，贪财破印，伤官见

---

[1] 校注：雨旸时若，语本《书·洪范》："曰肃，时雨若；曰乂，时旸若。"后用"雨旸时若"谓晴雨适时，气候调和。《幼学琼林·天文》："雨旸时若，系是休征；天地交泰，斯称盛世。"即有吉祥寓意。

[2] 校注：终军（约前133—前112），字子云，西汉济南人。西汉著名的政治家、外交家。少好学。18岁被选为博士弟子，受到汉武帝赏识，封"谒者给事中"，后擢升谏大夫。他曾先后成功出使匈奴、南越。战前"请缨"的典故就是出自他出使南越的故事。元鼎五年，年仅二十余岁的终军被南越相吕嘉杀害，时人称为"终童"。据《济南府志》载，终军死后归葬济南。

[3] 校注：贾谊，西汉人，以年少有才学著称。因曾任职长沙王太傅，故称贾傅。《史记》卷八十四〈屈原贾生列传·贾生〉："贾生名谊，雒阳人也。年十八，以能诵诗属书闻于郡中。吴廷尉为河南守，闻其秀才，召置门下，甚幸爱。孝文皇帝初立，闻河南守吴公治平为天下第一，故与李斯同邑而常学事焉，乃徵为廷尉。廷尉乃言贾生年少，颇通诸子百家之书。文帝召以为博士。是时贾生年二十余，最为少。每诏令议下，诸老先生不能言，贾生尽为之对，人人各如其意所欲出。诸生于是乃以为能，不及也。孝文帝说之，超迁，一岁中至太中大夫。贾生以为汉兴至孝文二十余年，天下和洽，而固当改正朔，易服色，法制度，定官名，兴礼乐，乃悉草具其事仪法，色尚黄，数用五，为官名，悉更秦之法。孝文帝初即位，谦让未遑也。诸律令所更定，及列侯悉就国，其说皆自贾生发之。于是天子议以为贾生任公卿之位。绛、灌、东阳侯、冯敬之属尽害之，乃短贾生曰：'雒阳之人，年少初学，专欲擅权，纷乱诸事。'于是天子后亦疏之，不用其议，乃以贾生为长沙王太傅。……居数年，怀王骑，堕马而死，无后。贾生自伤为傅无状，哭泣岁余，亦死。贾生之死时年三十三矣。及孝文崩，孝武皇帝立，举贾生之孙二人至郡守，而贾嘉最好学，世其家，与余通书。至孝昭时，列为九卿。"

官，会火生才。顾乃淡视名场，独效计然①之术；漫夸章句，还追少伯②之宗。持筹握算，居奇③自雄。将来兴创发达，宁有涯哉！

乙丑　己卯　甲午　甲子 窗才

甲生卯月，乘旺秉令。众木森森，摆布上下；癸水淋淋，蓄藏地支。其旺也，无过于斯。坤命若此，实非所宜。然妙月上甲己化土，以减其威；坐下丁火，以泄其气。且时带进神，性敏形清，才高心灵，持家有丈夫之志，作事有一己之能。但嫌四柱刑冲，以致姑嫜④早游；官星入库，鸳鸯中途分飞。而且六龙⑤六亲⑥冷淡，妯娌⑦情疏。是以睹邻人之老叟，痛恨不见姑嫜；瞰路途之童牧，伤心不见牛郎。寥寥寒偶，常棲寒枕之忧；凛凛节操，常存冰霜之志。而且克勤克俭，⑧保守先人遗业；画荻教

---

① 校注：计然，生卒年不详，姓辛氏，又作计倪、计研、计砚，字文子，号称渔父。春秋时期著名谋士、经济学家，春秋时期宋国葵丘濮上（今河南商丘民权县）人。博学无所不通，尤善计算，著有《文子》、《通玄真经》。常游于海泽，越大夫范蠡尊之为师，授范蠡七计。范佐越王勾践，用其五而灭吴。

② 校注：范蠡（lí），字少伯，汉族，春秋时期楚国宛地三户邑（今河南淅川县）人。春秋末著名的政治家、军事家和经济学家。被后人尊称为"商圣"，"南阳五圣"之一，他虽出身贫贱，但是博学多才，与楚宛令文种相识、相交甚深。因不满当时楚国政治黑暗、非贵族不得入仕而一起投奔越国，辅佐越国勾践。传说他帮助勾践兴越国，灭吴国，一雪会稽之耻，功成名就之后急流勇退，化名姓为鸱夷子皮，西出姑苏，泛一叶扁舟于五湖之中，遨游于七十二峰之间。期间三次经商成巨富，三散家财，自号陶朱公。世人誉之："忠以为国；智以保身；商以致富，成名天下。"后代许多生意人皆供奉他的塑像，称之财神。被视为顺阳范氏之先祖。

③ 校注：居奇，即居奇以待，指囤积奇货以待善价。《史记·吕不韦列传》："〔子楚〕居处困，不得意。吕不韦贾邯郸，见而怜之，曰：'此奇货可居。'"裴骃集解："以子楚方财货也。"

④ 校注：姑嫜，古代妻子对丈夫的母亲和父亲的称呼。丈夫的母亲称"姑"，丈夫的父亲称为"嫜"。清纪昀《阅微草堂笔记》里有："汝后夫不久至，善事新姑嫜，阴律不孝罪至重，毋自蹈冥司汤镬也。"

⑤ 校注：六龙，此处代指兄弟，本指六兄弟的美称。晋常璩《华阳国志·后贤志》："宓六子，皆英挺逸秀，号曰六龙。"《晋书·温羡传》："父恭，济南太守，兄弟六人并知名于世，号曰六龙。"《晋书·卞壶传》："父粹，以清辩鉴察称。兄弟六人并登宰府，世称卞氏六龙。"

⑥ 校注：六亲历代说法不一，大致有以下几种：1、指父子、兄弟、从父兄弟、从祖兄弟、从曾祖兄弟、同族兄弟。2、指父子、兄弟、姑姊、甥舅、婚媾、姻亚。3、指父、母、兄、弟、妻子、子女。4、指父子、兄弟、夫妇。5、指外祖父母、父母、姊、妹、妻兄弟之子、从母之子、女之子。

⑦ 校注：妯娌，音 zhóuli，两兄弟的妻子之间的关系。

⑧ 校注：克：能够。既能勤劳，又能节俭。

子,① 善继夫主书香。似此节孝两全,俯仰无愧,诚哉坤中君子、阃内丈夫,岂不令人啧啧称奇也哉!

丁巳　壬寅　甲午　癸酉　册

甲木日元,乃系天华玉树,地透苍仑。产于春月,畅茂条达。无枯槁之患,有成仁之美。倘四柱无金,不能斲削成器。牛山之木,经老山林,何能问名问利。必也用斧斤以伐之,方能为桢为干,为栋为梁,美轮美奂,② 鸟革翚飞,③ 于是名利两全矣。平云:"木盛逢金,造作栋梁之器。"有此美造,理宜读书,经心经史,琢磨典籍,他年必能遂意志。况且用神如斯,定主人心胸磊落,气宇轩昂,有吟风弄月④之巧才,有出类拔萃⑤之志。行将珍席入选,定列功名于廊庙;断不致明珠失彩,减身价于人间。

庚申　甲申　甲子　丙寅　册

甲木日元,气秉东方,苍苍千尺,郁郁五株。可为栋梁,堪作舟楫。产于孟秋之月,金旺而木弱也。妙者身临正印,以为鞠育之恩;寅申藏戊,可作培根之用。丙火显露,制杀有功,处处用神得力,庶几刚柔相济,强弱相资。甲木于此,秀色不老,繁根长青,有卓然自立夫千古者矣。得斯造者,必主风姿洒落,气宇轩昂,聪明出乎人先,品格超乎俗

---

① 校注:《宋史·欧阳修传》:"欧阳公四岁而孤,家贫无资。太夫人以荻画地,教以书字。多诵古人篇章。及其稍长,而家无书读,就闾里士人家借而读之,或因而抄录。以至昼夜忘寝食,惟读书是务。自幼所作诗赋文字,下笔已如成人。"

② 校注:美轮美奂,典出自《礼记·檀弓下》:"晋献文子成室,晋大夫发焉。张老曰:'美哉轮焉,美哉奂焉'。"原本多形容建筑物雄伟壮观、富丽堂皇。现在也用来形容雕刻或建筑艺术的精美效果。

③ 校注:鸟革翚飞,音niǎogéhuīfēi。革:鸟张翅;翚:羽毛五彩的野鸡。如同鸟儿张开双翼,野鸡展翅飞翔一般。形容宫室华丽。《诗经·小雅·斯干》:"如鸟斯革,如翚斯飞。"

④ 校注:指文人写作或朗诵以风月等自然景色为题材的作品。

⑤ 校注:出类拔萃,意指才干实力能力大大高出同类而拔尖。拔,超出;类,同类;萃,原为草丛生的样子,引申指同类丛聚。后以"出类拔萃"形容卓越出众,不同一般。语出《孟子·公孙丑上》:"圣人之于民,亦类也。出于其类,拔乎其萃,自生民以来,未有盛于孔子也。"《三国志·蜀志·蒋琬传》:"时新丧元帅,远近危悚。琬出类拔萃,处群僚之右。"

外。将见立其品，必泰山乔岳；① 和其气，必光风霁月。② 饱其学问，必鼓吹五经、③ 笙簧六籍。④ 以此猛著祖鞭，⑤ 捷足青云；价归翘楚，⑥ 光出艺林；侧身于芹绿杏黄⑦之间，不亦彬彬乎！瑚琏⑧可许，儒雅在望。只待风云际会，孑孑干旄，⑨ 深入皇堂。要知命有平波反侧，运有颠倒错乱，其揆一也。一则人不能外路而行，命不克舍运，而由是不可不参考也。吾于是又即运限之醇疵，⑩ 合推其行年之通塞，⑪ 并与互相发明也。

---

① 校注：乔岳，高山，此指泰山，后成为泛称。《诗·周颂·时迈》："怀柔百神，及河乔岳"。毛传："乔，高也。高岳，岱宗也"。指泰山是高大的山。"将见立其品，必泰山乔岳"，是指修身立品，不在居高位，而在修养道德，完成人格，以圣贤以泰山的巍峨崇高自我期许，希望从小我到大我的道德，都是巍巍乎如泰山一样，这是圣贤立身之道。

② 校注：光风，雨后初晴时的风；霁：雨雪停止。又作光霁。形容雨过天晴时万物明净的景象。此处比喻人品高洁，胸襟开阔。

③ 校注：五经，儒家典籍《周易》、《尚书》、《诗经》、《礼记》、《春秋》的合称。《五经解》曰："温柔宽厚，《诗》教也；疏通知远，《书》教也；广博易良，《乐》教也；洁静精微，《易》教也；恭俭庄敬，《礼》教也；属词比事，《春秋》教也。"

④ 校注：六籍，即六经。《诗》、《书》、《礼》、《易》、《乐》、《春秋》的合称。

⑤ 校注：晋朝时期，年轻有为的刘琨胸怀大志，想为国家出力，好友祖逖被选拔为官。他发誓要像祖逖那样为国分忧。后来他当官从司隶一直做到尚书郎。他曾经对亲友写信说："吾枕戈待旦，志枭逆虏，常恐祖生先吾著鞭。"后遂用"祖鞭"表示表勤奋、争先之意。

⑥ 校注：翘楚，原指高出杂树丛的荆树，后来用来比喻杰出的人才或事物。

⑦ 校注：古代服饰有等级之制，芹绿杏黄都是清代秀才举人服饰常用的颜色，此处代指士人。

⑧ 校注：瑚、琏皆宗庙礼器。用以比喻治国安邦之才。

⑨ 校注：干旄，旌旗的一种。以五色鸟羽饰旗竿，树于车后，以为仪仗。《诗.墉风.干旄》："孑孑干旄，在浚之城。"朱熹集传："析羽为旌。干旄，盖析翟羽于旗干之首也。"《诗序》谓《干旄》是赞美"卫文公臣子多好善"之作，后因以"干旄"指好善或好善的显贵者。

⑩ 校注：醇美与疵病，正确与错误。

⑪ 校注：通塞，谓境遇之顺逆。《易·节》："不出户庭，知通塞也。"晋潘岳《西征赋》："生有修短之命，位有通塞之遇。"唐李商隐《酬别令狐补阙》诗："人生有通塞，公等系安危。"《剪灯新话·富贵发迹司志》："小而一身之荣悴通塞，大而一国之兴衰治乱。"

乙木

甲辰　丁卯　乙未　己卯 奢才

余尝读诗，而至"春日迟迟"，知池塘之睡鸭；"乘骓祁祁"，识杨柳之栖鸦，[1]则天假之缘，以淑造之论，有以慰我情而怡我志者。盖天元乙木，姿容秀丽也。何则微条弱干，体态本自轻盈；美艳芳华，腰肢原属柔脆。五采当之而失秀，美景对之而含羞。悦人不在红紫，而倍觉消疏；牵情那管缠绵，而丰神别有。幽扬婉转，即欲不断肠而不能；淡雅桃花，即有不消魂而不得。啭莺声于花下，恍如月里听蟾鸣；衬玉趾于红席，俨似天桥观鹊步。晓妆初罢，早以对镜而安排；兰麝微薰，几为开箧而踌躇。停栏杆而爱玩摩娑，情牵公子；托香腮而流连慨慕，意惹王孙。冰肌玉骨，应如夜月之梨花；粉脸桃颜，亦似春山之星雨。相逢于邂逅之间，良人何可胜数；笑语于殷勤之际，子嗣奚必若干？朝朝快乐，应屈指于灯前；日日新婚，窃萦怀于静夜。彼也谑浪每多[2]，恒寓意于风云雨露之中；我也情浓颇佳，常寄情于物色芙蓉之内。丰姿妩媚，令人一见而生怜；儒雅淡妆，令人乍遇而动爱。姿容绝色，何曾离枕而单眠；绮丽动人，那见黄昏而独坐。行一步可人怜，启朱唇惹郎愁。悬望眼花心撩，观乱难言魂灵飞。半天并坐相倚，致足乐耳。谈心促膝，胡不快哉！一弹再鼓，嘹喨歌声。配雁行三线接弦，幽韵琴心；随水适何期歌舞，汉宫未迩。画眉于张郎，吹茄北塞，自恨无缘于汉主。秀色之花枝插市旁，蜻蜓叠戏；姣容之美艳归柳巷，蝴蝶纷投。夜以继日，昼而构昏。可目儿旦旦相逢，可意

---

[1] 校注：典出自《诗经·小雅·出车》"春日迟迟，卉木萋萋。仓庚喈喈，采蘩祁祁。"可译为：春天的太阳缓缓地运行，那野草杂树也日渐繁生。黄鹂在婉转清亮地歌唱，遍野是采蒿姑娘的身影。

[2] 校注：此处文中尚有"顾荡漾犹夷"五字，疑抄写时窜入。

儿终朝难遇。娈婉①季女,谁人爱月夜眠迟;彼美淑姬,那个惜花朝起早。即东方明矣,犹恨五更之未长;而东有启明,犹惜达旦之甚短。招楚容于三千,似曾相识;倾汉宫于一室,无可奈何。角枕粲兮,孰能爱惜;锦衾烂兮,谁有惊心。盼曙色之分明,顿破巫山之梦;②聆窗禽③之报晓,爱催玉镜之妆。鸾凤和鸣,④不少玉楼人醉;螽斯衍庆,⑤愧无夫婿封侯。看目前金勒马嘶,晚烟娜娜;进锦帐探花及第,露滴浓浓。向兰房而乐妻孥,⑥漏尽五更还作夜。宴宾客而俶尔⑦定,雪深三尺不知寒。牡丹虽好,原要绿叶以培植;笙管音高,亦籍新声而出众。竞花枝比语,笑花颜易老。能消几个黄昏,花名争美;佳口难留莫禁,妒花风雨。未几春光半矣,月色微焉。顾影自怜,非复曩日之形容;抚膺长嗟,自异从前之体态。向使一室联吟,则唱予和汝。方幸握手而订同心,惜已不可必也。绿鬓含愁,徒自咏于湖山畔。即使知己相思,而鱼沉雁杳。犹为锦字而寄遥情,况乎其不远也。抱膝长吟,枉自赋于绣阁灯前。缘因香消粉退,空怨薄命艰难;双枕单衾,自叹孤身寂寞,则蛾眉不画,默锁春山,不比柔肠之寸结;而残春满目,香雪纷然,怎知素志之难迎。步兰房而绣幕凄凄,不必向天而恨月;别银灯而忧心悄悄,何须待字于西厢。常伴俊秀郎君,奈我愀病微

---

① 校注:娈婉,美好貌。北魏郦道元《水经注·滱水》:"至若娈婉卯童,及弱年崽子,或单舟采菱,或叠舸折芰。"

② 校注:巫山之梦,指男女幽会。战国宋玉《高唐赋》序:"昔者先王尝游高唐,怠而昼寝。梦见一妇人,曰:'妾,巫山之女也,为高唐之客。闻君游高唐,愿荐枕席。'王因幸之。去而辞曰:'妾在巫山之阳,高丘之阻,旦为朝云,暮为行雨,朝朝暮暮,阳台之下。'旦朝视之,如言,故为之立庙,号曰朝云。"后遂用为男女幽会的代指。五代冯延巳《鹊踏枝》词之七:"心若垂杨千万缕,水阔花飞,梦断巫山路。"明梁辰鱼《浣纱记·通嚭》:"今夜同欢会,梦魂飞,巫山一对暮云归。"《西湖佳话·西泠韵迹》:"但求一见,为荣多矣,谁敢妄想巫山之梦。"

③ 校注:《艺文类聚》卷九一引南朝宋刘义庆《幽明录》:"晋兖州刺史沛国宋处宗尝买得一长鸣鸡,爱养甚至,恒笼着窗间。鸡遂作人语。与处宗谈论,极有言智,终日不辍。处宗因此言巧大进。"后因称鸡为"窗禽"。

④ 校注:鸾凤和鸣的意思是指鸾鸟凤凰相互应和鸣叫。比喻夫妻和谐。

⑤ 校注:螽斯:昆虫名,产卵极多;衍:延续;庆:喜庆。螽斯衍庆,旧时用于祝颂子孙众多。

⑥ 校注:妻孥,妻子和子女的统称,同妻小。《诗·小雅·常棣》:"宜尔室家,乐尔妻帑。"

⑦ 校注:《诗经·小雅·棠棣》:"俶尔笾豆,饮酒之饫。"俶,陈列。笾豆,祭祀或燕享时用来盛食物的器具。

躯，敢比文君①之韵雨；惯作乘舟女子，奈我芳心如结，敢效杜氏之风云。一梦竟入高堂，赠芍药于昔日；梳妆忽停无语，思并蒂于当年。嗟云裳兮零乱，盼佳客神伤。寸心空结，愁看柳色之青黄；之子②难忘，早作从良之有主。佳期伊迩，③设誓而定终身；趁此芳年，④立盟以图结果。则收场可作熟朋，老岁大庆团圆。所谓淑人君子，其仪一兮。

辛未　庚寅　乙卯　丙子 懦才　女

大凡女命，不论格局，专以夫子才星为主。今观坤造，乙木产于初春，柔姿嫩蕊呈芳。癸水一点，养性培元不浅。质呈而干柔，堪称幽间淑女。正官破而杀星显，正合位小星。丙火发木光辉，主人心灵性敏。天禄归身丰足，施惠解衣推食。阃内⑤烦琐之情，尽堪代劳替力；门外忧戚之来，微露色笑解颐。敏捷应事，霭然风流可爱；敦厚崇礼，悠然妇道可观。更羡聪明卓越，织出新奇之锦。并且女工式巧，会成时样之花。育子有方，仪母是式。笑言不苟，姆训是箴。只是聪明太露，时生暗恙之愁；曲全柔顺，常怀气闷之烦。是故《诗》曰："肃肃宵征，三五在东。抱衾与裯，寔命不犹。"⑥可谓此造咏耳。

癸卯　壬戌　乙卯　丙子 懦才坤　女

淑造乙卯日主，自坐临官之乡。产于季秋，身本梧桐之体。维时立冬不远，红叶飘零，惟听凄凄鸣夜雨；春枝枯落，又愁肃肃动秋风。是以质比温柔，兼逢黄瘦之候；资成软弱，且值凋零之时。剥削难当，惟有垂头

---

① 校注：卓文君，西汉临邛（属今四川邛崃）人，汉代才女，她貌美有才气，善鼓琴，家中富贵。她是汉临邛大富商卓王孙女，好音律，新寡家居。司马相如过饮于卓氏，以琴心挑之，文君夜奔相如，同驰归成都。因家贫，复回临邛，尽卖其车骑，置酒舍卖酒。相如身穿犊鼻裈，与奴婢杂作、涤器于市中，而使文君当垆。卓王孙深以为耻，不得已而分财产与之，使回成都。事见《史记．司马相如列传》。

② 校注：之子，这个人。《诗・周南・汉广》："之子于归，言秣其马。"郑玄笺："于是子之嫁，我愿秣其马。"

③ 校注：伊迩，将近，不远。《诗・邶风・谷风》："不远伊迩，薄送我畿。"明刘基《送宋仲珩还金华序并诗》："赠予以诗，酌予以酒。晤言何其，伊迩匪久。"

④ 校注：芳年，美好的年岁；青春年华。南朝宋刘铄《拟行行重行行》："芳年有华月，佳人无还期。"

⑤ 校注：阃内，旧指家庭、内室。宋陈亮《祭祖母夫人王氏文》："察人之所不察而阃内之情毕见，爱人之所不爱而一家之势常平。"

⑥ 校注：语出《诗经・国风・召南・小星》。

滴泪；帮扶宜急，恐其难缓须臾。甚喜壬癸有三，鞠育之深恩罔极；乙木两点，姊妹之情意殷然。然柔中转旺，俨如柔柳逢春；弱处复强，实似枯梅遇腊。由是戊土独才，为病中之医药；辛金独杀，作顾复之根源。一杀清奇，夫主长年可许；独才归库，田园万顷堪期。其斯造者，定主为人伶俐，秉性聪敏。温恭其可羡，淑慎其可矜。妇道无违于四德，①闺范鲜愧于三从。②可谓阃内君子，巾帼贤人。实有命焉，非臆说也。惜乎子卯相刑，卯戌妬合，以致身却清闲，其实变为劳碌；心虽快活，总之难免愁烦。看海燕之飞鸣，尽是酸心之景；睹乌鸦之衔食，皆为惹恨之由。血弱气虚，思儿之苦心只堪自喻；眼花神乱，伤情之珠泪怕对人弹。惟喜专禄重重，结果应当热闹。仁看后嗣鹊起，贤孙繁昌；诰命重膺，福禄寿永，前者之愁烦，不妨尽付清风流水中矣。

癸丑　庚申　乙丑　丁丑 水苍生

乙木天元，乃花叶之姿。产于孟秋，是时秋风肃杀，木渐凋零。主元柔弱，理所定也。若无生扶，则中和有失，其何以迎尔遐福、介尔景福乎？欣逢癸水叠叠生身，丁火时露发秀，有以生之扶之，足以挽回中和而成纯粹。是当时财福之厚、寿元之高，于斯而已定矣。第惜年日时支犯杀，应不利于少年。故荆桂③有刑，骨肉无靠，劳碌操持，财源不聚也。所喜者，乙庚逢合，到处得高人之喜；年值天德，生平无风波之惊。尤可取者，偏才藏库，平云："石崇④聚富，只因库藏才星。"有此才库，足征将来才发不小、创业匪轻，烈烈轰轰一场，岂可以目前之成败而定终身之

---

① 校注：所谓的"四德"是指：德・言・容・功，就是说做女子的，第一要紧是品德，能正身立本；然后是言语（指有知识修养，说话得体，言辞恰当）；其次是相貌（指出入要端庄稳重持礼，不要轻浮随便）；最后是治家之道（治家之道包括相夫教子、尊老爱幼、勤俭节约等生活方面的细节）。（《周礼・天官・九嫔》）

② 校注：旧礼教认为妇女应该做到在家从父，出嫁从夫，夫死从子，谓之"三从"。《仪礼・丧服》："妇人有三从之义，无专用之道，故未嫁从父，既嫁从夫，夫死从子。"汉班固《白虎通・爵》："妇人无爵何？阴卑无外事，是以有三从之义。"

③ 校注：荆桂，指兄弟。

④ 校注：石崇（249—300）南皮人。字季伦，生于青州，小名"齐奴"。少敏慧，勇而有谋。苞临终，以财物分与诸子，独不给崇，其母以为言。石苞说："此儿虽小，后自能得。"二十余岁，为修武令，有能名，入为散骑郎。迁城阳太守，伐吴有功，封安阳乡侯，在郡虽有职务，好学不倦，以疾自解。石崇颖悟，有才气，而任侠无行检，在荆州劫掠远方使者与客商，致大富不赀。据传有"穷不过范丹，富不过石崇"之说。

结局者哉！

戊寅　壬戌　乙未　癸未　俚雀

乙木日元，产于季秋，正戊土才星司令。柱中丙丁四点，戊己五重，剥我固多，而泄我亦重。推之者未有不曰才多身弱，而忧怙恃之乏人也。殊不知乙木秋天为丹桂梧桐之体，犹有茂盛独秀，森然不凋；兼之未日未时，更知玉桂飘香，蟾宫布景，弱中变旺，夫复何疑！《书》云："财资七杀，英雄独压万人。"或曰："天干壬癸并透，必当用印以生扶。"支下甲乙之藏，不须用比以帮扶。岂知水受土克，自治不暇，何能治人？正宜用土以培其根，用金以全其用，用火以发其华，然后金水有相涵之妙，水火有既济之功，而中和之美得矣。据是推之，自主有才有胆，不忮不求，[①]持躬俨然。君子立志，超于庸流，理当夙其词源，胸藏学海，攀丹桂，步青云，扶摇而直上矣。夫何才露杀藏，致令才杀反背，以故黄卷功虚，惟向异途而先贵；操劳早任，偏从利路以萦心。亲友场中，有许多剥剥削削；清闲境内，有无限是是非非。近年来外面春光，人道繁华三月景；内中境遇，看来寂寞五更寒。

丙申　庚寅　乙亥　戊寅　贲

时届仲春，万物擘[②]发生之际；节仍寅提，群芳羡复始之时。今贵造之乙木产斯，正欣欣以向荣、皇皇而挺秀矣。加之亥申二水，灌溉之功不浅；戊己四重，培植之谊尤深。由是而推，觉生扶过情，旺而益旺。平云："弱固局中所忌，过旺亦非所宜。"最妙月露庚金，以进公输[③]之巧；年透丙火，大壮武子[④]之光。得斯二者，理主才华挥霍，作干多能，名利

---

① 校注：不忮不求：忮，妒忌。求，贪求。指不妒忌，不贪求。《诗经·邶风·雄雉》："不忮不求，何用不臧。"郑玄笺："我君子之行，不疾害，不求备于一人，其行何用为不善。"

② 校注：擘，分开；剖裂。唐·李朝威《柳毅传》："乃擘青天而飞去。"

③ 校注：公输，即公输盘。鲁国人，公输是姓，盘是名，也写做"公输班"或"公输般"。能做奇巧的器械，有人说他是传说中的鲁班。

④ 校注：魏武子（生卒年不详）。姬姓，魏氏，名犨，谥武，春秋时期晋国大夫，芒季子，毕万孙，以勇力闻世。曾在一次与曹国战争中违抗命令，擅自进攻僖负羁并烧了僖负羁的家，而且在进攻的过程中受了重伤。让晋文公很不高兴，想下令杀了他，但由于他在紧急时刻表现出身体的强健，所以晋文公觉得他还可以继续打仗，才免去他的死罪。由于魏犨只是一介武夫，虽然是晋文公手下主要将领，并没有得到晋文公太大的重用，直到晋悼公才得到重用，从而成为晋国的六大家族之一，为魏斯将来三分晋国打下基础。

兼舒，事业恢宏者也。奈寅申冲而学堂破，才星露而祖业稀，以致青云路杳，未能宴赴；鹰扬白手，谁持全凭。自光规模，而且驿马加鞭，劳顿奚辞；劫夺过胜，吃苦谁知。他如家庭琐琐，闷气百计图谁；世路崎岖，小心千般酬错。其半生形景，可为知者言，难与不知者言。惟羡大运迩来，① 运限交相帮助。仁看贤郎蔚起，② 克光先绪；家计维新，悠然裕后。似此结局风光，令人仰乔木而难攀也。第惜伤官见官，未能名魁虎榜。却妙四正救援，定作黑发封君。

壬戌　癸丑　乙未　丙子

时值小寒，万物其敛藏之德；节届二阳，群芳擘来复之机。今观贵造，天元乙木，产于季冬，似有凋零之势矣。殊不知癸水重见，反有生身之象；己土两重，号曰培植根荄。且又乙木支藏，比助元强；又妙丙火透出，解释寒凝。得斯二者，匪独夹谷有春之象，而且寒枝得向暖之舒。正合子平："木明木秀利名强，木火通明事业昌。"应主作干行为当必出众，才情识见尤必过人。夫何聪明错用，每经起倒不一；谋为乖张，恒遭耗散无常。历尽一片辛苦，未获出人头地；虽然做些事情，恍如梨园③演义。正是"怀才未展，吃哑苦难以告人；夙志未伸，上暗当惟有自知"。身虽居热闹之场，心仍在愁云之境。此其故，皆因杀星过重，日元受其克制耳。且也丑未冲而提纲破，麟之趾④不获早歌；子未穿而根蒂动，利之丰奚能壮获。绝妙杀虽强而得食神相制，身虽弱而得印绶相扶；并且日坐才库，断然兴废不小；时逢玉贵，更见际遇非常。况夫指日运步佳程，限游

---

① 校注：迩来，犹近来。唐韩愈《寒食日出游》诗："迩来又见桃与梨，交开红白如争竞。"

② 校注：蔚起，蓬勃兴起。清王士禛《居易录谈》卷中："誉麾蔚起，诸生之诵法弥殷矣。"鲁迅《汉文学史纲要》第九篇："诗之创制，亦复蔚起。"

③ 校注：梨园，原是古代对戏曲班子的别称。我国人民在习惯上称戏班、剧团为"梨园"，称戏曲演员为"梨园子弟"，把几代人从事戏曲艺术的家庭称为"梨园世家"，戏剧界称为"梨园界"等等。

④ 校注：《诗.周南.麟之趾》："麟之趾，振振公子。"郑玄笺："喻今公子亦信厚，与礼相应，有似于麟。后以"麟趾"作喻，比喻子孙昌盛。南朝齐王融《三月三日曲水诗序》："族茂麟趾，宗固盘石。"宋苏轼《赐彰化军节度使开府仪同三司判大宗正事宗晟上表乞还职事不允诏》："朕方庆瓜瓞之茂，而欲观麟趾之应。"元无名氏《抱妆盒》第三折："天佑宋室，螽斯麟趾之庆，当必有期。"

亨域；竚①看才源陡发，名成异路。大开金谷之园，②定产名麟之子。烈烈轰轰，大为志士一伸积愫也。

乙未　丙戌　乙亥　己卯

夫乙木者，在天为丹桂，在地为花卉之类。荣诞戌提，序属三秋。正为白帝司令，金星秉权，寒露霜降，万物摧朽之时也。草拂之而色变，木遭之而叶脱。正是"草木无情，人为动物，为物之灵。乙木于此，似兰斯馨。菊花有信真佳士，芝兰姿质不受尘。"如松柏之有心，如竹兰之有筠。登高饮黄酒，攀桂常思宴鹿鸣。③可贵者，年透乙木，比肩帮身；月透丙火；太阳照临；地支会木局，根荄种得深；时上偏才格，归禄步青云。夺得一片秀气，更有二德扶身；必心慈而面软，肯积德以行仁。清新俊逸，出类超群。胡为不登一榜？盖因命犯三刑。不能日日欢娱，反主时时劳神。贪蝇蝇之微利，④作市井之平人。年月刑，祖业如浮云；时归禄，到处有收成。中年东逃西奔，他日堂构维新。造无适之基业，乐有余之休

---

① 校注：同"伫"。

② 校注：金谷园是西晋石崇的别墅，遗址在今洛阳老城东北七里处的金谷洞内。石崇是有名的大富翁。他因与贵族大地主王恺争富，修筑了金谷别墅，即称"金谷园"。园随地势高低筑台凿池。园内清溪萦回，水声潺潺。石崇因山形水势，筑园建馆，挖湖开塘，周围几十里内，楼榭亭阁，高下错落，金谷水萦绕穿流其间，鸟鸣幽村，鱼跃荷塘。石崇用绢绸子针、铜铁器等派人去南海群岛换回珍珠、玛瑙、琥珀、犀角、象牙等贵重物品，把园内的屋宇装饰得金碧辉煌，宛如宫殿。金谷园的景色一直被人们传诵。每当阳春三月，风和日暖的时候，桃花灼灼、柳丝袅袅，楼阁亭树交辉掩映，蝴蝶蹁跹飞舞于花间；小鸟啁啾，对语枝头。所以人们把"金谷春晴"誉为洛阳八大景之一。

③ 校注：鹿鸣宴，科举制度中规定的一种宴会。起于唐代，明清沿此，于乡试放榜次日，宴请新科举人和内外帘官等，歌《诗经》中《鹿鸣》篇，司称"鹿鸣宴"。《新唐书·选举志上》："每岁仲冬，州、县、馆、监举其成者送之尚书省；而举选取不繇馆、学者，谓之'乡贡'皆怀牒自列于州、县。试已，长吏以乡饮酒礼，会属僚，设宾主，陈俎豆，备管弦，牲用少牢，歌《鹿鸣》之诗，因与耆艾叙长少焉。"清吴荣光《吾学录·贡举》："《通礼》：顺天乡试揭晓翼日，燕主考、同考、执事各员及乡贡士于顺天府，曰鹿鸣燕，以府尹主席。"燕，同"宴"。

④ 校注：蝇蝇，疑应为"蝇头"。蝇头微利，比喻非常微小的利润。苏东坡词云："蜗角虚名，蝇头微利，算来着甚干忙？事皆前定，谁弱又谁强？"蝇蝇，指像苍蝇一样的人。用来比喻为了追逐名利，不择手段，象苍蝇一样飞来飞去生活的人。

征。五湖且寄陶朱①业，四海交游晏子②心。由富而贵，先利后名。又学不能登金榜，声闻可以达帝京。

甲子　癸酉　乙巳　己卯

乙为阴木，花菓之姿。可以植于庭，可以种于圃。诞于酉提，时维仲秋。斯时也，桂花有色，珠斗藏辉。灵种不老，清杳长年。潇洒其质，不蒙纤纤之尘；清洁其身，自具皎皎之体。得己土以培植，根深蒂固；赖癸水以灌润，露浥红妆。伏丙火以温暖，日照芳艳；用庚金以制劫，不受欺凌。最妙财印俱彰，食神制杀，杀印相生，日禄归时，年支带贵。五行如斯全备，将见绿叶似锦，红苞如霞；一枝放萼，十里闻香。定然烈烈轰轰，掀天揭地，发达得志，令人可仰而不可及也。

癸未　癸亥　乙丑　丙子

乙木日元，生于十月。天气上升，地气下降，天地于焉闭塞而成冬。水性最寒，润下当令，乙木之弱，照然明矣。《书》云："乙木冬产爱丙荣，向阳花木早逢春。"妙得丙显露，配成雨旸时若之局，而阴阳无偏胜之弊，乃能发荣滋长焉。嫌日支坐杀，乃得食神制伏，而煞方无害。《书》云："一煞一制，反成富贵。"更得己土培植财星美，财为养命之源，生平之福泽系焉。

庚寅　辛巳　乙亥　壬午　中

乙为阴木，花果之姿。诞于巳提，时维初夏。斯时桐花吐艳，榆木分光，蕉心待雨，葵叶倾阳。长条拂地，群朵铺宫。绿阴夹道，翠阴盈园。畅茂荣华，于斯为盛。再得戊土以培植，壬水以滋润，丙火以暄照，庚金以裁锄，则芳姿浥露，雅态欺风，枝繁叶玉，柯叠金凡，而阶前篱下，馨

---

① 校注：陶朱公，即范蠡，字少伯，春秋末期楚宛三户（今河南省南阳市淅川县）人，政治家、军事家、经济学家，后人尊称"商圣"，是中国道商之鼻祖。越国著名谋臣，与文种一起俱为勾践股肱大臣，最终灭亡吴国。因为意识到勾践只可同患难，不可共富贵，毅然弃越奔齐，三聚三散，富甲天下。他年轻时，曾拜计然（又名辛文子）为师，研习治国、治军方策。引公元前四九六年前后范蠡携文种远赴吴越，因在吴国难展才华慨然离吴入越，辅助勾践二十余年，终于使勾践于公元前四七三年灭吴。范蠡以为大名之下，难以久居，遂乘舟泛湖而去。后至齐，父子戮力耕作，致产数十万。齐人闻其贤，使为相。范蠡辞而不受，后迁往陶地（今山东金乡县西20公里南陶村一带。）经商积资巨万，世称"陶朱公"。

② 校注：晏婴（前578年～前500年），字仲，谥平，习惯上多称平仲，又称晏子，夷维人（今山东高密），春秋时期著名政治家、思想家、外交家。

香烂漫，似锦如霞，频见攒金萃玉、堆黄积白者矣。微惜官杀混杂，木被金伤，巳亥逢冲，巽风吹折，所取比劫以御侮、食神以制杀，庶几病药两全，刚柔相济。大运行一派东南，则木根无盘屈之拘，而枝叶有舒畅之美。伫看扬芬吐秀，发叶生枝，名利双辉，有断然矣。

癸酉　壬戌　乙巳　丙戌

时维九月，序属三秋。风寒考园，霜落疏篱。凡卉俱寂清芬，独迟有白菊之一种，吐亭亭之素枝，不蒙纤纤之尘，自具皎皎之姿。清节其身，潇洒其质。但时届暮秋，西风肃杀；村村寒逼，树树风飔；四野霜飞，千枝落叶。所取戊土以培植、癸水以灌润、丙火以暄照、庚金以御侮。如斯全备，则芳枝泡露，雅态期风，目笼鲜色，风散异香，冷叶栽玉，寒梢点琼，而阶前篱下频见攒金叠玉者矣，堆黄积白，名利兼收。

辛丑　庚寅　乙卯　丙子　中

乙木生寅，是为孟春。时合气清，草木滋荣。阳气上升，欣欣向荣。野铺翠色，木发新芽。青归柳堤，红入桃源。但生于初春，余寒未尽。春花孕蕊，诚当爱养而栽培；嫩柳萌芽，悉宜曲全而保护。得戊培植，根盘坚固。取子水以灌润，泡露红妆。伏丙火以温暖，日照芳艳。取庚金以逐劫，薅去荼蓼。① 如此全备，荣华立待。

癸巳　乙丑　乙丑　丙子

乙木日元，花果芝兰。诞于季冬，质比琼梅；不随群卉，独上三冬。此际雪满山中，月明花下，冰池照影，雪岸闻香。先春蓓蕾，迎腊芬芳。称为花魁，信不虚也。最妙财临旺地，时逢贵人，雨旸时若，寒木向阳；杀印相生，水火既济。如此佳造，诚上品也。但格中水盛，凝寒近冻，冰霜凛冽，雨雪交加。火土并用，情顺理安。后行一派才官运程，将见柔条带媚，密叶含滋，扬芬吐秀，发叶生枝，名利两全，令人可仰而不可及。

癸酉　癸亥　乙巳　丙戌　中

乙为阴木，花果芝兰，得遇土培水润，自然扬芬吐秀，发叶生枝。日元秉此，固有机变活泼之妙矣。特是诞于雪花六出之际，乙木值此，身不

---

① 校注：荼蓼，荼和蓼。泛指田野沼泽间的杂草。《诗·周颂·良耜》："以薅荼蓼。"毛传："蓼，水草也。"宋杨万里《庸言》："圣人仁及草木，而后稷必薅荼蓼。"

旺也。所喜者有田园以培其根本，有雨露以润其枝叶。更爱丙火显露，日烘芳艳。如此全备，根盘坚固。幸大运行一派夏令，得见长条拂地，群朵铺空，挺秀直上，欣欣向荣，发奇葩而更结实也哉。

辛丑　己亥　乙酉　丁丑

乙木日元，其体属阴，花果之姿，藤萝之形。春生夏长，秋实冬藏。降自孟冬，黑帝司权。正雨雪霏霏、风雨凄凄，何莫非寂寞之景。主元作为弱论，又何疑焉。柱中杀星叠见，未免有克身之嫌。所可喜者，丁火高透，有拒杀温性之用；水土暗藏，有培根润泽之资，而木不致受剥削凋零之困。《经》云："七杀有制化为权，英雄文章发少年。"又云："食神制杀，逐十年灯火之光。"又云："食神带七杀，英雄独压于万人。"有此佳造，人中俊杰。由是观之，主人聪敏颖异，文宗孔孟[①]之乡；茹古含今，理学周程[②]之真。若肯留心典籍，琢磨经史，指顾运际三阳，[③]大展鸿猷，[④]高张羽翼，采芹食饩，[⑤]如反手也。

---

① 校注：在儒家的传统中，孔孟总是形影相随，既有大成至圣，则有亚圣。既有《论语》，则有《孟子》。孔曰"成仁"，孟曰"取义"，他们的宗旨也始终相配合。《史记》说："孟子序诗书，述仲尼之意。"今人冯友兰，也把孔子比作苏格拉底，把孟子比作柏拉图。

② 校注：周程，指周敦颐及二程先生。周敦颐（1017年—1073年），原名敦实，别称濂溪先生，因避宋英宗旧讳改名敦颐，字茂叔，号濂溪。北宋五子之一，北宋道州营道楼田堡（今湖南道县）人。北宋思想家、理学家、哲学家、文学家，学界公认的理学鼻祖，称"周子"。二程即程颢和程颐，河南洛阳人，他们的学说也称为"洛学"，与同时代的张载所创的"关学"颇有渊源，二者理学思想对后世有较大影响，南宋朱熹正是继承和发展了他们的学说。他们的理学思想主要见于《遗书》、《文集》和《经说》等，均收入《二程集》中，中华书局1981年出版该书校点本。程颢字伯淳，又称明道先生。程颐字正叔，又称伊川先生，曾任国子监教授和崇政殿说书等职。二人都曾就学于周敦颐，并同为宋明理学的奠基者，世称二程。

③ 校注：三阳，用于岁首祝福时，人们也常用"三羊"来代替"三阳"，把"三阳开泰"写成"三羊开泰"，乃取其谐音而已。根据泰卦的释义，"三阳开泰"的引申意思，则有好运即将降临之意。

④ 鸿猷，校注：鸿业；大业。南朝宋谢庄《求贤表》："臣生属亨路，身渐鸿猷。"唐肃宗《命有司举行郊庙大礼诏》："朕获嗣鸿猷，敢志虔敬。"清蒲松龄《拟上谕纂修〈实录〉告成群臣进表》："伏以圣孝开天，燕翼纪千秋之烈；王谟尊祖，鸿猷垂百代之书。"

⑤ 校注：采芹指考中秀才成了县学生员。食饩指明清时经考试取得廪生资格的生员享受廪膳补贴。亦即成为廪生。

官场流年通用活套①

　　△△是年，②宜敕心北上，费才加捐，自然邀爵食禄。更喜事事投机，靡不称意，良可贺也。是岁官场遂意，财源称心，事亦顺手。自春至冬，毫无驳杂。虽干△△侵限，不过寒暑失调，思多过虑，别无所忌。五载官声丕著，仕路飞腾定得。大运保提，重沐恩光，由州牧而升黄堂。一琴暗日，不外是矣。还期添玉麟，乐也融融连之。△运帮扶，柱中官势，大显用神之德。△度又逢△宿，管取官场赫奕。黎民咸颂恩泽，定主好音。壮至恩命下颁，荣升道宪，③振纲肃纪。又快子秀生孙，无限乐趣。△△库地，恐有耽延。交△运财生官旺，威风丕振。△年度吉限宁，愈见声名洋溢，德政日新。仵看恩春日隆，荣遇频增。夏末秋初之际，定见擢升。坐掌刑宪，济人利物，万姓沾恩，乐意之至。△运五年，又能生官，政声丕著，④德教宏敷，⑤准听喜意。壮至奉恩，旬宣荣升藩台。⑥推其分野，⑦

---

①　校注：通用活套，即旧时推算四柱八字时固定的格式，凡属类似的八字均可以灵活套入。本丛书第一册《全本渊海子平》中，即有多种活套收入，可以参考。

②　校注：△△为批命活套，可以根据实际情况补入，下同。

③　校注：道宪，对道台的尊称。

④　校注：丕著，即显著。

⑤　校注：宏敷，广布。镜花缘第六十七回："兹际文教之宏敷，微才幸进，叨沐仁恩之远被，荒甸咸知。"

⑥　校注：藩台，官名。明初，沿元制，于各地置行中书省。明洪武九年（1376年）撤销行中书省，以后陆续分为十三个承宣布政使司，全国府、州、县分属之，每司设左、右"布政使"各1人，与按察使同为一省的行政长官。《明史·职官志四》："承宣布政使司。左右布政使各一人，从二品……掌一省之政，朝廷有德泽、禁令、承流宣播，以下于有司。"又"洪武九年改浙江、江西、福建、北平、广西、四川、山东、广东、河南、陕西、湖广、山西诸行省俱为承宣布政使司，罢行省平章政事，左、右丞等官，改参知政事为布政使，秩正二品，左、右参政，从二品，改左、右司为经历司。十三年改布政使，正三品，参政，从三品……宣德三年罢交阯布政司，除两京外，定为十三布政司。初置藩司，与六部均重。布政使入为尚书、侍郎，副都御史每出为布政使。宣德、正统间犹然，自后无之。"

⑦　校注：分野，指与星次相对应的地域。古人依据星纪、玄枵、降娄、大梁、实沈、鹑首、鹑火、鹑尾、寿星、大火、析木等十二星次的位置划分地面上州、国的位置与之相对应。就天文说，称作分星；就地面说，称作分野。我国古代占星家为了用天象变化来占卜人间的吉凶祸福，将天上星空区域与地上的国州互相对应，称作分野。我国古代占星术认为，地上各有周郡邦国和天上一定的区域相对应，在该天区发生的天象预兆着各对应地方的吉凶。

非三楚而即西江。更兼民丰国裕，弊绝风清，赏心快意，无过于此。又见子列朝班，孙登科第，贵星聚于一门，谁不曰人间之福星耶。△运冲提，限亦欠美，恐官场生嫉，势盛招嫌。须宜知机退步，荣归昼锦。① △运食神有气，愈见矍铄康健，人庆五福，② 我祝三多。③ 细推△运，主元投墓，用神败乡，度限划难交攻。古稀④添孙，再卜天年。

---

① 校注：《汉书·项籍传》载秦末项羽入关，屠咸阳。或劝其留居关中，羽见秦宫已毁，思归江东，曰："富贵不归故乡，如衣锦夜行。"《史记·项羽本纪》作"衣绣夜行"。后遂称富贵还乡为"衣锦昼行"，省作"昼锦"。

② 校注："五福"这个名词，原出于《书经·洪范》。五福的第一福是"长寿"，第二福是"富贵"，第三福是"康宁"，第四福是"好德"，第五福是"善终"。"长寿"是命不夭折而且寿数绵长；"富贵"是钱财富足而且地位尊贵；"康宁"是身体健康而且内心安宁；"好德"是心性仁善而且顺应自然；"善终"是安详离世而且饰终以礼。

③ 校注：三多，指多福、多寿、多男子。祝颂之辞。语本《庄子·天地》："尧观乎华，华封人曰：'嘻，圣人！请祝圣人，使圣人寿。'尧曰'辞'。'使圣人富。'尧曰'辞'。'使圣人多男子。'尧曰'辞'。"

④ 校注：古稀，称人年七十。

丙火

丙寅　丁酉　丙寅　乙未

瞻彼丙火，产于未时。洪光浩火，照耀寰区。作红镳而功成剑戟，为阳火而惠及群黎。一酉乃降生秋月，财旺提刚，① 珠圆玉润，水济波光。比印重逢，格合中和之象。长生两带，局全纯粹之阳。尤可佳者，时干乙木；最可羡者，时上火罗。桂影森森，香满月中蟾魂；② 明星灿灿，光摇天上银河。③ 瑞虎啸放林中而声名大振，④ 金牛眠于月夜而秀气诚多。⑤ 戊土为食，散英华于奎璧。辛金作宝，听玉匣以鸣珂。⑥ 知其襟怀荡漾，气度清奇。鸟语花香，活泼之文心难遏；⑦ 红深绿浅，野艳之春色相宜。⑧ 考古典于明窗，久以作逢时之利器；炼丹方于永夜，欲大为济世之良医。利欲不以移其心，常见清风簌簌；德泽总恩于及物，不教怨雨凄凄。似此居心，真罕觏也。如斯之品，能不羡欤！惟是比劫不宜并透，满盘缺水腾蛟，以致快乐场中生许多闲烦闲闷，清闲境内有无限自苦自劳。泮水以早游，未见云梯直上；棘闱虽屡试，其如金榜名抛。听梧桐之雨于黄昏，情伤鸳鸯重惊散。采忘忧之草⑨于白日，遥忆衷肠恨转深。

---

① 校注：刚通纲。
② 行注：乙木生八月，故云。
③ 行注：月上丁火为天上星斗，光芒射于银河。
④ 行注：未为桂蕊，寅为瑞虎，
⑤ 行注：未为金牛，干上丁火为月。
⑥ 校注：鸣珂，显贵者所乘的马以玉为饰，行则作响，因名。南朝梁何逊《车中见新林分别甚盛》诗："隔林望行幰，下阪听鸣珂。"
⑦ 行注：先生之文学，自当如是观
⑧ 行注：先生之为人，俨然如此。
⑨ 校注：忘忧草，即萱草，一名紫萱，又名黄花菜。嵇康《养生论》云："萱草忘忧"。（出《述异记》）人们用来佐膳的黄花菜，学名为萱草。大约已栽种了两千多年，是我国特有的土产。据《诗经》记载，古代有位妇人因丈夫远征，遂在家居北堂栽种萱草，借以解愁忘忧，从此世人称之为"忘忧草"。苏东坡曾赋曰："萱草虽微花，孤秀能自拔，亭亭乱叶中，一一芳心插"。他所述的"芳心"，就是指母亲的爱心。白居易也有过诗云："杜康能散闷，萱草解忘忧"。

辛酉　癸巳　丙申　壬辰　水滑

丙为太阳，光宗宇宙，炯耀山河。荣诞巳提，南离气旺之初。斯时炎帝持衡，晴光赍地。值斯健体，正秉干刚。平云："男命日主若刚强，十有九人多富贵。"且又诞于辰时，正符日出龙楼，兼之禄巳冠辰，魁罡时带，秉此魁罡，聪明格局。主人赋性超群，襟怀磊落。理应诗书发达，遂名利于髫年。缘因柱中伤食过重，所以青云路杳；官杀混杂，固尔黄卷心灰。聪明反被浮慕牵，志向每因思索坠。既拂意于诗书，未趋利而起发。虽承祖父余荫，其实战兢自持，过虑多思，欣性少适。叹萱花之早坠，① 百结愁思；忆桃李之芳园，② 茕茕孑立。③ 琴瑟早调，明珠几番梦想。人情世务，每凭己力支持。正是"外面春风人道好，许多不足只自知"。然所喜者，申辰各蓄壬水，克全既济之功。申巳庚金统制，刚柔并用。局全纯粹，始困终亨。指日泰运鸿开，将见麟英叠吐。巧际奇逢，事业争羡前人，定当异路显荣。恢宏事业，瞬息可待，夫何复疑。

辛丑　庚寅　丙寅　庚寅

夫丙火者，在天为太阳之象，在地为炉中之火。昼生则普照万方，春产则木火通明。是月也，东风解冻，蛰虫始震，雷乃发声，万象更新。虽在惊蛰之前，正是和暖之春。木遇之而叶茂，草暖之而色新。妙得地支三朋，叠叠长生。所忌偏才正旺，重犯庚辛。谓之贪才破印，病重药轻；则必运行东南，方许利就名成。遇比化才缠万贯，比得资扶步青云。学堂逢驿马，交亥贺采芹。火虚有焰，印绶格真。大病大药，词林拟第。以庚金绝于寅，李氏见背于椿庭。司马牛之兄弟，④ 知太阳之独尊。正才入库，定得内助之贤能；官星一位，定符燕山之美名。更喜印绶得禄，理应萱堂

---

① 校注：古人常以萱草代指母亲。萱花早坠，即母亲早逝。
② 校注：李白《春夜宴桃李园序》："会桃李之芳园，序天伦之乐事。"
③ 校注：茕茕孑立，茕（qióng）：没有弟兄的人。孑：孤单的样子。孤身一人。形容一个人无依无靠，孤苦伶仃。出处：晋·李密《陈情表》："外无期功强近之亲，内无应门五尺之童。茕茕孑立，形影相吊。"
④ 校注：司马牛，孔子的弟子。复姓司马，名耕，一名犁，字子牛。宋国人。《史记·仲尼弟子列传》提到过他，说他"多言而躁"。相传为宋国大夫桓魋的弟弟。传说他的哥哥桓魋，参与宋国叛乱，失败后逃跑，司马牛也被迫离宋逃亡到鲁。故《论语》中有"司马牛忧曰：'人皆有兄弟，我独亡（无）。'"言有兄犹无。而他的同学子夏则回答说："四海之内，皆兄弟也。"

迓龄。可恨时运不济，定怀报国之心；断楠久炙，岂无诰命之荣。

戊午　乙卯　丙辰　戊戌　火欠

丙火者阳火也，阳德之母，火气之精。照四方而临下土，称曜灵而号大明。赫矣流珠①之状，皎然连璧②之形。腾辉光于宇宙，成陶冶于乾坤。诞于卯提，时维仲春。杲杲始出，旭日初升。东风入树，晴日映山。春光明媚，暖气冲融。出人头地，于此见之。但生于春令，木盛掩光，理宜用金裁扫。财轻叠逢劫刃，又宜食神生扶。取才破印，局明格正；用食生才，情顺理安。大运行一派土金，病药两全，强弱相资，将见一轮出海，五色光天，华耀丽空；普照六合，升腾霄汉；激昂青云，发达得志。令人可仰而不可及也，岂庸俗碌碌之者可同日而语哉！妙者食神透秀，正官佩印，刃辅伤官，独财入库。如斯佳造，人中俊杰。所以幼而敏慧，长更神奇。含宏深之姿，秉倚魁之行。剪桐叶以习书，裁竹枝而成字。声满一室，智百常童。鼓接天之浪，定异常鳞；嘶向日之声，知非凡骥。葵始花应能向午，松才干即许摩霄。真天上之石麟，人中之骐骥也。

戊戌　庚申　丙申　乙未

丙为阳火烈象，于天普照六合，辉光宇宙。诞于申提，秋阳燥烈，暑蒸千里，炎散八荒。但干支土厚，晦火无光；用木以扫尘氛，取水以解酷暑。水遭土克，喜木疏通；财旺破印，须火救援；木火并用，运爱东南。柱中食神吐秀，身坐文昌；杀印相生，财临帝旺地。如斯佳造，人中俊杰。理宜芸窗励志，食根诗书；无如土多盗气，马奔才乡，贪才破印，制杀太过，以致弃名就利，迹追陶朱。握持筹之胜算，怀致富之奇谋，可谓出类拔萃者也。而将来兴创发达，宁有涯哉！

乙未　辛巳　丙辰　癸巳　俚雀

丙火者，阳德之母也，火气之精，普照六合，群阴潜形。诞于巳提，

---

① 校注：道教的念珠，最早被称之为"流珠"。《太上三元流珠经》云："受之用白真珠，圆正明朗，大如桐子者三百六十五枚，应星宿之度，日月所会之期。"又，《太玄金锁流珠引》云："昼夜斗转，周天无穷，如水流之不绝，星圆如珠，故曰流珠也。"

② 校注：连璧，战国时，赵惠文王得和氏璧，秦昭王寄书赵王，愿以十五城易璧。事见《史记·廉颇蔺相如列传》。后以"连城"、"连城璧"、"连璧"指和氏璧或珍贵之物。

时维孟夏，祝融①司令，炎帝司衡；热气可畏，炎晖如焚；日长宵短，铄石流金；物思甘雨，人望密云；需水济润，岂浅鲜哉！更兼支地土厚，盗气精英；烟瘴沙雾，晦火无光；用木相佐，其理至明。妙者水木并透，官印相生；木扫尘氛，风消酷暑；水退烦热，雨洗炎天。由是观之，病药两全，刚柔相济；富贵利达，实基如此。柱中才官印显，日时得禄；马奔才乡，水火既济。如斯大格大局，主人初含纯粹，长表澄清；胸藏锦绣，腹隐珠玑。理宜池上采芹，月殿攀桂；题名雁塔，② 鸣震天衢；早发巍科，得志帝里。曷乃怀才未售，骥伏盐车；③ 无如水遭土克，官星受伤。木逢金斲，财旺破印，遂致沧海遗珠，昆山蕴璧。因而别图上进，援例纳粟，辟雍④升俊，得时则驾。出焦桐于爨下，⑤ 起椽竹于亭中。⑥ 励搏风之六

---

① 校注：祝融以火施化，号赤帝，后尊为火神、水火之神、南海神，古时三皇五帝中五帝之一，葬衡阳市南岳区祝融峰。祝融氏酋长燧人，在世界史上最早发明了钻木取火、最早创建了集市，祝融氏燧人为三皇之一，号为三皇中的西皇。祝融氏是西皇所在的氏族，祝融氏即西皇氏。祝融氏是一个古老的氏族，融是荧火虫，象星星一样闪光，在黑夜里明亮；祝是祭祀，祭火，祭光明，祭祀天帝。

② 校注：古代科举制度中，进士及第的代称。雁塔即大雁塔，在陕西西安的慈恩寺中。为唐玄奘所建。唐朝新中进士，均在大雁塔内提名。故以"雁塔题名"代称进士及第。

③ 校注：《战国策·楚策四》："夫骥之齿至矣，服盐车而上太行。蹄申膝折，尾湛胕溃，漉汁洒地，白汗交流，中阪迁延，负辕不能上。伯乐遭之，下车攀而哭之，解紵衣以幂之。骥于是俛而喷，仰而鸣，声达于天，若出金石者，何也？欣见伯乐之知己也。"

④ 校注：辟雍本为周天子所设大学，校址圆形，围以水池，前门外有便桥。东汉以后，历代皆有辟雍，作为尊儒学、行典礼的场所，除北宋末年为太学之预备学校（亦称"外学"）外，均为行乡饮、大射或祭祀之礼的地方。

⑤ 校注：《后汉书》卷六十下〈蔡邕列传下〉：吴人有烧桐以爨者，邕闻火烈之声，知其良木，因请而裁为琴，果有美音，而其尾犹焦，故时人名曰"焦尾琴"焉。初，邕在陈留也。其邻人有酒食召邕者，比往而酒以酣焉。客有弹琴于屏，邕至门试潜听之，曰："憘！以乐召我而有杀心，可也？"遂反。将命者告主人曰："蔡君向来，至门而去。"邕素为邦乡所宗，主人遽自追而问其故，邕具以告，莫不怃然。弹琴者曰："我向鼓弦，见螳螂方向鸣蝉，蝉将去而未飞，螳螂为之一前一却。吾心耸然，惟恐螳螂之失之也。此岂为杀心而形于声者乎？"邕莞然而笑曰："此足以当之矣。"

⑥ 校注：据《会稽记》载，汉末蔡邕避难会稽，宿于柯亭，仰观椽竹，知有奇响，因取为笛，遂为宝器。

翮,① 作王家之伟器。弃毛锥,② 绾印绶,直上青云,飞腾万里。再加大运行一派东北用神旺地,伫看福寿兼全,恩荣叠锡,名实兼取,高出于寻常之外,岂庸俗碌碌者所可论哉!

癸丑　甲子　丙申　己亥　房科

丙为阳火烈象,于天普照六合,辉光宇宙;华耀丽空,群阴伏影。诞于隆冬,玄冥司令。斯时也,日行北道,赤帝失权,朔风万壑,翔雪满山;冰无裂缝,日有寒光。癸水高透,雨作雪花;支全润下,水摇冰骨;波浪滚滚,雾气腾腾。沧海翳云之障,濛溶掩旭之光。杀重身轻,火不敌水,取土堵御;木旺土岗,用才破印,运爱西南。后走大运,行巳午未,红日当空,吹散浮云,扬眉吐气,令人可仰而不可及。用金救土,病重得药。有格如此,应宜诗书满腹,月桂早攀。惜文星不显,以致名列孙山。③顾虽青云未就,而一生之衣食,总不离乎翰墨之途。且五行生生不已,一生才辩敏捷,天姿高超,英气磊落,故聪明过人三分,残刻④却无半点。洵⑤哉人中之表,诚不愧为卓荦⑥之士也。

---

① 校注:六翮,谓鸟类双翅中的正羽。用以指鸟的两翼。《战国策·楚策四》:"奋其六翮而凌清风,飘摇乎高翔。"宋苏轼《与胡祠部游法华山》诗:"君犹鸾鹤偶飘堕,六翮如云岂长铩。"明刘基《戏为雪鸡篇寄詹同文》诗:"雪鹤排云舒六翮,长鸣远逐浮丘伯。"

② 校注:《史记·平原君虞卿列传》:秦攻赵,赵使平原君赵胜求救于楚。得十九人偕从,无以满二十。"门下有毛遂者,前,自赞于平原君曰:'遂闻君将合从(纵)于楚,约与食客门下二十人偕,不外索。今少一人,愿君即以遂备员而行矣。'平原君曰:'先生处胜之门下几年于此矣?'毛遂曰:'三年于此矣。'平原君曰:'夫贤士之处世也,譬若锥之处囊中,其末立见。今先生处胜之门下三年于此矣,左右未有所称诵,胜未有所闻,是先生无所有也。先生不能,先生留。'毛遂曰:'臣乃今日请处囊中耳,使遂蚤(同"早")得处囊中,乃颖脱而出,非特其末见而已。'平原君竟与毛遂偕。十九人相与目笑之而未发也。"既至楚,平原君与楚王言合从。日中不决。毛遂入,按剑迫楚王,说以利害,致楚王立定合从之约。毛遂谓十九人曰:"公等录录(同"碌碌"),所谓因人成事者也。"平原君亦自以为不善相士,谓:"毛先生一至楚,而使赵重于九鼎大吕。毛先生以三寸之舌,强于百万之师。胜不敢复相士。"遂以毛遂为上客。

③ 校注:名列孙山,或当作"名落孙山",出自宋·范公偁《过庭录》:"吴人孙山,滑稽才子也。赴举他郡,乡人托以子偕往。乡人子失意,山缀榜末,先归。乡人问其子得失,山曰:'解名尽处是孙山,贤郎更在孙山外。'"指考试或选拔没有录取。

④ 校注:残刻,凶暴狠毒。《金史·蒲察合住传》:"〔蒲察合住〕声势烜赫,性复残刻。"明高启《商鞅范雎》:"夫鞅以残刻之资事孝公。"

⑤ 校注:洵,诚然,确实。

⑥ 校注:超绝出众。晋左思《咏史》诗之一:"弱冠弄柔翰,卓荦观群书。"宋王安石《次韵欧阳永叔端溪石枕蕲竹簟》:"公材卓荦人所惊,久矣四海流声名。"《儒林外史》第二九回:"卓荦英姿,海内都传雅韵。"

丙戌　戊戌　丙午　甲午　贲

丙火日元，火气之精，为众阳之宗，秉炎上之性；温暖山河，辉光宇宙。最妙两支不杂，重会火局，火虚有焰，炎上格真。论者俱谓缺水，火太酷烈。殊不知秋末之火，性息体休，得木生则有复明之庆，遇水克难逃陨灭之灾。土多而掩息其光，金多而损伤其势。火见火以光辉，纵叠见而转利。用木以扫尘氛，理取偏印作用。最妙后运行一派东南，风扫浮云，用神当令，普照六合，五色光天，定许发达得志，名利兼收。柱中偏才隐匿，椿树早萎；印绶显露，萱草长春；比肩挺出，棠棣竞秀；① 食神生才，妻妾贤能；官居命宫，兰桂郁茂。红日当空，声名显赫；身戴二德，逢灾自愈；木火通明，胆壮心雄。此皆五行之历历可考，而将来福泽绵远，有何疑哉焉！

癸未　戊午　丙子　戊戌　水滑

丙火者，乃南方祝融之神也。在天为太阳之象，在地为洪炉之焰。产于仲夏之天，正旱魃乘风之际，土石焦枯，万物受瘴。丙丁重叠，愈见身强势炽，不可不藉雨露滋养以成其物也。且喜日坐子字，及以年上癸水有济润之功，又惜戊土双透，接应支中己土，上下夹克，则水之精英虚矣。故当用乙木正印，内外齐救，而土势虽燥，亦莫能施也。故取印制伤官，则用神之癸水有得而窃其生矣。病重得药，而终身之福禄有可赖矣。合此格者，理虽不贵于朝，亦当富而在野，岂甘漂流零落、劳碌奔驰也哉？无如日月冲刃，劫据年时，以致家业萧条于早岁，运际时亨于晚年。发达得志，可伫之而待也。指顾之大运宏开，掀天揭地，有不期然而然者矣。

戊午　丁巳　丙寅　壬辰

丙火日元，太阳之尊，上灿云霄，下照树物。厥生初夏，光辉正烁。微嫌满盘土旺，晦火无光，此乃伤官盗泄元气，子多母苦之形。妙喜壬水透出，以辅阳光；寅辰会木，以扫尘氛。水木并用，其理明显。更兼虎啸龙吟，独财逢生；月令建禄，身坐长生。平云："龙吟虎啸，风雨助其休祥。独才逢生，只拳创业兴家。"据此推之，其为人也，胸藏万斛珠玑，

---

① 校注：《幼学琼林》：兄弟既翕，谓之花萼相辉；兄弟联芳，谓之棠棣竞秀。

笔扫九天风雨。屋内金钗十二，门前珠履三千。仆马聚群，奴婢成行。鹰行排阵，棣萼联芳。柱中杀印相生，荣临万国；财资七杀，禄享千钟。以此合格合局，岂非上造哉？故其灵隽之概，表表出类。少则怀凌云之志，长则垂盖天之勋。异日之登黉门、① 游泮水，② 可必至耳；步蟾宫、③ 入杏苑，④ 岂畏难乎？

---

① 校注：黉（音 hóng），古代称学校，有黉门、黉宫、黉宇、黉序、黉校等说法。另有黉门监生（明清时国子监的生员，亦或是恩荫或捐纳而得）、黉门客（指秀才、读书人）等名称。

② 校注：泮水，古代学宫前的水池，形状如半月。《诗·鲁颂·泮水》："思乐泮水，薄采其芹。"毛传："泮水，泮宫之水也。"郑玄笺："泮之言半也。半水者，盖东西门以南通水，北无也。"后多以指代学宫。

③ 校注：蟾宫折桂，成语，神话传说中月宫有一只三条腿的蟾蜍，而后人也把蟾宫指月宫。攀折月宫桂花，科举时代比喻应考得中。围绕蟾宫折桂，不少地方还有这样的习俗：每当考试之年，应试者及其家属亲友都用桂花、米粉蒸成糕，称为广寒糕，相互赠送，取广寒高中之意。

④ 校注：泛指新科进士游宴处。元宋无《送金华黄晋卿之诸暨州判官》诗："马骄曾杏苑，胪唱果丹墀。"明周履靖《锦笺记·题录》："杏苑留题，古来盛典，诸公何不赋诗一首，以继前休。"清赵翼《送亿孙入京补中书》诗之二："暂草纶扉制，行题杏苑名。"

丁火

甲寅　丁卯　丁丑　辛亥　火册兴雀

丁火日元,形若斗星,性云六阴;旺而不烈,衰而不穷。抱乙而孝,合壬而忠。如有嫡母,可秋可冬。最妙产于卯提,母旺而子自向生。居亥刻得令,而兼得时甲。木印透于年干,作木火文明之象;壬官居于时下,为水火既济之功。自是生扶,造化从根本得来;顾复多情,富贵自胞胎带出。四印一官,威权大显;两食二杀,制伏中和。时支玉贵,为异日之机缘;库内独才,作养生之资藉。则病药从此分明,而纯粹之道全矣。论火于人为华彩,于天性为明敏,于才学为闪电,于见识为辉煌。耀满玉堂,红光四射,以故秉懿美之天良,何事不洞然而烛照;抱渊深之智慧,将来早见重于当时。有此美姿,必主发才发福;俱斯俊品,定当享寿享名。真所谓祖德宗功积累而成者欤!微惜文星入墓,官藏难显其权。恐其诗书场中,虽许采芹游泮,难期步月登云。故司马乡试能动主,不以书升;而杜甫诗词足惊人,何由科目。是古往今来,良不以为异也。

己未　乙亥　丁丑　己酉

阴柔丁火,诞于酉时,明星灿烂,巨烛光辉。乙印透提,木火有通明之象;己食显露,火土泄精蕴之奇。丑未遥冲,财杀藉冲而益显;丁壬暗合,官印缘合以宣威。夫丁墓丑,冠带于未,胞胎于亥。最喜亥藏甲木,印坐胎乡合格。断云:"丁火生亥地,格名印坐胞胎,胸藏锦绣实堪裁,无价难言早卖。"又云:"丑库最宜逢未,遥冲始显其才。管教财福相并来,堪信无灾无害。"由是辛金时藏,石蕴玉而山辉;辛癸同居,水涵珠而川媚。知其寓精明于浑厚,格局则正正堂堂。秉正直则为才华,气象复雍容大雅。利名不以移其志,而清风簌簌;贫贱不能易其节,而夜月溶溶。柳绿桃红，莫在繁华而见志；霜凝雪艳，偏从寒冷以原心。以落落寡合①之情，早与庸流而见弃；以踽踽独行②之品，长招君子而相亲。真所谓"灿灿锦心才越俗，棱棱玉骨秀横秋"者欤！稍惜天干一派纯阴，合官冲杀，难免争权。以致操劳独任，早嗟忆遇之维艰；甘苦备尝，每叹遭逢之甚蹇。③祇帐竹床，尽是凄凉景况，我独居焉；黄卷青灯，窃为显达程途，何其滞也。为室为家，总是自成自立；撑门撑户，孰为替力替劳。骨肉场有许多明丢暗耗，④清闲境有无限闷志闲愁。数十年之明媚春光，尽老谢于笔耕砚田之内。⑤几莫大之英雄气概，皆消磨于人情世故之中。壮岁功名，志虽殷而实未遂；早年桂玉，望之切而得之艰。天竟何如，命竟何也。不知待有道，仁人必侮之。先屈而后伸，早难而迟易。诚不妨以胸中之抑郁，尽付于清风济水之中。伫看桂子秋生，明珠晚捧；香生泮水，韧发黉宫。断不得以目前之光景，作异日之结局也哉！

乙巳　甲申　丁卯　丙午　贲滑

丁火日主，乃灯烛之火也。遇夜而明，得时而旺。荣生七月，斯值白帝行权，主宰非其秉令，加以日临病地，月届败乡，柔而且弱，殆有甚焉。夫弱者喜生扶，旺者宜用剥削。兹喜甲印并透生身，有赖比肩得禄，顾复颇多。由是柔中转健，弱处复强。有此二者，堪作柱中良药。《书》云："木无火则晦其质，火无木则终其光。木火通明，荣华有准。火明木秀，显达之人。"赋斯质者，主人聪敏果敢，志气轩昂，有磊磊落落之风、

---

① 校注：落落寡合，不合群，和众人合不来。《好逑传》："因铁公子因人落落寡合，见事又敢作敢为，恐怕招怨，所以留在家下。"
② 校注：踽踽独行，出自《诗经·唐风·杕杜》："独行踽踽，岂无他人，不如我同父。"后用"踽踽独行"形容一个人孤单地独自走路。
③ 校注：蹇，困苦，不顺利。
④ 校注："丢"字据上下文意补入。
⑤ 校注：笔耕砚田，比喻从事脑力劳动，以读写为业。《文选·任昉·为萧扬州荐士表》："既笔耕为养，亦佣书成学。"汉·许慎《说文解字》："庶有达者理而董之"句下段玉裁注："每诵先王父诗句云：'不种砚田无乐事，不撑铁骨莫支贫。'""笔耕"典出《后汉书·班超传》，是说班超"投笔从戎"的故事。班超年轻时就有为国立功的抱负，因为没有机会，所以未能施展其才华。有一年他哥哥班固被召到洛阳去做校书郎。班超和母亲也跟着去了。由于家庭经济不宽裕，班超常给官府抄抄写写，取得一点报酬，维持家庭生活。日子长了他对抄抄写写感到厌烦和苦闷。有一天他抄着抄着突然跃起，把笔摔到地上，大声疾呼："大丈夫应当疆场为国立功，哪能志在笔耕呢！"于是投笔从戎，跟随大将窦固出征，大败匈奴，立下功劳。

慷慷慨慨之体。惜乎官星隐藏，是以无缘孔孟；伤官太重，绝少安闲。抱动荡不羁之才，受消磨于世路；本刚健柔顺之质，致见弃于当途。① 加以财星太露，早多虚耗。无凭财去才来，总是清风两袖。虽者轻才仗义，其实好胜吃亏。所以快活中生出许多抑郁，热闹处变作不尽愁烦。冲天之鹤，未遇顺风；吞舟之鱼，困于浅水。正是"万金宝剑藏秋水，漏马春愁压绣鞍"。然可羡者，后运一派，悉属用神；喜见之乡，指顾机缘。实出际遇奇逢，扬其眉、伸其才而丰其利。羡金帑玉库之规模，北斗连城之声势。园开金石，大振家声；重兴事业，课子成名，岂可以目前之盘错而论英雄者哉！

壬子　丙午　丁亥　壬寅

丁乃灯烛之火，性本温柔。诞自仲夏之间，体属旺乡。且局甲木两两生扶，祇觉光芒煊灼；丙丁重重辅翼，愈见烈焰腾空。加以胎胞于亥，建禄于午，年纳桑柘之木，寅午结成火局，其旺也无过于斯。济之润之，非水不可，就妙壬寅良时。丁壬契合，恰似玉盏添油；寅亥夹拱，恍同明灯有罩。② 似此功成既济，格用两全；应主名高庠序，艺苑蜚声；秋风一搏，扶摇万里。况且火焰滔天，知学问之渊深；金符两捧，卜龙章之叠绾。③ 无如四柱有相冲之嫌，五行乏秀丽之金；虽则政治方新，颇嗟出谷④维艰。名色权衡钱谷，⑤ 究竟两袖清风。⑥ 兼之为人古道，每存济世之怀；作事过于端方，反招群小之谤。施其惠而众知感，劳其心而事苦无功。诚为清闲中之忙士，功名中之苦心苦志人也。

---

① 校注：当途，指掌握政权的人。
② 行注：平云："丁壬化木寅时中，盖世文字迈等伦。"且寅虎亥猪，虎入猪栏，一生福禄无亏。
③ 校注：龙章，指得专征伐的大将之旗。清·钮琇《觚賸·伪牍谕降》附钮蕙卜识："上御日本贡刀，令予跨赤骝以试，深蒙嘉叹。随手授曰：资尔武备，戮力王家，越日载锡龙章，昭示奖劝。寻转参戎，量移副帅。"
④ 校注：出谷，从幽谷出来。常喻指境遇好转或职位升迁。唐皮日休《旅舍除夜》诗："出谷空嗟晚，衔杯尚愧先。"前蜀韦庄《三用韵》："未化投陂竹，空思出谷禽。"清曾纪泽《次韵答左子兴》之二："鸟方出谷已迁乔，龙未跃渊犹在田。"
⑤ 校注：权，秤锤；衡，秤杆。衡器的通称。钱谷，钱粮、赋税。清各州县官署名主办钱粮、赋税、会计的幕僚，俗称钱谷师爷，亦称钱粮师爷。
⑥ 校注：两袖清风意为两袖中除清风外，别无所有。比喻做官廉洁。也比喻穷得一无所有。

癸酉　乙卯　丁酉　辛亥　兴火欠

丁火日主，自坐长生。荣诞二月，春木乘旺，火明木秀，非弱可知。然时刻之难凭者，莫如亥子。今英造果得亥时之正，不但根基深厚，易于养育；关煞[1]开通，喜事清吉。抑且丁入乾户，乃驾海之长虹。学堂逢驿马，山斗文章；胞胎逢印绶，禄享千钟。[2]则此亥时之命，则为世所罕觏者也。尤羡丁火灯烛，体同太阴；抱乙而孝，合壬而忠；烈象于天，照临于地。四柱并见其清朗，深宵尤擅其光辉。得此亥时夜半，正当明月天中，星斗灿烂；南极献瑞，北斗平临；东山雅望，西映长庚。正是火焰腾空，冰轮[3]永辉。或曰"一火不敌二水"，此又为之浅见也。殊不知丁火生酉而胎亥，且见水则冰轮生色，见金则玉兔呈祥。并柱中缺土气之重浊，伤官伤尽，其所取财资七杀。子平云："财资七杀，英雄独压万人。"更羡干透财杀印绶，支逢亥酉三贵，合外格三奇见贵。卯为雷，酉冲之，节在惊蛰，格得平地一声。此等生人，必是风水钟灵毓秀，[4]祖父积德孔厚，[5]故天降仙子，以振余庆、以耀门闾、以扶社稷者也。岂第为龙虎榜[6]中人，凤凰池[7]上客；还应步沙堤调和鼎鼐，[8]当国柄霖雨天下，真古之韩范[9]而再世也。岂凡夫俗子所可比论哉！

---

[1] 校注：关煞，是旧时星象家所称的命里注定的灾难，在现在多特指小儿关煞，即未出童关之前所遇到的神煞，尤其要提防10岁之前对小儿行年关煞。

[2] 校注：千钟，指优厚的俸禄。《史记·魏世家》："魏成子以食禄千钟，什九在外，什一在内。"宋陆游《破阵子》词："仕至千钟良易，年过七十常稀。"明徐霖《绣襦记·堕计消魂》："你且努力加餐，禄享千钟自有时。"

[3] 校注："冰轮"，指皓月。陆游《月下作》："玉钩定谁挂，冰轮了无辙。"

[4] 校注：钟：凝聚，集中；毓：产生，孕育。意为聚合天地之灵气，蕴育出优秀人才。指山川秀美，人才辈出。

[5] 校注：孔，甚，非常。如对联："祖积德代代遗泽孔厚，自光明世世子孙永昌。"

[6] 校注：龙虎榜，指一个时期内的社会知名人士同登一榜。《新唐书·欧阳詹传》："举进士，与韩愈、崔群、王涯、冯宿、庚承定联第，皆天下选，时称'龙虎榜'。"

[7] 校注：唐代宰相称同中书门下平章事，故多以"凤凰池"指宰相职位。唐刘禹锡《湖南观察使故相国袁公挽歌》："五驱龙虎节，一入凤凰池。"

[8] 校注：鼎：古代烹调食物的器具，三足两耳；鼐：大鼎。于鼎鼐中调味。比喻处理国家大事。多指宰相职责。《旧唐书·裴度传》："果闻勿药之喜，更喜调鼎之功。"

[9] 校注：韩范，宋名臣韩琦和范仲淹的并称。《宋史·韩琦传》："琦与范仲淹在兵间久，名重一时，人心归之，朝廷倚以为重，故天下称为'韩范'。"宋王十朋《观国朝故事》诗之二："朝廷起韩范，节制闽外师。"明黄道周《节寰袁公传》："公（袁可立）才兼数器，心运四虑。藉令一再出，不毛帅、魏珰之时，得行其意，展四体，韩范之业，岂顾问哉。"

癸卯　庚申　丁巳　庚戌　贲

夫丁火者，在天为星斗之灿烂，在地为灯烛之辉煌。司三夏之令，有炎威之势。荣诞申提，七月既望，燕去雁来，秋已至矣。是月也，凉风至，寒蝉鸣，① 白露降，禾乃登，天地始肃。② 白帝属金，丁火于此固失令矣。平云："得时能铸千金③铁，失令难溶一寸金。"详夫四柱，庚辛叠见，壬癸重逢，理取卯宫乙木以生之，己戊之土以扶之，此不及喜生扶之理也。但以才星太旺而印星太弱，是为病重药轻之格，必须木火之运以补之，则格中病可去而财禄两相随矣。故平云："财官旺而日元弱，身旺运来并发福。"正谓此耳。平又云："官旺一入乡印，④ 自然家肥屋润。"又云："财逢劫处祸尤轻，财多遇劫多称意。"又云："遇比化财缠万贯。"比得资扶者，比劫用印之谓也。赋斯造者，有此用神，故其为人克勤克俭，无怠无荒；⑤ 得失不动其心，成败不改其容。待人风光霁月，交游逊让温恭。轻才重义，每受人情之累；少年老成，常怀世道之忧。经营不让陶朱富，贸易常怀管鲍⑥心。由富而贵，先利后名，不亦宜乎。

庚戌　己丑　丁卯　甲辰　火贲

夫丁火者，在天为星斗之光，在地为灯烛之火。夜则明，昼则晦；夏则旺，冬则囚。虽少干柴尤可引，纵多湿木不能生。得时能铸千斤铁，失令难溶一寸金。时维胜月，序属暮冬。北风其凉，雨雪其滂；冰霜凛冽，万物畏寒。丁火于此，日元弱矣。所可羡者，年透庚金，时逢甲木，劈甲有引丁之功，纳音为炉中之火。又有戌年之火炉，丑月之财库，更有卯辰之乙木以辅甲，月上之食神以吐秀。宛得中和之道，始全福寿之基。故平云："不须八字繁华，只要五行和气。"为得其所者，归聚成福。又云："遐龄得于中和。"又云："印绶生身格最佳，生平丰足享荣华。不犯官杀无混杂，长命富贵是豪家。"由此观之，斯格尽美矣，又尽善矣。故其少

---

① 校注：《礼记·月令》："〔孟秋之月〕凉风至，白露降，寒蝉鸣。"
② 校注：《礼记·月令》："处暑之日鹰乃祭鸟，又五日天地始肃，又五日禾乃登。"
③ 校注：金当作斤。
④ 校注：乡印似当作印乡。
⑤ 校注：《尚书·大禹谟》："无怠无荒，四夷来王。"
⑥ 校注：管仲和鲍叔牙。两人相知很深，交谊甚厚。详见前文注释。管仲曰："吾始困时，尝与鲍叔贾，分财利多自与，鲍叔不以我为贪，知我贫也。"

年老成，有修齐①之学问；慷慨风流，无骄傲之体态。生才从大道，处世习谦和。陶朱事业，管鲍遗风。胆气豪雄，心地宽宏。作事如风擘浪涌，谋为似烛照镜明。伟伟人品出众，堂堂相貌超群。顺则千金不惜，逆则一芥如珍。可小可大，能屈能伸。文字虽不登金榜，姓名可以达帝京。由富而贵，先利后名。若肯挥金出仕，定能致君泽民。一旦运转鸿钧，大展谋猷，有莫之致而至者，何愁功名不显于天下耶。

己丑 丙寅 丁巳 戊申 中贵

丁火者，为阴火也，为照昏衢之巨烛，乃光暗室之明灯。明天地未明之时，照日月不照之地。司锻炼之巨任，效太阳之精华。诞于寅提，甲木当令。正印生身，母旺子相。惜生申时，乃属白昼；天际犹挂斜晖，山头尚未落日。丙夺灯光，阴不敌阳。用金劈甲以生身，取水遮丙以御侮。金水并用，其理明显。后去大运，一派西北；金乌西沉，玉兔东升。花开深夜，焰含阳春。②金台吐艳，火焰腾空，光芒万丈。将见兴创得志，名利兼收，掀天揭地，高出于寻常之外。

乙卯 戊子 丁酉 庚戌 册贵

丁之为火，名为灯烛，宜于夕而不宜于朝。灿灿能耀闺阁，朗朗普照莲台。诞于子提，冰霜凛冽，雨雪交加。赤帝失权，玄冥司令。水旺火弱，不待言也。妙者年透乙木，生身有因；时露庚金，养命有源。庚金劈乙以接引，则火焰腾空，长明不灭。诞于深宵，明朗光辉，木火通明，富贵之造。以此论之，主人丰姿特达，卓尔不群；指顾之头角峥嵘，出类拔萃。正谓"乌衣不乏明珠，临川多毓秀器"，良不诬矣。大运凑合，田财丁眷不由是而益旺乎。

癸未 乙丑 丁未 乙巳 尚协

丁为阴火，质比灯烛。得木接引，火焰腾空。但冬秀水旺，湿木克

---

① 校注：修齐，谓修身齐家。元揭傒斯《送程叔永南归序》："凡修齐经济之道，进退揖让之节，忠孝廉恪之本，宜皆饫闻而熟见之矣！"

② 校注：行中另有"金盏衔光，玉兔东升。花开深夜，焰含阳春。"疑为衍文。

火，丙土制水，其理不易。最妙食神制杀，① 日食②拱禄，③ 杀刃均停，④ 杀印相生，⑤ 丑未戌三刑，⑥ 财库逢冲，⑦ 如斯大格大局，真乃人中俊杰，主人胸藏经论，腹隐韬略；奇才盖世，妙技绝伦；熟娴骑射，心领剑术；乘风破浪，直躐丹墀。树赤帜于边陲，题芳名于麟阁。纶巾羽扇之风流，轻裘缓带之洒落，真令人可仰而不可及也。仞看文德武功，辉煌天上；国恩家庆，炳蔚人间。将来世代簪缨，福泽绵长，有何疑焉！

壬寅　丁未　丁酉　丁未　群

丁火日元，灯烛之象。诞于未提，时维季夏。中央司令，祝融持权。丁火值此，理作旺论。生于未时，红日当空。斯时山川如火，天地如炉，炎蒸酷热，雨汗交挥。兼之木盛生火，野焚燎原。以火为病，其理明显。用金克伐木，取水克火，金水并用，情顺理安。最妙后去大运行一派西北，用神当令；金乌西沉，玉兔东升；月明天中，星斗灿烂；金盏衔光，玉台吐艳。仞看乘风破浪，掀天揭地，发达得志，宁有涯哉！喜者日支坐贵，文昌临日，正官显露，天干三朋。有格如斯，所以生而异颖，少挺英姿；青年蜚誉，交满鸡坛；弱冠成名，声驰虎观。光含五色之华，学赋三都之异。一摇直上，宜奋翮于云霄；变化从时，且韬奇于雾谷。异日折桂蟾宫，骊歌北上；奏捷春闱，⑧ 蜚声凤池；作霖作楫，勋垂竹帛。⑨ 千秋不

---

① 行注：子平云："食神制杀，英雄独压万人"。
② 校注：食当作时。
③ 行注：平云："拱禄拱贵，无填实为廊庙之人也"。
④ 行注：平云："杀制刃兴，主掌后营兵卒；羊刃七杀，必加守边城，军民受惠。"
⑤ 行注：又云："杀旺印轻，出仕定属武将。"
⑥ 行注：平云："三刑得用，威镇边疆。"
⑦ 行注：平云："才星入库逢冲破，富有千仓"。
⑧ 校注：春闱：会试由礼部主持，因而又称礼闱，考试的地点在京城的礼部贡院。由于会试是在乡试的次年，故会试又称"春试"、"春闱"、"春榜"、"杏榜"等。会试的时间为二月初九、十二日、十五日三天。
⑨ 校注：竹帛，指书籍、史乘。《史记·孝文本纪》："然后祖宗之功德著于竹帛，施于万世，永永无穷，朕甚嘉之。"三国魏曹植《求自试表》："每览史籍，观古忠臣义士，出一朝之命，以殉国家之难，身虽屠裂，而功名著于景钟，名称垂于竹帛，未尝不抚心而叹息也。"唐韩愈《送文畅师北游》诗："相公镇幽都，竹帛烂勋伐。"《警世通言·俞伯牙摔琴谢知音》："似先生这等抱负，何不求取功名，立身于廊庙，垂名于竹帛。"梁启超《读孟子界说》："故《春秋》有大义，有微言，皆口授弟子，俟数传乃著竹帛。"

朽事业，胥于此发泄而后已焉。迨交△运，用神得地，转盼豹变①南山，鹏转北海，破壁高飞，鼓鬣扬耆，发达得志，令人可仰而不可及也。

庚申　丁亥　丁酉　辛丑　兴奎

丁火者阴火也，炊金爨玉，焚木培土，司锻炼之巨任，效太阳之精华。诞于亥提，正黑帝秉权，壬癸司令。丁火斯际，柔弱明矣。加以官杀重重克我，又多庚辛叠叠，剥我情切，若无生扶之力，安见中和之象？妙喜亥宫甲木生扶，干头比肩帮身，于此虽弱必强，虽柔必刚。倘无土焉，何以能制盘满官杀，正所谓"伏劲兵于要地，群寇咸服"。五行相济于斯，平生造化于斯。最妙日月带贵，正官佩印，食神制杀，身坐文昌。平云：食神带七杀，英雄独压于万人。得此美局，何愁名不成而利不丰？在在合格，处处无疵。谓非龙翔凤翥、②璧合珠连，间世之奇，应运而生也哉！中和体态，气宇轩昂，廊庙贵器，芸窗励志，雪案劳心。笔阵生风，真有扫尽五千之概；珠玑吐玉，询是飞腾九仞之美。拭目看长安之花，③非属意外。凤凰一池，④还思观于他日。泮宫半亩，正好游于斯年。

甲申　乙亥　丁卯　庚子　册

丁为阴火，形同灯烛；耿耿灿烂，煌煌光辉。诞于子时，时当夜半。金盏衔光，玉台吐艳。花开深霄，焰含阳春。但生于亥提，玄冥司令。当此隆冬，雨雪交加，积寒江冻，火之不得不消威减势者，时使之然也。况黑帝当权之候，由火之不得而擅其势，则灯光烛焰，生非其时，产非其令，独不谓之弱乎？虽然弱则弱矣，独不考火之所来乎？榆柳槐檀殊其用，桑柘枣杏异其宜。亦惟是待人取之，以分用于四时。火赖木生，火之

---

① 校注：豹变，像豹子的花纹那样变化，比喻地位高升而显贵。刚出生的小豹子很丑陋，但逐渐会变得雄健而美丽。这是一个漫长的过程，不知不觉中，平凡已化为卓越。比喻润饰事业、文字或迁善去恶。《周易·革》："上六，君子豹变，小人革面。"《三国志·蜀书·后主刘禅传》："降心回虑，应机豹变。"《晋书·应贞传》："位以龙飞，文以豹变。"

② 校注：龙翔凤翥：比喻神采飞扬。

③ 校注：孟郊《登科后》："昔日龌龊不足夸，今朝放荡思无涯。春风得意马蹄疾，一日看尽长安花。"孟郊于贞元十二年获得进士及第时所作。诗的前两句将作者过去失魂落魄的处境和现今考取功名的得意情境进行今昔对比，突现今朝跃入新天地时的思绪沸腾。后两句说他在春风里洋洋得意地跨马疾驰，一天就看完了长安的似锦繁花，表现出极度欢快的心情。

④ 校注：此处凤凰池，指禁苑中池沼。魏晋南北朝时设中书省于禁苑，掌管机要，接近皇帝，故称中书省为"凤凰池"。

不期胜而自胜，不见强而自强。其鞠育之根源，至深且远也。所取者庚金劈甲乙，以为丁火生身之母，则见木火通明，光芒万丈；又照日月不照之地，明天地未明之时，何惧大海波涛而不为之普照耶！以此而推，则聪敏何亚李杜，① 灵隽岂让周程？幼而蕴藉经史，自得泮水生香。长而揣摩功成，旋看秋闱②题名。此真少年才子，苏韩③之流亚也。

---

① 校注：李杜，唐朝大诗人"诗仙"李白和"诗圣"杜甫的并称。李白（701年2月28日—762），字太白，号青莲居士，唐朝诗人，有"诗仙"之称，最伟大的浪漫主义诗人。汉族，出生于剑南道之绵州（今四川绵阳江油市青莲乡），一说生于西域碎叶城（今吉尔吉斯斯坦托克马克），5岁随父迁至剑南道之绵州（巴西郡）昌隆县（712年更名为昌明县），祖籍陇西郡成纪县（今甘肃平凉市静宁县南）。其父李客，育二子（伯禽、天然）一女（平阳）。存世诗文千余篇，代表作有《蜀道难》、《将进酒》等诗篇，有《李太白集》传世。762年病逝于安徽当涂，享年61岁。其墓在安徽当涂，四川江油、湖北安陆有纪念馆。杜甫（712—770），字子美，自号少陵野老，世称杜工部、杜少陵等，河南巩义人，我国唐代伟大的现实主义诗人，杜甫被世人尊为"诗圣"，其诗被称为"诗史"。杜甫与李白合称"李杜"，为了跟另外两位诗人李商隐与杜牧即"小李杜"区别开来，杜甫与李白又合称"大李杜"。杜甫忧国忧民，人格高尚，约1400余首诗被保留了下来，集为《杜工部集》，诗艺精湛，在中国古典诗歌中备受推崇，影响深远。759～766年间曾居成都，后世有杜甫草堂纪念。杜甫生在"奉儒守官"并有文学传统的家庭中。7岁学诗，15岁扬名。杜甫生活在唐王朝由盛到衰的转折时期，一生坎坷，终不得志。因其在诗歌创作上所取得的辉煌成就而被誉为"诗圣"，诗作流传至今约1400多首。

② 校注：秋闱，是对科举制度中乡试的借代性叫法。乡试是由南、北直隶和各布政使司举行的地方考试。地点在南、北京府、布政使司驻地。每三年一次，逢子、卯、午、酉年举行，又叫乡闱。考试的试场称为贡院。考期在秋季八月，故又称秋闱。凡本省科举生员与监生均可应考。主持乡试的有主考二人，同考四人，提调一人，其它官员若干人。考试分三场，分别于八月九日、十二日和十五日进行。乡试考中的称举人，俗称孝廉，第一名称解元。唐伯虎乡试第一，故称唐解元。乡试中举叫乙榜，又叫乙科。放榜之时，正值桂花飘香，故又称桂榜。放榜后，由巡抚主持鹿鸣宴。席间唱《鹿鸣》诗，跳魁星舞。

③ 校注：苏韩，指苏东坡、韩愈，均为唐宋八大家。有成语作韩海苏潮或韩湖苏海。指唐朝韩愈和宋朝苏轼的文章气势磅礴，如海如潮。清·俞樾《茶香室从钞》卷八："国朝萧墨《经史管窥》引李耆卿《文章精义》云：'韩如海，柳如泉，欧如澜，苏如潮。'"

戊土

丙申　己亥　戊戌　庚申　奎

贵造戊土日元乃城垣之土也，载华岳而不重，振河海而不泄。荣诞十月，序属孟冬。是月也，暖阁初开，寒衣乍试，丹枫染醉，黄叶留英。黑帝司令，玄武权尊。戊土产斯，本不当强论。无如申戌三备，戊土本然不少，又透己土，似乎过多。以此观之，巍巍峨峨，恍若泰山。苟无木以疏通，则居然壅塞，难发灵窍之机。若非水以滋润，则土性焦枯，不生万物之灵。今观柱中，壬水三见，乃为偏才；天干透火，乃合时宜。兼喜申蓄庚金，吐其旺气，文章耸独秀之奇；一杀逢生，清而不混，官星重权衡之德。似此英华焕发，文章玉鉴冰壶；① 学海驾澜，德望泰山北斗。② 仰天干之食印，可作当时之显宦；观地支之纯合，必然万姓以为怀。惟嫌火土遇于重浊，所以名魁首榜，未得联捷排浪。指顾限步亨嘉，运游锦域。伫看名题雁塔，身入凤池。为苍山霖雨③之望，作盛代股肱之臣。虽曰人事，岂非天命哉！

丙申　庚寅　戊申　庚申　火春

英造戊土日元，形如泰岳，质若城垣。产在寅提，时维孟春。斯时也，日月光华，开九天之瑞气；杯盘维列，动满室之欢声。河边之柳枝，放彩园中之花萼。时开剥削，本属无情。柔弱无容拟议，推之者未有不作弱论，而反旺观也。不知正月建寅，逢月令生故。平云："先观节气之浅深，次查才官之向背。"斯二语大有深意存焉。由是庚金重重，何惧泄气；壬水叠叠，不畏剥削。丙火扶元，更见春山多胜事；甲木疏厚，殆知峭壁有霞光。戊土重叠帮扶，盖万壑争流，日映岚元轻锁翠；千岩竞秀，雨收

---

① 校注：玉鉴，玉盆。冰壶，冰做的壶。比喻文理清晰。《本草纲目序》："如登龙君之宫，宝藏悉陈；如对冰壶玉鉴，毛发可指数也。"
② 校注：泰山：东岳，在山东省泰安市；北斗：明指北斗星，暗喻崆峒山，在甘肃省。
③ 校注：苍山，高山。霖雨，时雨。比喻济世泽民。

黛色冷凝苍。似此五行调济，取用均平。月逢长生，即是享遐龄①之兆；时带文昌，诚为全富贵之征。赋斯造者，定主人天姿秀雅，秉性聪明。既羡如圭如璧，②断非小就小成。指日从师讲学，排难解惑；通经入史，茹古涵今。③文章五凤楼手，④诗赋掷地金声。⑤步蟾宫而折桂，登雁塔以题名。作舟作楫，为霖为雨。品望隆于当代，事业胜于前人。实命定焉，非谬说也。

己卯　戊子　戊申　丙辰　俚孤

戊土子提，正喜一阳之来复；乙临卯位，恰逢万象以回春。黄钟叶律吕之音，白屋验盈虚之气。且又乙木重重煽暖，寒体成暄；孤丙煌煌鞠育，气叶阳和。是以格宗官印，谁不云然。子平云："官生印，印生身，官印相生显利名。"加以丙火，透于天干，聪明颖异。申子辰全会水局，骨肉停匀。纵未缛翠莩于词林，定见绚鲜花于艺苑。南窗寄傲，衣冠仿佛秦人。北墉行吟，松菊宛如陶令。嫌官太多而烦杂，不免比肩重而耗恼无常。虽叨荫下光阴，似有乐中之忧虑耳。然妙财旺生官之美，土暖有济生之奇。食藏官秀，早膺衔爵；鱼监寄足，井市权托。隐儒将见绍箕裘，⑥丕承丕创恢先绪。烈烈轰轰，极嘉后运，一派悉属财旺生官之程。自主财

---

① 校注：遐龄，老年人高寿的敬语。高龄。《魏书·常景传》："以知命为遐龄。"《醒世恒言》："君当致身高位，安享遐龄。"清汤之旭《皇清太学生武修袁公（袁可立曾孙）墓志铭》："即不然异以遐龄，通经应召，将媲美于伏生辕固，乃蹭蹬名场。"

② 校注：《国风·卫风·淇奥》："有匪君子，如切如磋，如琢如磨。瑟兮僴兮，赫兮咺兮，有匪君子，终不可谖兮！有匪君子，如金如锡，如圭如璧。宽兮绰兮，猗重较兮，善戏谑兮，不为虐兮！"

③ 校注：涵：包容；茹：吃。包容吞吐古今。形容学识渊博，通晓古今。唐·皇甫湜《韩文公墓志铭》："先生之作，抉经之心，执经之权，茹古涵今，无有端涯，浑浑灏灏，不可窥校。"

④ 校注：五凤，《小学绀珠》云："凤象者五，五色而赤多者，凤；黄多者，鹓鶵；紫多者，鸑鷟；青多者，鸾；白多者，鹄。"宋代杨大年的《杨文公谈苑》有"五凤楼手"的典故，"韩浦、韩洎能为古文，洎常轻浦，语人曰：'吾兄为文，譬如绳缚草舍，庇风雨而已。予之文，能造五凤楼手。'浦闻其言，因人遗蜀笺，作诗与洎曰：十样蛮笺出益州，寄来新自浣溪头。老兄得此全无用，助尔添修五凤楼。"宋辛稼轩的《鹧鸪天·梦断京华故倦游》便用此典，"君家兄弟真堪笑，个个能修五凤楼。"

⑤ 校注：掷地金声，成语，作谓语；金：钟磬之类的乐器。用于文章或说话，比喻文章文辞优美，语言铿锵有力。《晋书·孙绰传》："卿试掷地，当作金石声也。"

⑥ 校注：箕裘：比喻先辈的事业。陈少平《题载敬堂》："邻德里仁，克绍箕裘世泽；笔耕砚拓，长传诗礼家风。"

发巨万，宏伸风志，兴创骏业，吐气扬眉。富而贵，福而寿，庆螽斯之蛰蛰，①乐瓜瓞之绵绵。②尤羡麟郎拜爵，屋润家肥，岂不绰绰然有余裕哉！

戊戌　壬戌　戊辰　庚申　坤

坤造戊土日元，产于季秋，正专权得令之候。柱中戊土重重，得全姊妹之好；丁火二点，复深鞠育之恩。火土并重，旺诚旺矣。独是坤命，以柔为本，以刚为刑，以清为奇，以浊为贱。最喜庚金为食，散秀气于天干；乙木作官，具正气于日主。自是中和，克全纯粹，斯成将来福寿之基，无不于斯而预卜矣。赋斯造者，主其人本伶俐，性亦聪敏，行事每多活泼，持家不少温柔。杨柳为腰，不减轻盈之体态；梨花作雨，俨然淡白之形容。微嫌天干一派纯阳，辰戌两冲，八字似乎略硬，以致抑郁多，何时可释；忧愁广有，与日俱增。惟是后运一派，尽是锦程，伫看旺夫益子，连兆祯祥。操持第一，实为闺中能人；算计支撑，堪作女中丈夫。虽曰人事，岂非天命欤！然土临季地，过于刚强，难免燥性三分，喜顺而不喜逆。疑心一点，一招喜而又招嫌。此命理生成，无容强也。

戊子　甲寅　戊戌　丙辰　火贲

戊土属阳，位镇中央，为百尺虹桥，乃万丈金堤。能回狂澜于既倒，可障百川而东之。时逢辰，得龙蟠千里之形；月建寅，应虎踞四维之势。虽交新春，尚在冬末。斯时也，云峰留雪，竹涧咽冰；风含广岸，雾隐平郊；冰塞长河，雪满群山；凄风苦雨，道途湿滑，理宜用火以除寒解冻，取土以培砌帮扶，火土并用，其理明显。最妙日坐魁罡，月逢长生，龙吟虎啸，杀印相生。如斯佳造，品重珪璋。如肯琢磨经史，勤稽典籍，不但采芹泮水，更许折桂蟾宫。一衿之贵，易如反掌。曷乃早抛诗书，弃名就利？无如日时逢冲，月临驿马，官杀混杂，因而淡视名场，无意青紫，迹

---

① 校注：《诗·周南·螽斯》："螽斯羽，揖揖兮，宜尔子孙，蛰蛰兮。"朱熹集传："蛰蛰，亦多意。"唐李贺《感讽》诗之五："侵衣野竹香，蛰蛰垂叶厚。"清张岱《陶庵梦忆·扬州清明》："浪子相扑，童稚纸鸢，老僧因果，瞽者说书，立者林林，蹲者蛰蛰。"

② 校注：瓜瓞绵绵，喻子孙繁衍，相继不绝。《诗·大雅·緜》："緜緜瓜瓞，民之初生，自土沮漆。"朱熹集传："大曰瓜，小曰瓞。瓜之近本初生常小，其蔓不绝，至末而后大也。"《北史·魏临淮王彧传》："汉高不因瓜瓞之绪，光武又无世及之德。"宋·苏轼《赐判大宗正事宗晟上表乞还职事不允诏》之二："朕方庆瓜瓞之茂，而欲观麟趾之应。"明·吾丘瑞《运甓记·琅琊就镇》："玉叶金枝瓜瓞永，封青社海岱称雄。"

追少伯，遨游名邦。此去行一派火土运程，定许发达得志，青蚨①飞集。

癸未　己未　戊午　戊午　贵中

戊土属阳，堤岸城墙；不畏洪波，能当巨浪；护卫堡障，稳固久长；中流砥柱，驾海梯航。诞于未提，时维季夏；中央秉令，黄帝持权。斯时山川如火，天地如炉；日长宵短，铄石流金；火炎土燥，热气熏蒸；物思甘雨，人望密云。须水济润，其理显明。最妙癸水挺露，天降甘霖；云行雨施，遍地转青。但水少土厚，劫重才轻；缺金接引，固可立待。取官援救，运爱东南北，此去一派水木运程，风消酷暑，雨洗炎天；万物苏茂，滋生发荣；将见扬眉吐气，发达得志，名利兼收，令人可仰而不可及。

乙未　戊子　戊寅　癸亥　水贵

夫戊土者，乃城墙泰山之土，载华岳而不重，振河海而不泄。草木生之，禽兽居之，实藏兴焉。凡人一举一动，皆不离此土也。诞于子提，序属仲冬。黑帝司令，玄武秉权，冰霜凛冽之时也。详夫四柱，壬癸重重，甲乙叠叠；以水为财，以木为官，财官太旺而日主弱矣。贵乎比肩透露，长生于寅；以比肩敌其财，以印绶化其杀；宛得中和之道，始全福寿之基。但水木有余而火土不足，必须行东南之运以补之，最妙西北之运以泄之。故为人正直，处世中和，言必信，带六合，得贵人。但子未相穿，六亲冷淡，骨肉情疏，克妻损子，刑伤破耗。故平云："官杀混杂，奔走红尘之客；财多身弱，富贵营干之人。"

壬子　壬寅　戊午　壬戌　贵

戊土属阳，德能厚载；轮天转日，负海乘山；为江河之堤岸，作万姓之堡障。火重而不厌水泛，泛而非祥。诞于孟春，斗柄曰寅。东风解冻，

---

① 校注：青蚨，传说中南方有一种虫，名字叫蚁蜗，又叫青蚨，亦名鱼伯。它的形状似蝉、蝶且稍微大一些，翅膀像蝴蝶那样宽大，颜色美丽，食之味道鲜美。它产卵必须要依附着花草的叶子，大小像蚕蛾的卵。如果把它的卵拿过来，那母青蚨就一定会飞过来，不管离得多远都一样。虽然是偷偷地拿走了它的卵，那母青蚨也一定知道藏卵的地方。用母青蚨的血涂在81文铜钱上，用子青蚨的血涂在另外81文铜钱上，每次去买东西，有时先用母钱，有时先用子钱，用掉的钱都会再飞回来，这样循环往复，钱就永远都用不完了。如《淮南子．万毕术》中"青蚨还钱"注："以其子母各等，置瓮中，埋东行阴垣下，三日复开之，即相从，以母血涂八十一钱，亦以子血涂八十一钱，以其钱更互市，置子用母，置母用子，钱皆自还也。"世称钱为青蚨，本此。人们把这个中国古代神话传说称作"青蚨飞去复飞来"，把传说中飞来的青蚨钱，称作"神钱"。古文中多以"青蚨"为钱的代称。

万象更新。生逢人日，号为灵辰。正青帝司令，太皞秉权，木旺火相，金囚水休之时也。然而山城积雪，混土当凝薄冰；余寒未退，晚来风霜犹存。详夫四柱，岁月时透三壬。察其本相，好似海内献昆崙。贵乎地支会火局，又得阳刃以帮身，解余寒而温暖，敌壬癸而转强。但嫌日犯岁君，杀刃猖狂，司马牛之兄，作市井之经商。伟伟人才，落落大方，五湖为朋友，荣华富贵乐乡邦。乃求千斯仓，乃求万斯箱。身旺任才多称意，名从纳粟可流芳。

壬戌　壬寅　戊戌　戊午　兴奎

戊土者，阳土也。为玉垒天京，帝里金城。位属坤方，德能厚载，堵洪波不泛滥，逼巨浪以东行。众物之祖，万姓是赖。微惜二壬高透，泛滥横流；狂波卷地，阔浪浮天；势欲岗堤溃岸，理宜堵御塞流。幸干支土厚，印旺生身；依然弱而复强，柔而转刚。能当巨浪，不畏洪波，诚中流之砥柱、驾海之梯航也。最妙两干不杂，支全火局；杀刃两停，杀印相生。如斯佳造，不凡之品。所以幼而敏慧，长更神奇；异日发达，岂能限量？统观四柱，位直咸宜，制杀用伤，文章垂星斗之光；印旺逢财，经纬壮山河之色。不但发轫云程，当必万选青钱。① 由是而采芹食饩，式燕②鹿鸣可预卜也，题名雁塔有深望焉。

丙辰　己亥　戊申　甲寅　贲滑

堂堂大道，坦坦平途；位居中央，厚德载物。年逢辰龙蟠千里，时坐寅虎踞四维。时值初冬，玄冥司令；黄帝失权，似作弱论。妙者戊己重重，一片劻勷；③ 丙居年时，以为焜耀。《书》云："喜生而逢生，贵而堪断；爱克而值克，吉亦可言。"由是观之，庶几病药两全，刚柔相济。微惜日时相冲，马后加鞭；月届绝地，官杀争权。以致髫年兴失怙④之悲，幼岁耽家计之累。三分躁性，岂能无常。见憎嫌于萋菲，一点一疑，心难

---

① 校注：万选青钱，比喻文章出众。《新唐书·张荐传》："员外郎员半千数为公卿称鷟文辞犹青铜钱，'万选万中'。时号鷟'青钱学士'。"
② 校注：式燕，亦作"式宴"。宴饮。《诗·小雅·鹿鸣》："我有旨酒，嘉宾式燕以敖。"汉张衡《东京赋》："上下通情，式宴且盘。"唐苏瓌《兴庆池侍宴应制》诗："金阙平明宿雾收，瑶池式宴俯清流。"明何景明《白菊赋》："咸式燕以延赏，异过时而尚蔓。"
③ 校注：劻勷：辅佐，帮助。
④ 校注：失怙：指死了父亲。《诗·小雅·蓼莪》："无父何怙？"后称父亲死去为"失怙"。

顿释，恒多坐失于事机。平生志愿何曾遂，单为他人作嫁衣。星平[①]数定非能强，志到知非始不虚。幸丙火显露，寒土得温，所以为人光明正大。不谄不骄，见亲友而鲜愧；无私无曲，对衾影以何惭。秉性刚而兼之以柔，可谓刚柔相济；品格瘦而精神百倍，名为瘦而有神。

[①] 校注：星，五星。平，子平。八字之术亦称子平术。清以前推算命运，多以五星与八字合推，故古人多以"星平"代指推命术。明王元寿《景园记》第二折："此间有个术士李半仙，星平有准，我已约他到来，与你算命。"

己土

戊午　戊午　己未　己巳 中贵

己土生长夏月，而丙丁当权，红辉万里；乾坤如一轮火车，四野无风无云；热气熏蒸，鸟兽皆藏；田中五谷岂不枯槁，山林树木尽皆憔悴。倘若云行雨施，滂沱大降，旱苗得雨，勃然而兴。丰收之年，万国咸宁。此造满盘火土，并无壬癸滋润。子平云："火炎土燥，生收孤单；奔走红尘，[1]多成多败。"可喜者，大运行一派西北，金能生水，制其丙丁之炎燥，泄其戊己之精美。万物发生，民安物阜，[2]岂非病药两全。晚临壬癸以壮之，正谓水火有既济之功。《礼记》云："可以粪田畴，可以美土疆。"[3] 廿年美景，可以如愿。

戊午　乙卯　己卯　乙亥 水高滑

夫己乃田园之土，稼穑喜其畅茂，五谷赖其丰登。博厚配地，悠久无疆。赋生正月，节届卯提。斯值甲乙旺而丙丁有气，戊己弱而壬癸无际，身作弱论，不待言也。加以官杀过多，克制太过，五行又乏秀丽之金，则群冠而无敌，是以明制当寻伏敌之兵。就妙丁火独印，得禄与午，木有贪生忘克之妙，火有生身固本之功。平云："独印生身，旺富贵，压乡邦。"则知贵在一印，富在一财。独才独印，福寿绵长。生平造化，实基于此

---

[1] 校注：红尘常见名称，红尘在古代时的原意是指繁华的都市。出自东汉文学家、史学家班固《西都赋》的诗句。指的就是这个世间，纷纷攘攘的世俗生活。来源于过去的土路车马过后扬起的尘土，借喻名利之路。

[2] 校注：阜：多。民安物阜，指社会安定，物资丰富。形容太平盛世的景象。

[3] 校注：《礼记·月令》："（季夏之月）是月也，土润溽暑，大雨时行，烧薙行水，利以杀草，如以热汤。可以粪田畴，可以美土疆。"

也。惟是独才不宜逢劫，独官不能胜杀。致使青萍①减价，美玉瑕疵。心欲闲而不得闲，身欲安而未能安。论骨肉情疏天分，推六亲瓜葛②最多。跌过许多浪头，不啻扁舟渡海。经过许多得失，恍如病马登山。爬爬结结，劳劳碌碌。值至如今，竟弄得胆小心寒。欲进又怕，欲退不能。真是一腔热血向谁诉，满腹愁肠只自知。诚清闲中之忙士，快活中之苦人也。然可羡者，四柱无冲无破，独得中和之气；可见和气致祥，阳春有脚；③虽不足于小人，亦受亲于君子。犹妙后运一派，俱属锦程；管许图谋大顺，热闹胜前。家业更见丰饶，精神愈加健旺。看兰桂以腾芳，享福寿于绵远，富与贵皎然双辉并立，则令人大羡相争矣！

乙卯　辛巳　己未　庚午　西孤

福造己土天元，内长五金，外生五谷。博厚配地，悠久无疆。荣诞四月，序属孟夏。④斯时也，风迎首夏，视芳草之犹生；雨霁平园，结青梅而渐熟。兼之柱中土厚，比助帮扶，丙丁火旺，印叠生身。平云："印叠生身，寿比老彭。"⑤是主元强旺可知矣。平云："乾健者受福之叠，旺论者发达之基。"尤妙庚辛并透，能泄旺中之精；年露乙木，疏土有功，则主宰而得中和。平云："富贵荣华，不越中和之外。"贵者事前杀后，伤官架杀，学堂逢马，火临巳午未，食神文星透秀，以掌文武权衡。又曰："伤官架杀傲王侯，万马军中独出头。"有此伴之符合，主人才思敏捷，识

---

①　校注：古人往往为优质宝剑赋以高雅别致之名称，以别于一般剑器。陈琳之文章："君侯体高俗之材，秉青萍干将之器。"而陈琳为东汉时人，足见汉代已有青萍剑之名，且名声颇不低于干将、莫邪等宝剑。唐李白《与韩荆州书》云："庶青萍、结绿，长价于薛、卞之门。"陈、李二人所是"青萍"皆指优质名剑。据传，青萍剑能切金玉断毛发，犀利无比。青萍剑法借此命名，取其剑质精锐，所向披靡之意。

②　校注：瓜葛，指纠缠、纠纷。

③　校注：阳春有脚，即"有脚阳春"，典出五代王仁裕《开元天宝遗事·有脚阳春》。五代王仁裕《开元天宝遗事·有脚阳春》："宋璟爱民恤物，朝野归美，时人咸谓璟为有脚阳春，言所至之处，如阳春煦物也。唐朝宰相宋璟爱民恤物，时人称赞他像长了脚的春天，到处带来了温暖。后遂用"有脚阳春"等称颂官吏的德政。

④　校注：孟夏：初夏，指农历四月。农历一年四季中的每个季节都有"孟"、"仲"、"季"的排列。农历夏季的三个月即四、五、六月，分别对应称为"孟夏""仲夏""季夏"。孟夏之月，日在毕，昏翼中，日婺女中。其日丙丁，其帝炎帝，其神祝融，其虫羽，其音征，律中中吕，其数七，其味苦，其臭焦，其祀灶，祭先肺。蝼蝈鸣，蚯蚓出，王瓜生，苦菜秀。

⑤　校注：老彭，老聃、彭祖的并称。均以长寿知名。刘宝楠正义引郑玄曰："老，老聃；彭，彭祖。"

见超群，经文纬武，论略安神。即曰"火支土燥，五行缺水"，妙乙卯纳音大溪水，① 以补五行之不足，指日大运，文来必获，奇机巧凑，高贵相亲，大沐皇仁。仕进有不次之升推，禄位快随时之加益。又快桂玉腾达，大光先绪，② 断无益矣。

戊辰　乙未　己丑　甲戌

己土日元，产于季夏；勾陈秉令，主元强健。斯时也，绿野含新，几望田中之稼；青山涌翠，突生天外之峯。与之柱中戊己土有七，叠叠扶帮，未戌丁火两点，甲戌纳音山头火，己丑霹雳火，己未天上火，叠叠印绶生身，日元之旺而愈见其旺矣。然而过旺，亦宜剥之削之为奇妙。得甲与己合，有化土之情；未辰各蓄，乙木有疏土之功。丑辰癸水，滋润元辰。丑戌辛金，能泄旺中之精英。夫如是，勾陈得位，戊己局全，四季亥木疏季土，培成稼穑之禾，真可谓"不刚不柔，正得中和之道"。最喜地支全备，足知为人信实，浑厚谦和；才情出众，识见操群；作事合长者之风，举止存君子之道。虽不书香峥嵘，定当掀天揭地，凤志大伸，而为当时之杰英也。只惜财轻劫重，坐逢单人。长才短用，骨肉无情。虽则荫下充阴，恒有乐中之闷。即小人不足，性直惹嫌，乐而为乐，皆因此耳。妙在二财归库，庚金满盈，尤奇后运。后运一派水木运程，还宜按实。经商自有奇缘巧遇，良贵相帮，伸其志，展其才；扬其名，丰其利。金笥玉库之规模，北斗连城之声势。三多齐祝，五福骈臻，可谓奇男子，伟伟大丈

---

① 校注：大溪水，在六十甲子纳音五行中，对应甲寅、乙卯年。即生于甲寅、乙卯年的人，都是"大溪水"命。《三命通会》曰："大溪水者，惊涛薄岸，骇浪浮天，光涵万里之宽，碧倒千山之影，最喜有归有养，遇坎则为有归，得金则为有养，所嫌者，日月时中，有申酉冲动，或辰巳风吹，主飘流；井泉水净而止，涧下有丑为艮，天河沾润，大海朝宗，此四水皆吉；长流有风，独不宜见。此水以清金为助养，唯钗、砂最宜，蜡金亦清，若有钗金对冲则不宜；海中虽无造化，甲子属坎，乙丑为艮，乃归源之地，亦吉；泊金最微，不能相生，岂有超显之理？剑金虽化于大溪，却忌卯雷巽风，主性不定。五行有土，皆为无益，屋上、城头壅阻此水，路旁稍可，亦不为奇；壁上独辛丑为山，大驿唯己酉有合，戊申则冲，庚子则刑，皆不为吉。火见太阳，虽假照耀，霹雳尤忌相逢，若二火互见，主贫，单见别论。木见此水，徒被漂荡，唯桑柘木壬子有坎，癸丑为山，为水绕山环之贵，内甲寅人见壬子吉，乙卯人见癸丑吉；余木以禄贵参之，尤忌冲破。"

② 校注：先绪，祖先的功业。晋夏侯谌《昆弟诰》："维我后府君侯，祗服哲命，钦明文思，以熙柔我家道，不隆我先绪。"宋曾巩《授中书舍人谢启》："如巩识虑少通，襟灵多蔽，徒恐隳于先绪，颇含味于经言。"明刘基《绍兴崇穆寺记》："三房以昭穆序兄弟子孙如族属，俾同力一心，以无坠先绪。"清赵翼《咒觥归赵歌》："扔孙凛然念先绪，誓返故物弃家庙。"

夫者矣！

甲午　乙亥　己亥　癸酉 贲滑

夫己土者，乃田园之土也，如丘如阜，非山岳城墙之土可比也。荣诞亥提，序属孟冬，水旺木旺，小阳月之谓也。详夫四柱，岁月时中，官杀混杂，己入亥宫，甲乙叠见，乃杀重身轻、财多身弱之大病也。然"有病方为贵，无伤不是奇；格中如去病，财禄两相随"。所可羡者，生于午年，得禄帮身；又得酉时，独食专权。盖午宫之火，能解其寒，以补其虚；酉宫之金，能制其杀，以助其权。况夫二德呈祥，时遇长生，则大病得火药，定主大富大贵。是故《经》云："众杀克主，一仁可化。"① "一将挡关，群邪自伏。"② 又云："印解两贤之厄。"又云："七杀有制化为权。"既有去留舒配之妙，乃是浊里流清之格。主人气象轩昂，③ 胸怀磊落；④ 有梗介拔俗⑤之标，潇洒出尘之想；见富贵而无谄容，遇贫贱而无骄态；⑥ 作事慈祥恺悌，⑦ 居心仁义恻隐；恤鳏寡，哀孤独；⑧ 贴困家，补不足，是以天下为己任。公造获此种种之美，定享绵绵之福寿之基。真正义门⑨燕翼，⑩ 光前裕后，中人以上之格也。

---

① 行注：仁者印也。

② 行注：一将者，又食神也。

③ 校注：轩昂，形容精神饱满，气度不凡，也指身材高大。取意于成语"器宇轩昂"。

④ 校注：磊落，襟怀广阔。张道济《齐黄门侍郎卢思道碑》："清明虚受，磊落标奇。"韩愈《与于襄阳书》："世之龌龊者既不足以语之，磊落奇伟之人又不能听焉。"欧阳修《祭石曼卿文》："其轩昂磊落，突兀峥嵘，而埋藏于地下者，意其不化为朽壤，而为金玉之精。"明王铎《兵部尚书节寰袁公（袁可立）夫人宋氏行状》："又筑园城南，命歌者击鼍鼓云，琐声琅琅，爽振驷伐，以写其胸中砰訇磊落之气。"

⑤ 校注：梗介，刚直。章炳麟《钱唐吊龚魏二生赋》："营蒿蒴若其梗介兮，将以阕夫玉轵。"拔俗，脱俗；超出凡俗。《后汉书·仲长统传》："至人能变，达士拔俗。"

⑥ 校注：《论语·学而》："子贡曰：'贫而无谄，富而无骄，何如？'子曰：'可也，未若贫而乐，富而好礼者也。'"

⑦ 校注：恺悌（kǎitì），亦作"岂弟"，或作"恺弟"。和乐平易。

⑧ 校注：鳏寡孤独，泛指没有劳动力而又没有亲属供养、无依无靠的人。鳏：年老无妻或丧妻的男子。寡：年老无夫或丧夫的女子。孤：年幼丧父的孩子。独：年老无子女的老人。

⑨ 校注：在中国历史上，由于儒家伦理的影响，许多大家族累世同居，被朝廷奉为社会楷模，赐为"义门"。

⑩ 校注：《诗·大雅·文王有声》"武王岂不仕，诒厥孙谋，以燕翼子。"毛传："燕，安；翼，敬也。"孔颖达疏："思得泽及后人，故遗传其所以顺天下之谋，以安敬事之子孙。"陈奂传疏："诒，遗也……言武王以安敬之谋遗其孙子也。"后以"燕翼"谓善为子孙后代谋划。

癸亥　癸亥　己亥　乙亥　而孤

己为田园，长养万物；得遇木疏，水润禾稼；赖以资生，深耕易耨，百谷乃得收成。但生于冬令，干支水盛，身弱才多；癸水双透，阴雨连绵；地支三壬，积水较深；畎亩①虽喜均沾，沟浍②不无漫溢。未歌霢霂，③叠咏滂沱。④理宜用土堵御塞流，取火以解寒除冻，火土并用，运叠夏天。后来大运，行一派南方，压云霓⑤于东海，俾丰稔⑥于西畴；⑦瞻旭日于长空，庆豳风⑧于四境。最妙才官双美，地支三朋，马后加鞭，正官佩印。如斯大格大局，主人胸藏韬略，笔扫千军；⑨奇才盖世，妙计绝伦；执戈从戎，建立殊勋。不必挟策，咿唔呻吟；乘风破浪，利就名成；英雄气概，出类超群。

戊戌　丁巳　己卯　庚午　贲

己土者，阴土也。元气所生，万物之祖；厚德载物，承天时行；养禾苗而发秀，产白玉以光明。诞于孟夏，赤帝秉令；母旺子相，理作旺推。斯时也，种豆南山，分秧北陌；既种既成，遍地皆青。所赖者庚金显露，

---

① 校注：畎（quǎn）亩：田间，田地。
② 校注：沟浍，泛指田间水道。浍田间水渠。
③ 校注："霢霂"（mài mù）是小雨。《尔雅·释天》："小雨谓之霢霂。""霢"《说文》作"霢"。《说文》："霢霂，小雨也。"段玉裁注："霢霂，溟蒙之转语。"《诗经·小雅·谷风之什·信南山》："信彼南山，维禹甸之。畇畇原隰，曾孙田之。我疆我理，南东其亩。上天同云。雨雪雰雰，益之以霢霂。既优既渥，既沾既足。生我百谷。"
④ 校注：滂沱，雨大貌。《诗·小雅·渐渐之石》："月离于毕，俾滂沱矣。"《北史·艺术传上·王早》："至申时，云四合，遂大雨滂沱。"元杨暹《西游记·水部灭火》："骤雨滂沱电光满，古刺刺雷声如车转。"清唐孙华《大雨行海淀道中》诗："何况连宵旦，滂沱泻惊瀑。"
⑤ 校注：云霓，虹。《孟子·梁惠王下》："民望之，若大旱之望云霓也。"赵岐注："霓，虹也，雨则虹见，故大旱而思见之。"孙奭疏："云霓，虹也。"
⑥ 校注：丰稔，犹丰熟，富足。
⑦ 校注：西畴，泛指田地。
⑧ 校注：豳（bīn）风，是《诗经》十五国风之一。"豳"同"邠"，古都邑名，在今陕西彬县。"风"的意义就是声调。它是相对于"王畿"——周王朝直接统治地区——而言的。它是带有地方色彩的音乐，古人所谓《秦风》、《魏风》、《郑风》，就如现在我们说陕西调、山西调、河南调。豳风共有诗七篇，其中多描写农家生活，辛勤劳作的情景，是我国最早的田园诗。
⑨ 校注：笔扫千军，形容笔力雄健，如同有横扫千军万马的气势。唐·杜甫《醉歌行》诗："词源倒流三峡水，笔阵横扫千人军。"

耟镈①有权；乙木得禄，耒耜②堪用；深耕有耨，治其田畴；载芟载柞，③以薅荼蓼。④荼蓼朽而黍稷⑤秀，茂草除则禾稼实。但此际烈日炎蒸，山川如焚；旱既太甚，需水济润；物思甘雨，人望密云；满田禾稼，专待甘霖。幸大运行一派西北，生发水源，润洒园林；池塘变绿，禾苗回青；将见黍稷稻粱⑥有收，螟螣蟊贼⑦无援登谷。常则满仓箱，振功而永庆温饱。

戊戌 丁巳 己卯 庚午 贲

己为田园，长养万物；干支土厚，田连阡陌；深耕易耨，治其田畴；以手以耜，播厥百谷。生于夏令，禾稼遍野；昆雨愆期，苗而不秀；春膏未透，积水皆干。土固有龟坼之形，沟洫致枯鱼之叹。旱既太甚，专望云霓。幸大运行一派西北，金发水源；滂沱沛三日之霖，种植趁三时之利。庶几千仓万箱，共庆盈丰于地宝；异亩同颖，感观美利于天庥。⑧论此格者，超出人群，所以具颖悟之姿，秉珪璋之器。虽未获名于上苑，亦当震声于草野。⑨指顾泰运宏开，乃积乃仓，定当创业兴家。

丁丑 壬子 己未 癸酉 黄火贲

日元己土，名为田元；位居中央，德能厚载；爱木疏通，喜水灌润；禾稼赖以资生，草木由之畅茂。诞于子提，时维仲冬；玄冥司令，黑帝持权。斯时冰合玉池，霜铺银野；雪埋寒树，雪压古城。干透壬癸，雨作雪花，支藏子丑，水摇冰骨。一阳初动，万物为生。身寒体冷，弱不待言。

---

① 校注：耟镈，古代锄一类的农具
② 校注：耒耜，象形字，古代汉族的一种翻土农具，形如木叉，上有曲柄，下面是犁头，用以松土，可看作犁的前身。
③ 校注：出《诗经·周颂·载芟》。载芟（shān）载柞（zuò）；芟，割除杂草；柞，砍除树木。
④ 校注：荼和蓼。泛指田野沼泽间的杂草。《诗·周颂·良耜》："以薅荼蓼。"毛传："蓼，水草也。"宋杨万里《庸言》："圣人仁及草木，而后稗必薅荼蓼。"
⑤ 校注：黍稷，学名为稷，禾本科黍属，一年生草本。粳者古称稷、穄，现称稷子、糜子。糯者古称黍，现称黍子、粘糜子或黄粟。一种早熟、耐旱的粮食和饲料作物。
⑥ 校注：粱，粟的优良品种的总称
⑦ 校注：《小雅·甫田之什·大田》："去其螟螣，及其蟊贼，无害我田稚。"汉毛亨传："食心曰螟，食叶曰螣，食根曰蟊，食节曰贼。"东汉·郑玄笺云："此四虫者恒害我田中之稚禾，故明君以正已而去之。"
⑧ 校注：天庥，上天的庇护。
⑨ 校注：上苑，指朝廷。草野，指民间。

理宜用火以解寒除冻，取土以培砌劻勷，火土并用，运爱南方。大运行丁未丙午，红日当空，万里无云，用神当令，频见青蚨飞集，丁业并增。柱中财多，萱草早萎。水归冬旺，椿树后彫。偏印挺出，北堂重拜。① 比肩入墓，荆树折枝。偏正才旺，咏静好②于两楐。食神制杀，庆老蚌叠生珠。③ 此皆五行明显，历历可考者也；而将来之福泽绵长，岂有涯哉！

辛丑　壬辰　己未　己巳　册

己为田园，长养万物；厚德载物，位镇中央。诞于辰提，时维季春；斯时桐花灿烂，发宇宙之菁华；椿树芬芳，聚乾坤之瑞气。得乙木以疏土，假以耕锄之力；妙壬水以显露，施其灌溉之功。喜丙火以暄照，消寒湿而回淑气；仗食神以制杀，芟草莱而耨荼蓼。如此五行全备，于是深耕易耨，治其田畴；以手以耔，播厥百谷。将见疆场翼翼，黍稷彧彧；我仓既盈，我庾维亿；含哺鼓腹，④ 击壤⑤而歌，其兴创发达，令人可仰而不可及也。由此推之，妙格天然，所以"钟山岳之灵，毓两间之秀"者此也。应主人道宗孔孟，才并班马；⑥ 食饩采芹，此小就耳；步月梯云，⑦ 指顾间也。

戊申　丙辰　己酉　乙丑

己土者，实中央风后之神，握覆载之职，掌养育之权，生于三月，正敛春蓄夏之际，则必搜寻杂气中之首出者用之。癸水自库中挺出，固有还魂之妙；犹嫌壬水从窟中窃出，以夺其权。多土以助其身，水泥浊昧，必得一木，以凑泄水制土之功，而夏令之毓秀成物则有造化矣。七杀显露，

---

① 校注：古指士大夫家主妇居室。北堂重拜，指再娶。
② 校注：静好，清静幽雅美好。《诗•郑风•女曰鸡鸣》："琴瑟在御，莫不静好。"
③ 校注：老蚌生珠，原比喻年老有贤子，后指老年得子。
④ 校注：含哺鼓腹，形容太平时代无忧无虑的生活。《庄子》外篇•卷四《马蹄》："夫赫胥氏之时，民居不知所为，行不知所之，含哺而熙，鼓腹而游，民能以此矣。"
⑤ 校注：击壤是一项古老的投掷游艺，相传远在帝尧时代已经流行。击壤与投壶相似，本是士大夫的一种休闲艺乐方式，因具有较强的娱乐性，遂逐渐流向民间，并改变了活动形式。晋皇甫谧《高士传》卷上："壤父者，尧时人也。帝尧之世，天下太和，百姓无事。壤父年八十余击壤于道中，观者曰：'大哉！帝之德也。'壤父曰：'吾日出而作，日入而息，凿井而饮，耕田而食，帝何德与我哉！'"
⑥ 校注：班马，汉代史学家司马迁与班固的并称。
⑦ 校注：步月梯云，即步月宫，登青云。指中举。

丑钥开库，而春时之余气，乙木可得而用焉。故格取才资七杀，则命有养而身有赖矣。由此观之，长生援体，知终身之福禄无虞；文昌吐秀，他日之泮水准游。若能朝乾夕惕，① 自能步占高魁。

丙辰　庚子　己亥　甲子

己土诞于冬月，斯时土寒水冷；更兼地支两会水局，未免身弱难任。所赖丙火高透，除寒解冻；年支藏劫，劻勷有力，是故为人福寿优游，不受困乏。又爱甲己犯土，中正自持，残石不生，因之举世毫无怨尤。且格取才临旺地，生平不原膏粱文绣②之丰采；更羡禄马带贵，故当躬未获诗书之报，而雁行走列宫墙。财星得禄，不惟才源欣动，四方之附和，而佳人必配贤良。直嫌壬癸太多，难免其为财受累，虽不拮据匮乏，而中怀之顾虑可胜言哉！似此种种无弊，自当赏花晚节，香冷酒醉人迷。

---

① 校注：乾：乾乾，即自强不息；惕：小心谨慎。朝乾夕惕，形容一天到晚勤奋谨慎，没有一点疏忽懈怠。《周易·乾卦》："君子终日乾乾，夕惕若厉，无咎。"

② 校注：战国孟轲《孟子·告子上》："《诗》云：'既醉以酒，既饱以德。'言饱乎仁义也，所以不原人之膏粱之味也；令闻广誉施于身，所以不原人之文绣也。"岐注："膏粱，细粱如膏者也；文绣，绣衣服也。原，通'愿'。"

庚金

丙寅　丙申　庚子　丙戌　册生

　　文造庚金日元，产于孟秋，至旺也。火到功成，堪作当时利器；斧斤炼就，即为折桂奇锋。亟亟者顺太阳之光，红炉之火，何能使顽钝而化而变哉！兹喜红光普照，皓魄三临；剑戟已成，宝光直射于云汉；磬钟铸就，清响早闻于庙廷。格断云："庚日重逢丙火，格名正气偏官。身居雁塔拜金銮，叠沐皇仁①浩荡。四柱干戈不战，后来品望无双。运行水木及官乡，竚看云梯直上。"但七杀火多无制而权不显，有制而禄必荣。最妙水作伤官，归子水之源流，制伏多情，病药两见，足征为人活泼，秉赋聪明。绣口锦心，岂特魏珠光照乘；②研精穷理，直将赵璧拟连城。③指日芹沼香生，鱼吹细浪摇歌扇；魏科高掇，燕蹴飞花落舞筵。真所谓"十年黄卷窗前究，万里风云足下生"。微嫌夜雨无光，子为忌地，以致含今茹古，未能早进学宫；入史通经，屡叹孙山名落，岂天欲老其才耶！正所谓大器晚成者也。今查五星盘中，命主有朝君之美，恩星有归垣之荣，必作当时显宦，种种星格，灿列满盘，真是云蒸霞蔚、④锦斓花浓矣。推财帛虽丰不给，惟能以俭养廉。升迁无坡不平，总是逢凶化吉。日宿妙归田宅，居

---

①　校注：皇仁，皇帝的仁德。宋司马光《虞部刘员外约游金明光以贱事失期》诗之二："皇仁听使欢娱极，白简从君冷峭多。"《清会典事例·工部·城垣》："即召募附近穷民，宣布皇仁，每名日给工食银八分。"

②　校注：《史记》卷四十六《田敬仲完世家》："（齐）威王二十三年，与赵王会平陆。二十四年，与魏王会田于郊。魏王问曰：'王亦有宝乎？'威王曰：'无有。'梁王曰：'若寡人国小也，尚有径寸之珠照车前后各十二乘者十枚，奈何以万乘之国而无宝乎？'"唐·司马贞《史记索隐》："韩婴《诗外传》以为齐宣王，其说异也。"

③　校注：赵国太监缪贤偶然以五百金购得和氏璧，赵惠文王闻讯，将璧占为己有。秦昭王闻之，"遗书赵王，愿以十五城请易璧"，当时秦强赵弱，赵王恐献璧而不得其城，左右为难。蔺相如自请奉璧至秦，献璧后，见秦王无意偿城，乃当廷力争，宁死而不辱使命，并以掷璧相要挟，终致秦王妥协，得以"完璧归赵"。数十年后，秦灭赵，和氏璧终于落入秦国。

④　校注：蒸：上升；蔚：弥漫。云蒸霞蔚，像云霞升腾弥漫。形容景物灿烂绚丽。《世说新语·言语》："千岩竞秀，万壑争流。草木蒙笼其上，若云兴霞蔚。"

广居而耕心田，尽可以庇子孙。

丙寅　辛丑　庚午　壬午　俚减孤

福造庚金，产于季冬，最爱丙火去寒气。受生居午时，一轮红日当空，虽属天意冲寒，恰妙微晖曝背，正合"金寒水冷遇阳光，荣华有准"。但柱中两重正官，藏而不露，以致抱中正之才华，未遂芸窗之伟望；虽则出牧一方，①到底大材小用，并且一局劫多，定主厚道吃亏。独才逢劫，厥心慈而耗剥，是以历官多年，何曾橐满囊丰；②五十韶光，元许多沐雨栉风。妙喜明年交辛字以及未运，一来比肩扶元，一乃官库逢冲，十载官阶，定奏升平之乐。不独己躬获福，更庆后贤蔚起。烈烈轰轰，而庆桑榆晚景③之荣华也。

癸未　乙卯　庚戌　甲申　才门滑

庚金者，萃西方之秀气以成形者也。降生卯提，虽非其令，却喜戌己重重，印叠生身，母多而子自强，况且得禄于申，坐劫于戌，帮之助之，伯仲之情益切，于是不失中和之道，得秉纯粹之风。平云："中和者福寿之基，纯粹者名利之本。"是富贵福寿名利事业已见一斑矣。子平又云："顽金锻炼又凭火，剑戟功成用水磨。"惟是必须用火以锻炼，沙水磨砺就。妙未戌藏丁，投之以红炉；壬癸互见，复磨之以沙水。金青水秀，秀气逼人。是以为人老成，见识超群。一番动心，恒见高人之尊重；生平运用，每投朱紫④之钦仰。虽未伸眉于孔孟，亦必畅大志于宦场。籍贵胄⑤以生财，假公门⑥而致富。名成白手，业创空拳，有不诬者。只伤官太重，

---

① 校注：出牧一方，牧，指牧守，州郡的长官。州官称牧，郡官称守。指的是去做某个地方的地方官治理这个地方。

② 校注：橐、囊，都是盛粮食的口袋。语本《诗·大雅·公刘》："乃裹餱粮，于橐于囊。"郑玄笺："乃裹粮食于橐囊之中。"《胭脂血·赴援》："橐囊先罄将何食？正所谓，巧妇难为无米炊。"

③ 校注：桑榆晚景，意思照在桑树、榆树梢上的落日余晖。比喻暮年。语本《文选》刘铄《拟古二首》："愿垂薄雾景，照妾桑榆时。"

④ 校注：朱紫，代指高官。古代高级官员的服色或服饰。谓朱衣紫绶，即红色官服，紫色绶带。《艺文类聚》卷四八引南朝梁王僧孺《吏部郎表》："方愧朱紫，永慵钧衡。"

⑤ 校注：贵胄，贵族的后代。

⑥ 校注：公门，官署，衙门。《荀子·强国》："观其士大夫，出于其门，入于公门，出于公门，归于其家，无有私事也。"

是刑伤早见，忧问早生，才大技艰，欲速未达。几番境遇坎坷，几番上当吃亏，到于今还是利假名虚，诸事台场体面，此其化造之不佳乎？实运限参差之所致耳。快哉！今而后运游亨域，限走康衢，①自尔机缘称意。舒名利于将来，机遇催人；振家声于日后，子克肖，孙象贤。诚为人中俊杰，人中之出类者，皆确乎其有验也。

壬申　乙巳　庚寅　丁巳 减俚孤

命可信乎？不可信乎？以为不可信，则富贵穷通据理推之，向来无有不验者，以为可信。兹观斯造，凭五行按格局，皆有出类拔萃之象，大非寻常之泛泛者比，但未晤其人，未查其迹，不知其果否。至于奥妙难精，或天道不可尽知，予亦不敢自居其长，惟信诸子平而已。

台造庚金日元，庚合乙兮，名曰"居仁由义"。②寅遇巳兮，谓之"啸风猛虎"。③《书》云："啸风猛虎，非富即荣。居仁由义，不文乃仕。"据此局象，未有不出乎其类、拔乎其萃者。显于名，丰于利，机缘事业，岂曰小补乎哉是也。坐丙逢丁，钝铁偏成剑戟；遇壬秀色，锋锐犹得清奇。则知光芒射斗，大器荆山璞玉；离炉增彩，光华照乘珠玑。天干水火相济，才情必定超群；地支有合有刑，进退自是方圆。含丰姿潇洒，怀学问而温良。柴也愚，聪名内用；参也鲁，豁然贯通。④惜地支三刑，又不免肥甘悦口；学堂刑破，似觉聪明少间。为公为私，早历操心之境；怀仁怀义，恒多逸处之劳。财露耗散无常，土重为人无功；即令虽有虚名，其实囊橐犹悭，只落得清白传家而已。然妙官旺才强终须富，土厚逢金利名齐；加以坐逢虎贵，得际遇之奇；偏才得禄，有非常之喜。将见文臣武宪交相推荐，上钦下仰出牧琴堂。至于今日之公庭遇合，聊藉以壮行。包他年之富贵，指日可待也。若尔兰桂腾芳，簪缨⑤继绍，又其数所必能而然也。

---

① 校注：康衢，四通八达的大路。《列子·仲尼》："尧乃微服游于康衢。"
② 行注：乙木主仁，庚金主义。乙庚带合，谓之"居仁由义"。
③ 行注：寅属虎，巳为风，风从虎，谓之"虎啸风生"。
④ 校注：孔子在《论语·先进》篇中，概括四个学生的性格时说："柴也愚，参也鲁，师也辟，由也喭。"就是说高柴愚笨，曾参迟钝，子张偏激，仲由鲁莽。
⑤ 校注：古代达官贵人的冠饰。后遂借以指高官显宦。簪为文饰，缨为武饰。

丙申　丁酉　庚申　壬午　水苍滑

庚金者，乃五阳之金也。掌西北白帝之权，喜火而锐，得水而清。荣诞仲秋，时当秉令，宜剥宜削，理所必然。最妙柱中壬水叠见，而显金白之奇；年支纳音属火，断成有用之器。《书》云："金白水清，精神百倍。金逢火煅，光华远映。"合斯象者，足征寿考遐龄，才福优游。惜其枭神夺食，提纲见刃，又谓清中带浊，是以从此不免刑耗，平生常带劳碌。兹考后运，悉带锦程，更主机缘叠凑，巧事多临，发非常之财福，创后代之规模。行年五十以后，胜过四十九年以前。真如春兰秋菊，逢时而自馨也。

庚子　己丑　庚寅　己卯

庚金者，阳金也。刚形布地，宝质藏山，实天地之精英，乃乾坤之瑞气。性在坚刚，质乃顽钝，一经陶冶，利用无穷。诞于丑提，时维季冬。斯时冰合玉池，霜铺银野；朔风万壑，翔雪满山；庚金值此，弱不待言。更兼支藏子丑，盗泄精英；玄冥会党，金坠泥沙；虽赖戊己生身，然土厚而金遭埋没；犹幸身坐寅位，木火相生，用甲木以疏土，山中采出；取丙火以锻炼，炉里熔成，铸成青萍紫电，造成龙泉太阿；[1] 再得清水以磨砺，则色横秋水，光坠晓霜；能令英雄胆壮，可使奸佞心寒。财资七杀作用，大运当行东南。最妙日临二德，马奔才乡，财资七杀，身坐贵人，杀印相生。如斯佳造，不凡之品，诗书贵气，主人胸藏绣锦，腹隐经纶，[2] 不但采芹泮水，折桂蟾宫；更当探花杏苑，题名雁塔，九重共庆风云，四海咸沾雨露矣。

戊午　壬戌　庚寅　丁亥

夫庚金者，乃顽钝之质，刚锐之体。时维九月，序属三秋，正白帝司令，金星秉权。以刚健为本，以肃为心，既得时而得令，且强壮而旺盛。

---

[1] 校注：龙泉、太阿，指古代的两把宝剑，比喻有才能的人总会有所表现。龙泉：古代名剑。亦称"龙渊剑"。出自河南西平县。取当地龙泉水淬剑而得名。太阿：古代宝剑名。相传为欧冶子、干将所铸。也作"泰阿"。

[2] 校注：《易·屯》："云雷屯，君子以经纶。"孔颖达疏："经谓经纬，纶谓纲纶，言君子法此屯象有为之时，以经纶天下，约束于物。"《礼记·中庸》："唯天下至诚，为能经纶天下之大经，立天下之大本，知天地之化育。"

日主固宜健旺，而太过又当杀削剥之，削之始为奇，生我扶我乃为忌，始得中和之道，克全福寿之基，此子平之正理也。兹可羡者，寅戌戌会成火局，寅亥之六合，剑戟乃成，越显奇锋。时露丁火，正官佩印，此皆极品之贵格也。故《经》云："火炼秋金，铸成剑锋之器。"又云："逢官而看印，遇印以荣华。"此之谓也。更可羡者，食神透秀，得禄于亥，文昌显露，水火既济。盖顽金得火方成器，有水磨砺则光辉，是以色横秋水，光坠晓霜，能令英雄胆壮，可助烈士奋勇。如斯大格大局，定有文韬武略，诚国家之栋梁，人间之奇骐骥，则必道追孔孟，学继朱程，一旦风云际会，不但采芹折桂，且主附凤攀龙，① 腾身于霄汉，题名于雁塔，椿萱②沾宠渥，棠棣③沐恩波，光前裕后，封妻荫子，良有以也，岂谬言哉！

丙辰　辛丑　庚寅　丙子

夫庚金者，乃顽钝之金，秉三秋之令，掌肃杀之权。荣诞丑提，序属暮冬，正黑帝司令，玄武司权。斯时寒凝冻结，冰霜凛冽，爆竹虽已除旧，桃符尚未交春。《书》云："人日号曰灵辰"，④贵乎三会水局，又喜二德扶身；才入库得丑建以刑辰，两重杀喜二丙之合辛。况乎日主专禄，时透偏官，铸成剑锋之器，不寒不冷，飞天禄马之格。又刚又强，主人义勇兼全，作事慈祥，应主诗书发越，绍代文章有成，满腹锦绣，登庠若拾

---

① 校注：附：依附；攀：攀援。附凤攀龙，指巴结投靠有权势的人以获取富贵。
② 校注：椿是一种多年生落叶乔木，古代传说大椿长寿，庄子曾经说过"上古有大椿者，以八千岁为春，八千岁为秋"，可见它有多么长寿。因此古人就把它拿来比喻父亲，盼望父亲像大椿一样长生不老。后来为一切男性长辈祝寿，都尊称对方为"椿寿"。又因为当年孔子的儿子孔鲤怕打扰父亲思考问题，"趋庭而过"，快步走过自家的庭院，因此古人就把"椿"和"庭"合起来称"椿庭"，称父亲为"椿庭"。古人不单独把父亲称为"椿"，那毕竟是一棵树，而是称为"椿庭"。将"椿"、"萱"合称"椿萱"即代指父母，父母都健在称为"椿萱并茂"，前引"堂上椿萱雪满头"的诗句就是形容父母都老了，头发都白了。
③ 校注：棠棣，比喻兄弟。《诗·小雅·常棣》篇，是一首申述兄弟应该互相友爱的诗。"常棣"也作"棠棣"。后常用以指兄弟。曹植《求通亲亲表》："中咏《棠棣》匪他之诫，下思《伐木》友生之义。"张九龄《和苏侍郎小园夕霁寄诸弟》："兴属兼葭变，文因棠棣飞。人伦用忠厚，帝德已光辉。"苏轼《生日王郎以诗见庆次其韵并寄茶二十一片》："棠棣并为天下士，芙蓉曾到海边郭。"沈鲸《双珠记·遗珠入宫》："棠棣久飘零，几回寂寂，闻鸟顿心惊。"
④ 校注：旧时谓正月初七日为人日，亦称"灵辰"。唐李峤《奉和人日清晖阁宴群臣遇雪应制》："三阳偏胜节，七日最灵辰。"清钱谦益《人日示内》诗之二："灵辰不共劫灰沉，人日人情泥故林。"

芥。堪羡一股雄才，早庆以弹冠。正是"六合①有功，权尊六部。② 三刑得用，位镇边疆"。纵不能两榜有分，亦可以清任加官出仕。有真有廉，有烈有宽。儿童骑竹马，百姓颂甘棠。此乃八字历历可考，而将来名利兼收，有何疑焉！

丁未　丙午　庚子　甲申

庚为阳金，气秉西方；性本坚刚，质乃顽钝；得木生火以锻炼，成就剑锋利器。诞于午提，时维长夏，祝融司令，炎帝持权，更兼年月纯火，官杀混杂，炎火金衰，须水救获。妙者子申会局，金水相生，消去红炉之炎威，磨洗剑戟之瑕垢。将见七星错落，三尺光芒；铎涩霜电，锷绣芙蓉。白刃凝于霜雪，红光直射斗牛。③ 能壮英雄之胆，可寒奸佞之心。最妙财官显露，月逢贵人，日禄归时，食神制杀，如斯全备，人中俊杰。再

---

① 校注：六合，上下和东西南北四方，即天地四方，泛指天下或宇宙。《史记·秦始皇本纪》："六合之内，皇帝之土。"贾谊《过秦论》："及至始皇，……吞二周而亡诸侯，履至尊而制～～。"李白《古风》诗："秦王扫六合，虎视何雄哉！"如《过秦论》中有"履至尊而制六合"。《海内南经》中有"地之所载，六合之间，四海之内"。

② 校注：六部，从隋唐开始，中央行政机构中，吏、户、礼、兵、刑、工各部的总称。其职务在秦汉时本为九卿所分掌，魏晋以后，尚书分置治事，曹渐变为部，隋唐始确定以六部为尚书省的组成部分。以吏、户、礼、兵、刑、工六部比附《周礼》的六官，秦汉九卿之职务大部并入。每部各辖四司，共为二十四司。三省六部是自西汉以后长期发展形成的制度。其中尚书省形成于东汉（时称尚书台）；中书省和门下省形成于三国时，目的在于分割和限制尚书省的权力。在发展过程中，组织形式和权力各有演变，至隋，才整齐划一为三省六部，主要掌管中央政令和政策的制定、审核与贯彻执行。汉光武帝刘秀在尚书台设三公、吏部曹、民曹、客曹、二千石曹、中都官曹等六曹尚书，为六部前身。西晋时，有吏部、殿中、五兵、田曹、度支、左民六曹，属尚书省。南北朝亦有六部，然名称因王朝而异。隋初六部名为吏部、礼部、兵部、度支、都官及工部。至唐代改度支为户部，改都官为刑部，遂成吏、户、礼、兵、刑、工六部，统于尚书省。宋代因之。元代改统于中书省。明代废中书省，六部乃直接对皇帝负责，成为主管全国行政事务的最高机构。各部置尚书一人，总管本部政务，下有左右侍郎各一人，为尚书之副。清代于天聪五年（1631）仿明制设六部。初以贝勒（亲王、郡王）分别总理各部部务；各设满洲、蒙古及汉承政、参政、启心郎、额哲库等官。顺治元年（1644），停贝勒总理部务；并改承政为尚书，参政为侍郎，理事官为郎中，副理事官为员外郎，额哲库为主事；启心郎未改，至顺治十五年裁。雍正元年（1723）以后常以大学士兼管各部，尚书以下各官时有增减。据光绪朝《大清会典》及《历代职官表》记载，清代各部职官设有：尚书（从一品）、左右侍郎（正二品）、郎中（正五品）、员外郎（从五品）、主事（正六品）以及堂主事、司务、笔帖式、七品小京官等。六部职掌，明清略同，各部下辖诸司及官属，则有出入。

③ 校注：南朝刘宋时雷次宗的《豫章记》记载："吴未亡，恒有紫气见于牛斗之间，占者以为吴方兴，唯张华以为不然，及平，此气愈明。"张与"妙达纬象"的雷焕（孔章）商讨，知此异气"是宝物之精，上彻于天"，其地当在豫章丰城。"张遂以孔章为丰城令，至县移狱，掘深二丈，得玉匣，长八九尺，开之得二剑：一龙渊，二即太阿。其夕牛斗气不复见。"

加大运行一派西北，用神当令，庶几弱而复强，柔而转刚，定然发达得志，创业兴家，掀天揭地，名利兼收，令人可仰而不可及也。

甲寅　丁卯　庚寅　甲申

庚金者，阳金也。性本坚刚，质乃顽钝，实天地之精英，乃乾坤之瑞气。一经陶冶，利用无霜。诞于三阳开泰之际，木旺而金囚矣。加以干支才多，木坚金缺，其理不诬，所取土以养其锋，用火以助其锐；更得比肩以帮其身，依然转弱为强，由柔变刚。将见色横秋水，光坠晓霜。能令英雄胆壮，可使奸佞心寒。最妙日支坐贵，透才归禄，食神制杀，贵人乘马。得斯格者，若论为人，有异外之聪敏，谙世务则一团和气；无骄谄之俗体，事诗书而三过禹门。① 霁月光风，堪思雅度于尘俗之外。行云流水，可拟文章于啸傲之中。指顾之大运亨通，夫岂徒黉门②以终老；一时之风云际会，断不列声名于孙山。扬向壁之苦功，光前裕后；显寒窗之素养，名愈昭彰。

丙辰　庚子　庚申　庚辰

金生冬月，黑帝行权，玄冥司令；天寒地冻，点水成冰。鸟兽巢穴皆居，人民重绵而处。金虽为丽水之精，斯时形寒气冷，况且金又生水，而子旺母虚，金沉水底，岂能见用于世哉！必也，用土以制水生金，取火以解寒除冻，身不寒，体不懦，火助土厚，子母且有成物之功，刚健中正，君子之风于斯见矣。平云："金水伤官喜见官，财官两见始为欢。"正是"顽金喜火炼，少年折桂上金銮"，由是观之，应主赋性灵敏，气象光昌，

---

① 校注：禹门，又名龙门，在城区以北30公里处，黄河到此处，出峡谷由北向南，直泻而下，水浪起伏，如山如沸。传谓唯"神龙"可越，故名龙门。据《三才图会》记载：夏禹定为龙门，亦曰禹门渡。河流至此，宽约百步，两山对峙，河冲其中，夹岸断壁，状近斧凿。传说系为夏禹所开，河中有禹门陵，浮出水面，状似河滩，洪水冲击不能淹。流传系禹凿龙门石，石块堆积河中，年久凝成。据《水经注》载："龙门为禹所凿，广八十步，岩际镌迹尚存。"后人怀念禹的功德，称为禹门。

② 校注：黉（音hóng），古代称学校，有黉门、黉宫、黉宇、黉序、黉校等说法。另有黉门监生（明清时国子监的生员。也有的是恩荫或捐纳而得的）、黉门客（指秀才、读书人）等名称。对此，古代典籍中多有介绍，如《后汉书·仇览传》："农事既毕，乃令弟子群居，还就黉学。"《幼学琼林·卷三·宫室类》："黉宫胶序，乃乡学之称。"汤显祖《还魂记》："黉门旧是黉门客，蓝袍新作紫袍仙。"《儒林外史·第六回》："身在黉宫，片纸不入公门。"李渔《笠翁对韵》："北面黉宫宜拾芥，东巡岱畤定潘柴。"

读书沉潜，作文清奇，则鹏程万里，扶摇直上，① 在指顾间矣。

庚申　甲申　庚申　丁亥

庚金生孟秋，秉西方之旺气，掌肃杀之权衡，木遭之而叶脱，草拂之而色变。执性坚刚，万物凋零；太刚则折，物极必反。平云："譬若顽金，最喜红炉火煅。"有云："庚金无火，非夭则贫。"又云："金生秋月土重重，贫无寸铁。"所以用木生火，以制其暴性，化其顽钝，方可言其形成，形成则有锋锐，有锋锐则剑戟之功成矣。故《书》云："火炼秋金，铸成剑锋之器。"人命秉此，定然赋性聪敏，品貌超群，文章成拔萃之才，谈论吐珠玑之赋；富饶乡里，德润方隅；一人有庆，兆民赖之；万国咸宁，人亲雍熙。

---

① 校注：鹏程万里、扶摇直上，典出《庄子·逍遥游》：北冥有鱼，其名为鲲（kūn）。鲲之大，不知其几千里也。化而为鸟，其名为鹏。鹏之背，不知其几千里也；怒而飞，其翼若垂天之云。是鸟也，海运则将徙于南冥。南冥者，天池也。《齐谐》者，志怪者也。《谐》之言曰："鹏之徙于南冥也，水击三千里，抟（tuán）扶摇而上者九万里，去以六月息者也。"

辛金

癸亥　庚申　辛亥　丙申 贲孤

贵造天元辛金，珠玉之象；秉西方之秀气，为五宝之坚刚；出圹则增彩色，离炉则吐光辉。荣诞七月中旬，肃杀之气方盛，正主乘旺之时，因合子平云："乾造刚健，夫子之风。无破无冲，富贵之命。"且癸水年透，真正水清金白，秋生必然折丹桂；庚居月上，又是相涵金水，黄甲捷登。子平由此而推，势必天性聪敏，才高学博。稍嫌亥中学堂无马，文星散乱，秀而不实；惟喜一官时透，不若借径先登；定拟宦途远大，准行一世荣华；虽然佐贰①出仕，而朱幡皂盖之荣，臬藩②两宪之位，实犹运诸掌上而无难也，夫复何疑？又岂同于一衿之贵、一命之荣而已哉！

甲辰　癸酉　辛巳　庚寅

辛金日元产于仲秋，霞光照乘，将圆之玉镜重辉；碧色夺人，澈底之明湖散彩。戊土重重，犹见帮身孔厚；庚辛叠叠，更知凑势愈深。然太旺亦非所宜，克泄终当为贵。最妙两重丙火，克之制之，中和纯粹之象，有不如此而成者欤！局以全于风虎拥瑞、龙凤呈祥，格早合乎龙飞凤舞。癸水月逢，水涵珠而川媚；庚金时遇，石蕴玉而山辉。据是推之，足征为人浑厚，处己公平，每济物以利人。常见清风籁籁，不教怨雨纷纷，诚当代

---

① 校注：佐贰，辅助主官的副官。至明清时，凡知府、知州、知县的辅佐官，如通判、同知、州同、县丞、主簿等，统称佐贰。其品级比主官略低，但并非纯粹属员性质。其下尚有司狱、巡检、吏目等属员。两类人员也可合称为佐杂。《新唐书·食货志四》："主以郎官，其佐贰皆御史。"

② 校注：臬藩，臬司和藩司。明、清两代的布政使和按察使的并称。明何景明《省中公宴》诗："劝酬尽是文武士，列坐俱为藩臬臣。"明赵震元《为袁石寓（袁可立子）复开封太府》："尤惭不佞之附，在臬藩晤金玉。"清刘献廷《广阳杂记》卷二："正统壬戌，楚之藩臬，橄长沙衡州共建，其高弗及旧五尺。"严复《原强》："如是而转相察，藩臬察郡守，郡守察州县。"

之仁人，宇宙之君子也。稍嫌才劫并透、虎把适关，以致快活场中，化作烦愁万种；清闲境内，变为劳碌千端。骨肉之帮扶，俨如寒风透髓；六亲之剥削，实如烈焰烧身。早岁之风光，俱属真中作幻；壮年之境况，尽皆实处成虚。名利关，争遇是是非非；儿女债，还过多多少少。一生豪气，于此消磨；此等苦衷，徒堪自喻。然喜后运一派，尽属华途；不要怕，不要愁，不要焦，只管放心前去；自有福，自有寿，自有名，天之报应无亏。所以失之东隅，收之桑榆，①于尊造诚有然也。

壬子　丁未　辛酉　癸巳 大贵

辛金日元，乃珠玉质。产于六月，土得专权。日元虽非秉令，妙土旺金相，犹母旺而子强；地支印绶鞠育，比劫帮身，是主柔中而转健矣。《经》云："柔中转健健中强，柔健相和大吉昌。四柱若是无冲破，管教事业不寻常。"尤喜者癸水食神透秀，未藏乙木，独才归库，运至必获巨万无疑。格局才资七杀，英雄不让他人。这就富贵福泽之本，足征权谋多生，经济迈众；疏才重义之人，广结多文之士。惟嫌子未穿，伤官透，官杀藏，以致长筹莫展，恒多好处之亏。亲友无慎，才浮事苦；弃置黄卷，立志经商；广虑多忙，恬淡自居；离诸愁思，正此谓也。好在专禄有才，一派锦程；用斯喜斯，风光大遂。指顾之机缘叠出，志愿宏伸；展胸中之韬略，发惊人之大才，家富屋润，事业光前，妻贤子俊，而为才福无双之吉士也。

己未　庚午　辛酉　癸巳 坤

淑造辛金日元，产于仲夏；时维丁火，偏官当权。己土印星进气，酷暑蒸人；火炎土燥，热风扑面；恐其损玉坏珠，即叠将来以恩抱怨。庚金重助，须防因义成仇；意切心迷，惟望金盘赐露。情殷念笃，爱玉鉴颁冰，最喜癸水时逢，作天干之时雨；风开扇使，看四柱之俱凉。虽太阳得志专权，且余密云四布，甘霖普降。由是不畏火炎，堪喜簟清无暑气；岂嫌土燥，从此衣润有幽香。制杀为荣，必主夫明子秀；遇才疏厚，定当业

---

① 校注："失之东隅，收之桑榆"，比喻在某个时候丧失机会或失败了，在另一个时候得到了补偿。东隅：日所出处；桑榆：落日所照处。语本《后汉书·冯异传》："〔光武帝〕玺书劳异曰：'赤眉破平，士卒劳苦，始虽垂翅回溪，终能奋翼黾池，可谓失之东隅，收之桑榆。'"《南史·何敬容传》："少戢言于众口，微自救于竹帛，所谓'失之东隅，收之桑榆'。"

旺兴家。具斯造者，当知为人伶俐，秉赋聪明；质比兰花，面似梨花之淡白；才夸柳絮，态如粉蝶之轻盈。不尚侈性，惟曰克勤克俭；不怀争意，总愿宜室宜家。执箕帚，①奉蘋蘩，②而事尚之温恭可羡；警鸡鸣，③赠杂佩，④而成夫之美意良深，不愧作良家妇也。惟嫌劫印并透，月坐忌乡，未免性情急躁，喜怒不时；吃饭穿衣，恐多不知不觉之病；夜眠早起，间生无头无脑之忧，此种之弊，命定故也。

壬申　己酉　辛未　庚寅

辛金者，阴金也，乃崑山片玉，洛浦珍遗。文棂日月之光，凝聚阴阳之气。其性虚灵，其象清洁。碔砆固不能乱，鱼目亦莫能混，人间贵器，王国奇珍。诞于酉提，白帝司令，月令建禄，理作旺论；微嫌月透偏印，湿泥盖顶，戊己重重，鞠育太过，连成之璧，瘗影荆山；夜光之珠，潜辉爵浦。理取甲木以疏土，壬水以磨瑕；依然姿秀神清，形明体洁；金白水清，何等高雅。但此际庚辛司权，劫据两头；坚刚锋锐，性本肃杀；木遭之而叶脱，草拂之而色变。才轻杀重，木被金伤，更宜用火以化庚金之暴性，取官以制劫神之凶顽。木火作用，运爱东南。妙者月令建禄，金白水清，贵人乘马，正官佩印，柱全二德，如佳造人中俊杰，如肯琢磨经史，定干青云直上，附凤攀龙，岂庸俗碌碌者所可比论哉！

壬寅　戊申　辛亥　戊子　贵

夫金者，乃崑冈之珠玉，丽水之积金也。荣诞申提，序属孟秋；正白帝司权，金星秉令；辛金于此，得时而得令矣。详夫四柱，戊土重逢，虽然金赖土生，而土厚而金遭埋没，此其病也。《经》云："辛金珠玉性虚灵，惟爱阳和沙水清。柱中水集多雄壮，只畏厚土没其形。"今推日时，

---

① 校注：执：拿。拿着簸箕和笤帚。指要打扫卫生。古时借指充当臣仆或妻子。《吕氏春秋·季秋纪》："若此而不可得也，内量万国不足以伤吴，外事之诸侯不能害之，则孤将弃国家，释群山，服剑臂刃，变容貌，易名姓，执箕帚而臣事之，以与吴王争一旦之死。"

② 校注：《诗·召南》有《采蘋》及《采蘩》篇。《诗·召南·采蘩序》："《采蘩》，夫人不失职也。夫人可以奉祭祀，则不失职矣。"后以"蘋蘩"借指能遵祭祀之仪或妇职等。

③ 校注：《诗经·齐风》篇名。全篇以对话形式，写妻子于天未明时，即一再催丈夫起身。

④ 校注：杂佩，总称连缀在一起的各种佩玉。《诗·郑风·女曰鸡鸣》："知子之来之，杂佩以赠之。"毛传："杂佩者，珩、璜、琚、瑀、冲牙之类。"一说指佩玉的中缀，即琚瑀。王夫之《〈诗经〉稗疏·郑风》："下垂者为垂佩，中缀者为杂佩。杂之为言闲于其中也。则杂佩者专指琚瑀而言。"晋陆机《赠冯文罴》诗："愧无杂佩赠，良讯代兼金。"

亥子相连；上察年月，壬水生申，但忌一冲一穿，不作朝阳格论；而水润金明，理取阳官生才，其理诚然而非谬也。况金刚主义，水旺主智，故其人精明炼达，有果敢决断之才；慷慨风流，无斯满刻薄之意。夫既以伤官为用，即当以印星为病，则病药显然，福在其中，禄亦在其中矣。第以夏末秋初之候，乃土旺金刚之时而木衰矣。是为病重药轻，而才禄未易随也。何也？必得壬癸、甲乙、寅卯、亥子东北二方之运以补之，则物阜才丰，名崇利溥，有莫知为而为、莫知至而至者，增益其所不能耳。断以先难后易，三多九如，不亦宜乎！

乙未　戊寅　辛卯　乙未　火贲

夫辛金者，质比珠玉，乃天地之精英，实乾坤之瑞气。譬如楚之白珩，蜀之珪璋，皆天生柔弱之质，娇嫩之器，非顽金钝铁可所比论也。荣诞寅提，序属孟春，正青帝司令，木星秉权之时也。详夫四柱，年时乙木重逢，乃花卉之姿，萌芽之笋，产于西蜀金旺之地，又非早春之域，而戊寅城头之土，深埋珠玉之金；寅宫属阳之木，内藏难疏城头之土，故予取其格曰"财多称意"，非身弱才多，木坚金缺之谓也。况初春犹有余寒，妙得丙火解冻，正印生扶，乃合官印相生、名利两齐之格，故《经》云："贵人头上戴才官，门冲驷马。"又云："逢官而看印，遇印以荣华。"正谓此耳。但四柱缺水，官杀无制，文星不显，青云路左，不作朝廷将相，乃为市井经商，谓非数使然乎？第以偏才太旺，以致椿庭早游；折印坐长生，所以萱枝永茂。且以日通月气，弟兄鸿雁成行；财星类聚，妻配豪门淑女。月贵归时，丹桂双双荣显；由富而贵，纳粟可以成均。承先启后，箕裘前迪。近世名利子三者无亏，福禄寿九如有庆，亦云足矣，岂虚言哉！况乎木盛多仁，常怀恻隐之心；金刚主义，结得人缘之好。见富贵而无谄容，遇贫贱而无骄态；谦谦君子，[1] 温温公人。[2] 真乃陶朱复生，管鲍在世，此皆往行可歌，是以令名攸著。

---

[1] 校注：谦谦君子，指谦虚谨慎、能严格要求自己、品格高尚的人。出处：《易·谦》："谦谦君子，卑以自牧也。"

[2] 校注：温温公人，即"温温恭人"。《诗经·小旻》："我日斯迈，而月斯征。夙兴夜寐，无忝尔所生。交交桑扈，率场啄粟。哀我填寡，宜岸宜狱。握粟出卜，自何能谷？温温恭人，如集于木。惴惴小心，如临于谷。战战兢兢，如履薄冰。"

丙寅　辛丑　辛卯　戊戌①

贵造丙寅年辛丑月辛卯日戊戌时，夫辛金日元，辛金者，阴金也。其象清洁，其性虚灵，昆山片玉，洛浦遗珍，交棲日月之光，凝聚阴阳之气，有若楚之白珩，蜀之珪璋，皆天生柔弱之姿，地产娇嫩之质，非顽金钝鈇所可比论也。荣诞日提，时维季冬，斯时银野霜铺，酌露盘分；浥浥玉池冰合，散庭霰霰；霏风万壑，翔雪满山。辛金值此，其弱明矣，加之丙辛叠合化，干支壬癸当权，夫如是，诚身寒体冷也。倘无火温暖，必致困苦流落者也。是故神峰有言曰："辛金丑月宜丁火，戊己重重亦无妨。无火土多防寿夭，纵然不夭也平常。"再曰："水冷金寒要丙丁。"信斯言也，不亦是乎。故予先用时戌之丁火，灿烂辉煌，解冻化冰；次取寅卯之木，资生接引，庶几不失中和之道，克全福寿之基。《书》曰："有病方为贵，无伤不是奇。格中如去病，财禄两相随。"财资七杀为用，其理确乎不拔，推之贵人头上带官，格局可谓清奇，岂草野凡夫之辈可同日而语哉！

谨遵乾隆后编新法《西洋北历》，以同治甲子年后量天尺，② 拟戌时察太阳过将，立命午宫，禽演柳土獐九度分经，以晨昏缩退，太阴傍母，安身亥垣，宿泊危月燕③十一度定纬，是以午日为命主，柳土为度主，亥木为身主，危月为身度主，但夜生专以身度主为重，而命度又其次之，则以危月为主，以金星为恩，土计为难，火罗为仇，木炁为盘中之用，此五行生克制化之理，千古不易之论也。详查太阴飞入亥宫，格得太阴喜宫。

---

① 校注：是条原录于全书最末，为便于读者阅读，今依全书通例，移置于此。

② 校注：历代天文历算学家在制造天文仪器或测影、改历之前，首先一定要考察前代尺度是否有变迁，以保证天文测量的连续性和一贯性。这就是天文测量与尺度有着密切关系的原因所在。正因为在圭表上所刻尺度是用来测量日影的，所以古代又称它为影表尺、天文尺，元代以后又称为"量天尺"。据文献记载，早期的量天尺尺度与民间日常用尺是同一标准。早在远古时期，先民们就已经发现物体在阳光下会投下清晰的影子，而日影又会随着太阳的东出西落而转变方向，因而用日影来判别太阳的方位，既简单又方便。为了保证观察和测量的准确性，人们又在圭表面刻上尺度，这样便给标定和记录提供了方便的条件。《周礼》中记有："日至之影，尺有五寸"。《周髀算经》中的"夏至之日晷一尺六寸"，就是以圭面日影长度作为比较日影变化的标准的。

③ 校注：危月燕，即危宿，汉族神话中的二十八宿之一，北方七宿第五宿。源于汉族人民对远古的星辰自然崇拜，是古代汉族神话和天文学结合的产物。居龟蛇尾部之处，故此而得名"危"。危者，高也，高而有险，故危宿多凶。

《枢要歌》云："天曜变化太阴星，散彩中霄分外明。吉宿同宫宜贵显，少年及第播清名。"且斗宿躔危月燕度，此之谓"身主升殿月升殿"。① 更妙罗月交辉，出乾入巽，身星坐贵，命坐标斗，如斯合格合局，真乃不凡之品。主人胸蕴豁达之机，腹隐恢宏之志；清高出乎自然，雅度成乎本性，绰绰然有文采之可观，洋洋乎有丰徽之可范，而早登云路，岂其难乎？何竟为市井之客者，只缘官禄失次，② 禄陷奴宫，身临疾厄，命居奴仆，催官之失垣，罗睺之星逢天官，以故聪明有屈，绝少安闲；抱动荡不羁之才，受消磨于世。本刚健柔顺之质，致见弃于当途。兼之命犯四余侵阳，③ 恩星陷入奴宫，曜化天暗劫才，枭神无情对照，④ 则知频遭无限浪头，不啻轻舟游海；经过许多得失，恍若病马登山，而不利于少年可想见矣。最妙己宫财帛，飞坐强实，曜化天荫，偏才又掌天马，马元禄元，正符神峰所云"马奔财乡，发如猛虎"，再曰"禄马同乡利名兼"。实天权正印，又共心月度，若此者，虽未得志于诗书，当必齐家于货殖；握持筹之胜算，怀致富之奇谋，居奇自雄，乃展鸿猷。故其为人也，少年老成，刚方中正，有耿介拔俗之标，潇洒出尘之想，生才从大道，处世谦和，心第光明，胆气豪雄；待人一团合气，交游四海春风；将来之才陡发，利益外乡，千仓万箱，粟成贯朽，克光先绪，丕振家声，诚才福无双之吉士，夫何忧何惧？至日居丑宫壮地，正是阳光潜藏，又犯刃星顶度，当主椿树早萎，南岭常抱风木之悲；太阴泊亥木，喜宫适逢银蟾皎洁，况夫罗月有交辉之美，太阴有升殿之奇，⑤ 应知萱草久茂，北堂得申，反辅之忧，菽水承欢，乐如之何。再考田宅在卯，化属火星，不宜曜化枭囚掌度，又忌飞入相貌弱宫，并地盘又坐地耗，难承祖父余荫，其实战兢之持贵。夫度井木格，得木火通明，又有天福食神守于田宫，足征祖业丰盈，守旧增新，南庄北畝，画栋雕梁，阡陌交通，门庭光大。兄弟在辰属金，惜乎失躔于井木，更兼化暗化劫，地盘又寡星，则必终鲜兄弟，骨肉情疏，茕茕孑

---

① 行注：化天文星，主人巧智灵变。
② 行注：即斗木也。
③ 校注：氐日同宫是也。
④ 行注：未宫也。
⑤ 行注：躔危月也。

立，形影相吊，正谓"海内存知己，天涯若比邻"。男女寅宫化木，但忌失位①失躔②，由兹而推，关雎虽云早咏，麟趾宜须晚歌。尤赖福守儿宫，天荫、偏才及天权、正印、禄马一切照此，木属三数，宜迟登期，卜似兰斯馨。妻妾奴仆同属土星度，躔氏土升殿，又掌天福食神，早配名门淑女，尚招内助贤能。妻守田宅，火土相坐，宜兄宜弟，鼓瑟鼓琴。微忌刃星血支血忌插入，产星守此，理宜傍钗之助，庶免暗疾之忧。奴仆宫中犯劫暗，诸凡斟酌留神，重托大任宜择人。身居疾厄，度犯伤官、天耗，颇多焦思劳心，寡欲自然神爽，减饮可卫天真，达人自玉，明哲保身。戌宫迁移属火星，虽犯枭囚，喜木③生度逢仁元科名，寿元又得喜神，贵元地驿对照，宜商贾利经营，到处居安履吉，随在欣逢贵人，禄陷奴宫，化暗化劫，致使弃置黄卷，惟向异途而见贵；操劳早任，偏从利路以萦心。由富而贵，纳粟荣身。福德同财坐强宫，④马元禄元职元掌度，地盘又坐长生。合斯象者，受福非轻。幼受祖父培植，晚享儿孙封赠。德之厚者福自深，衣厚食丰常遂心。相品司月，月乃太阴之象，其为人凛凛如寒松之清秀，涓涓似皓月之当空，独是化耗化伤，枭囚守相，天刑七杀对相，所以壮岁过虑多思，欣性少适，琴瑟早调，明珠几番梦想；人情世务，每凭己力支持。快乐场中，生出许多闲烦闲闷。繁华境内，变作无限自苦自劳。正所谓"可为知者道，难与不知者言"也。幸地盘坐玉堂贵人，及岁合天德福德福星，他日之际遇奇逢，机缘凑巧，诚为人中杰者，皆确乎其有验也。星盘判毕，大运直陈，以往之运，不必复赘。察目下三十三岁，尚行甲运正财之程，是属用神限行参水度，掌天荫偏才，大胆进前，吉无不利，但去年九月已行毕月伤耗串度，诚恐小人之忤，灾耗并至。交卸之年，务期诸凡存神以修身也。三十四岁，下履辰运，是为天罗，又名墓库，内藏癸水，有些惊人，限度仍行毕月伤官耗，正是"月当圆处云雾罩，花正开时风雨摧；羊肠路上须仔细，虎背骊头要认真"，克刑并见，保养天真。幸毕月昴日身命高强，虽有狂风巨浪，不致有防天年，卅九岁

---

① 行注：木居土。
② 行注：木躔金。
③ 行注：井木也。
④ 行注：男女宫。

乔迁，乙运去土厚之病，展鹏鹗之程，扫开云雾，万里晴明。限移官禄胃土，妻妾奴仆，天福食神天元禄，天经项度可谓。

甲寅　癸酉　辛亥　壬辰

辛金日元，其体属阴；崑山片玉，洛浦遗珍；光能照乘，价重连城；人间贵器，王国奇珍。诞于秋中，理作旺论；得水淘洗，姿秀神清。最妙食神吐秀，金白水清；月令建禄，年带贵人；伤官生才，虎啸龙吟；年带天德，三奇极真。如此合格合局，真乃不凡之器，诗书贵客，理宜琢磨经史，勤稽典籍；不但采芹折桂，更许题名雁塔。目下亥运，得合贵人，养就冲天羽翼，以待高飞云霄。

戊寅　丙辰　辛未　戊子

辛金者，乃珠玉之金；其性虚灵，其象清洁；碱砆固不能乱，鱼目亦莫能混。能庇嘉穀，能御大灾；润色杯盘，增光宫室，诚至宝也，岂易言哉！荣诞辰提，当期作母旺子相，从来母旺，子不云柔；四季之金，不惮内丁；况戊土叠出，谁曰非劬劳之恩；丙辛相合，吐露清奇。但土能生金，土厚而金遭埋没，所取乙木以疏土，癸水以淘洗；依然资质秀丽，形明体洁。如斯合格，所以胸蕴豁达之机，腹隐恢宏之志；绰绰然有文采之可观，洋洋乎有丰微之可范。伟哉斯人！真乃鹤立鸡群之上造也。

戊辰　丁巳　辛未　乙未　坤

淑人福造，辛金日元，生于四月，祝融当令，炎帝持权，其体弱矣，是得坤柔之道焉。柱内戊己叠见生扶，柔顺而得中和之理；但金赖土生，土厚而金遭埋没，喜乙木以疏阔，癸水以淘洗，而金乃含姿吐艳，形明体洁。赋斯造者，应其人也，处节俭而戒奢华，乐施与以广慈惠，寡言辞而勤中馈，其素性使然也。且也夫星得禄，良人载特达之士，而缘注偕老。惜食神入墓，是以嗣息维艰，犹喜劫辅食神，正是"丹桂诗成时捧檄，双珠晚吐不妨迟"。

壬水

戊寅　丁巳　壬辰　甲辰

水不绝源，仗金生而流远；水性泛滥，赖土克以堤防。土多则水受制，金清则水有源。壬水生巳提，屡见戊土重重，正是身衰遇鬼，妙喜甲木透出，以敌土之多。平云："壬癸虑遭戊己，甲乙临之有救。且又庚金一点，以为鞠育之恩。"又云："独印生身，寿如松柏之茂。"格取身弱用印，昭昭不爽。更合壬骑龙背，而带虎啸之文。云："壬骑龙背，见戌无情。寅多则富，辰多则荣。"按此而推，理应早岁轩昂，家业丰隆；不待壮岁，劳碌奔谒，竭力经营。无如身轻杀重，以至披星戴月，沐雨栉风。[①]幸财星遇贵人，依然风云际会，鹏程万仞，指顾之泰运宏开，名利兼收，无用过虑矣。

庚寅　戊子　壬申　壬寅　贲兴雀

天元壬水，势若汪洋。荣诞丑提，未交小寒，推之者未有不作旺观。殊不知冬月乃癸水专权之候，非壬水秉政之时。且也戊土重重之克制，丙火叠叠之泄元，纵所旺而不旺矣。故予取印以生身，用水而辅翼，方无偏枯之弊，正得中和之体。《经》云："若得中和纯粹，方成福寿之基。"赋斯造者，则知心有灵变之基，人无嚣凌之气；年虽弱冠而志向却大，性虽乖张而处世方元。生才用食，作事而远大。规模贸易为持，自有恢宏事业。惜乎才星太弱，比劫过多，乃为清中隐浊之嫌，玉内生瑕之弊，致使聪明有屈，书香愿浮，杀重恒多，思索心抑；且劫刃重逢，推其骨肉，椿萱早逝，雁行少伴；茕茕子立，形影相吊。惟可取者，六壬有趋艮之心，天地有交泰之美，不必笃志芸窗，能使名成利就。尤喜迩来大运，悉属用神；锦程将见，机缘凑趣，际遇奇逢，财开金谷之园，业就季伦之富，兰

---

① 校注：沐雨栉风，指风梳发，雨洗头，形容人经常在外面不避风雨地辛苦奔波。出自于《庄子·天下》："沐甚雨，栉疾风。"来源于"大禹治水"的典故。

馨桂馥，岂不烈烈轰轰，而遂平生之愿也。

丙子　庚寅　壬午　庚戌

壬水日元，自坐胎乡，合《格断》云："六壬生临干位，号曰禄马同乡。胞胎遇火显红光，腹内才华荡漾。"夫壬属阳水，在天为云，在地为泽，涵濡万物，淘沃苍黎，柱中食神，遇才看杀逢印。平云："逢食而看才，见才而富贵。逢杀而看印，遇印以荣华。"加以寅午戌会成火局，虽则诞于寅提，微寒未尽，却无金寒水冷之嫌；而且年纳涧下水，其声潺潺而莫遏，足知深远而流长；月纳松柏木，其性森森而不凋，可为志坚而耐久；日纳杨柳木，此际春景融和，绿影渐放，供行人之赏玩，开旅店之愁怀；时纳钗钏金，为深宫之贵宝，动美玉之慕容，则杀印为柱中之医药，而纳音为命理之烟花也。论水德，于人品为洁白，于天性为明敏，于为人为活泼，于处世为流通，碧沼凝冰，天光朗映，以故沐大贵之提携而恩光浩荡，荷上人之契合而德泽汪洋。惜才官反背，年逢羊刃妨，喜合嫌冲，此亦美玉有瑕玷之弊也。是以早离乡而涉水，历尽世态炎凉；常破浪以行身，识透人情冷暖，兼之性有不躁之躁，气有不傲之傲，口有不快之快，机有不露之露，心有不疑之疑，面有不软之软，以致巧中成拙，是处招非。惟羡迩来鸿运，尽是锦斓花浓之程，桂馥兰馨之候。

庚戌　乙酉　壬辰　壬寅　雀典孤

夫壬水者，乃汪洋大海之水也。诞于酉提，序属仲秋；正白帝司令，金星秉权；金白水清，色共长天。攀桂枝于月里，擒玉兔与金蟾；临清流而赋诗，倚古树而听泉；逝者如斯，漫流无边；朝宗于海，归黄河源；见龙见于田，察鱼跃于渊；菊花有信传诗伯，秋水为文赋青莲；得此中之雅趣，显才士之英贤；贵省钟灵毓秀，故郡挺出瑚琏。察年月，乙合庚，仁义之合得用，能掌政事之权；推时上，透比肩，壬骑龙背格局全。戌酉相连，龙凤配奇缘。纯杀有制居一品，贺于皇家作股肱。干青云而直上，题雁塔以流传。已登道岸未入室，不久升堂占魁元。亻（？）看柳开黄甲，第未衣点杏园，凤衔紫诰绕门前。堂上椿萱沾宠渥，同胞手足沐皇恩。佳人分正副，桂子阵阵添。必也奉差，取士为国。亻看钟鸣鼎食，裕后光前；作酒醴之麹叶，为和羹之盐梅；郎官上应列宿，宰辅执掌衡权。人物风流，皆由地产；士子登科，出自天然。道行道废命生定，为卿为相是前缘。格全云龙风虎，① 子平安得谬言。勉之勉之，有厚望焉。

己酉　壬申　壬寅　壬寅　贲

夫壬水者，阳水也。汪洋浩瀚，翻波滚浪。《经》云："壬水汪洋并百川，漫流天下总无边。养性结胎须未午，长生归禄属坤乾。"盖壬水长生在申，壬水既旺，又见天干三朋，旺之太甚，失于中和，有并流之势，泛滥之波，将何以堤防乎？兹可羡者，寅日寅时，为壬趋艮格。艮者山也，如此大水，波涛万丈，巨浪千尺，非奠高山，大川曷能止耶？是以禹王治水，流芳百世；江淮河汉，修成堤岸之功；土止水流，乃全福寿之基。子平正理，可想而知矣。更可羡者，寅宫丙火，乃长生之才。财为养命之源，藏而不露。子平云："财要藏，藏则丰厚。"又云："财气遇长生，田园万顷。"既富矣，又何加焉。又得年上之己土透出正官，乃扶身之本。又云："官要露，露则清高。"又云："藏杀露官方言福。"此福寿双全之格也。第一寅申一冲，冲破学堂文星，又是驿马为心。故《经》云："驿马无缰，南北东西之客。"又云："马头带箭，生于秦而贸于楚。马后加鞭，朝乎北而暮乎南。"故而弃书就贸，志向端木；② 不作朝廷贵客，乃为市井经商，数使然耳。故其人品聪秀，志气轩昂；一股雄才，三分正气；轻才重义，到处结得人缘；舍此就彼，随在皆有救星。带月德大难可免，透官

---

① 行注：壬为云，辰为龙。巳为风，寅为虎。
② 校注：端木赐（公元前520年—公元前456年），复姓端木，字子贡（古同子赣），以字行。汉族，春秋末年卫国（今河南鹤壁市浚县）人。孔子的得意门生，孔门十哲之一，"受业身通"的弟子之一，孔子曾称其为"瑚琏之器"。子贡在孔门十哲中以言语闻名，利口巧辞，善于雄辩，且有干济才，办事通达，曾任鲁国、卫国之相。他还善于经商之道，曾经经商于曹国、鲁国两国之间，富致千金，为孔子弟子中首富。"端木遗风"指子贡遗留下来的诚信经商的风气，成为汉族民间信奉的财神。子贡善货殖，有"君子爱财，取之有道"之风，为后世商界所推崇。《论语》中对其言行记录较多，《史记》对其评价颇高。子贡死于齐国，唐开元二十七年追封为"黎侯"，宋大中祥符二年加封为"黎公"，明嘉靖九年改称"先贤端木子"。

星众奉行。但偏财逢劫，早贻陟岵①之怨；官显杀伏，定生女后之男。棠棣虽云俊秀，友爱之风鲜闻。内助有德，未必举案。龙虎为嗣，兰桂腾芳。根详大运，否泰攸分。

癸巳　甲子　壬午　丙午　坤

坤造夫壬水者，阳水也。汪洋澎湃，总纳百川；浩浩滔天，波涛万丈；时值子提，水归冬旺；得时得令，透劫藏刃；未免失于太过，非坤道之所宜也。贵乎壬日，生临午位，乃是禄马同乡；更喜午日午时，不为得破提纲；况于巳年生人，格合才官双美；全赖甲丙高透，子星明朗；去杀留官方言福，财旺生官富贵真，此皆子平之秘旨也。故《经》云："财官印绶三般物，女命逢之必旺夫。"又见壬为月德，巳为天德。又云："二德归垣，贵子九秋步月。三奇得位，良人万里封侯。"斯格既尽而尽善，定日富而日荣。盖女命以食神为子，以正官为夫，上透甲木，能制巳宫之杀，子月冲午，独留午时之正官为夫。官得禄而夫荣，食神而子旺。四柱逢财，定主田园宽阔；食神喜劫，堪羡子贵孙贤。兼之运行东南，生扶禄马，则必助夫兴家，益子成龙，良有以也。

戊申　乙丑　壬戌　辛亥

夫壬水者，汪洋大海之水也。荣诞丑提，序属暮冬，虽云勾陈得令，乃玄武当权之时也。斯时也，北风其凉，雨雪其傍；岁聿云暮，蟋蟀在堂；无土不能修堤圩，有火方能解其寒。详夫四柱，年透戊土是偏官，时逢正印作亲娘；杀无刃不显，刃无杀不祥；杀印相生，名利俱扬。贵乎独才入库，又得长生学堂；日禄归时青云客，伤官吐秀翰墨香。才资七杀作用，列宿应在郎官；能至一品之尊，又主赐土封疆。仁看钟鸣鼎食，② 沐

---

① 校注：陟岵，指父母兄弟离散。《陟岵》本是《诗经·魏风》的一篇。全诗三章，每章六句。为先秦时代魏地汉族民歌。是一首征人思亲之作，抒写行役之少子对父母和兄长的思念之情。《毛诗序》曰："《陟岵》，孝子行役，思念父母也。国迫而数侵削，役乎大国，父母兄弟离散，而作是诗也。"诗曰：陟彼岵兮，瞻望父兮。父曰：嗟！予子行役，夙夜无已。上慎旃哉！犹来无止！陟彼屺兮，瞻望母兮。母曰：嗟！予季行役，夙夜无寐。上慎旃哉！犹来无弃！陟彼冈兮，瞻望兄兮。兄曰：嗟！予弟行役，夙夜必偕。上慎旃哉！犹来无死！

② 校注：古代豪门贵族吃饭时要奏乐击钟，用鼎盛着各种珍贵食品（敲着钟，列鼎而食）。故用"钟鸣鼎食"形容权贵的豪奢排场，旧时还形容富贵人家生活奢侈豪华。汉张衡《西京赋》："击钟鼎食，连骑相过。"唐王勃《滕王阁序》："闾阎扑地，钟鸣鼎食之家。"

绶紫诰金章。[1] 胸中志气冲牛斗，笔下珠玑冠文场。追赠考妣荣日月，宠及花萼振家邦。紫泥封诰光祖德，金花捷报贤孟光。棠棣三枝，遂贻谋之燕翼；义方足训，效燕山之名扬。封妻荫子，间里[2]亦可叨光。致君泽名，草野再赋甘棠。建功勋于宇宙，作股肱于明皇。

壬申　壬子　壬辰　乙巳

壬为阳水，总纳百川；汪洋浩瀚，翻波滚浪；光涵万里之宽，碧倒千山之影；混混无穷，滔滔不竭；汇流于东，朝宗于海；养金鳞而变化，活神龙以飞腾。人命得之，岂同泛论？但生冬令，干支水盛；冰霜凛冽，雨雪交加；狂波卷地，阔浪浮天；理宜用土堵御塞流，取火解寒除冻，故《经》云："土止水流全福寿，寒极遇火降祯祥。"火土并用，其理明显。最妙才资七杀，时逢贵人；天干三朋，格全润下，壬骑龙背；杀刃两停，柱全二德，故《经》云："天干壬癸喜冬临，更值申辰会局成。或者全归亥子丑，等闲平步上青云。"四柱如此全备，真乃不凡之品，所以生而颖异，长更神奇。盖松才挺干，已具摩霄之姿；而葵始成丛，光有向日之识。真天上之石麟，人间之骐骥也。幼行水运，芸窗励志，琢磨经史，养就冲天羽翼，迨后运入东南，旭日上升，用神当干青云，而直登雁塔以题名。

庚寅　戊寅　壬寅　乙巳

水得金生，源远流长；水性泛滥，赖土堤防；然土多有填塞淤滞之患，火盛有熏蒸煎熬之忧。火土旺而且众，壬水之弱，何待言也？所取甲木以敌其侮，庚金以发其源。壬水如此，浩浩荡荡；汇流于东，朝宗于海；养金鳞以变化，活神龙以飞腾。最妙食神制杀，地支三朋；杀印相生，时逢贵人；六壬趋艮，文昌汇聚。如此大格大局，真乃人中俊杰；胸藏锦绣，腹隐韬略；轩昂迈众，胆识兼优。后去大运行一派东北，病重得药，刚柔相济，指顾掀天揭地，大展施为，高出于寻常之外，岂庸俗碌碌之者所可比论哉！详四柱如此全备，所以移南就北，离祖别亲；经风涉

---

① 校注：紫诰，指诏书。古时诏书盛以锦囊，以紫泥封口，上面盖印，故称。金章，金印。
② 校注：间里，邻居。《庄子·至乐》："吾使司命复生子形，为子骨肉肌肤，反子父母、妻子、间里、知识，子欲之乎？"

险，渡水穿山；初年驳杂，早岁辛勤；兴起家计，创成规模；丰积约用，贯朽粟陈；居奇自雄，名冠成均，雅有大夫之才，俨然名士之态。彬彬文质，蔼蔼德音，源远流长，其发迹固未艾也。

甲寅　癸酉　壬子　戊申

壬水日元，诞于仲秋；正白帝司令，元武失权。其元未健，然而癸水挺露，申子会局，凑成波涛，浩浩荡荡，似乎太过。喜者戊土合癸，化火成功，他日之才帛丰盈，是戊土为药之功不浅矣；食神生财，壬格亦不诬矣。更羡食神吐秀，年带文昌；时逢长生，杀刃均停。如斯佳造，颖异聪明；果能鼓吹五经，笙簧六籍，可以文追董贾，[1]学迈周程。洵哉德门庆泽深，丹山鸑鷟[2]降中庭，君门之家声大振，舍是子其奚从乎？根基稳如盘石，固若苍桑，岂第幼小易养易育，异日飞声翰苑良有以也。

论水

水性汪洋，浩瀚涌泊。然有四季之分：生于春而如膏如泽，若连绵不已则有崩堤溃岸之势；生于夏则有混浊不清，丙丁当权时有旱魃[3]之患。生于秋金白水清，母旺子相；产于冬水神用事，黑帝行权，霜雪并至，海晏河清。[4]用火以温其体元，不致有冰凝之患；用土以为堤岸，不致横流泛滥，不由其道。然水性无定，决诸东方则东流，决诸西方则西流。然水多主智，故圣人云："智者乐水。"子平云"水旺居垣须有智"，其斯之谓乎？秉此造者，虽富贵不骄不奢，智足而不尊己傲物，不惟名利就，亦且子贵孙贤。

---

[1] 校注：汉董仲舒和贾谊的并称。二人以文才著名。元周伯琦《考试乡贡进士纪事》诗："事忆欧苏远，词怀贾董雄。"明孙柚《琴心记·阳关送别》："惭愧孙吴将略，卫霍功勋，贾董文才。"清顾炎武《赠路舍人泽溥》诗："君才贾董流，划乃忠孝嗣。"

[2] 校注：鸑鷟是古代汉族民间传说中的五凤之一，身为黑色或紫色，鸑鷟象征着较为坚贞不群的品质。在《小学绀珠》中指一种水鸟，似凫而大赤目。它们总是雌雄双飞，比鸳鸯更恩爱。当它们中有一只死去时，另一只就会悲鸣三个日夜，相从于九泉。

[3] 校注：旱魃是古代汉族神话传说中引起旱灾的怪物。《诗·大雅·云汉》："旱魃为虐，如惔如焚。"孔颖达疏："《神异经》曰：'南方有人，长二三尺，袒身，而目在顶上，走行如风，名曰魃，所见之国大旱，赤地千里，一名旱母。'"

[4] 校注：晏：平静。黄河水清了，大海没有浪了。比喻天下太平。

癸水

戊寅　壬戌　癸卯　辛酉

英造主元癸水，在天为雨露，在地为井泉；清而且丽，涌而不波。兹生九月，节届三秋，正潦水尽而寒潭清，烟光凝而暮山紫。虽曰黄帝行权，其实水神进气。且也身坐长生，可拟老彭之寿；比印叠叠，更多鞠育之恩。如是日主转柔为强，格得中和纯粹，则知富贵从胞胎带出，聪敏自性分生成。故岐嶷气概，己身一班；而秀颖之风，早形眉目。今日虽在提携之年，而食牛之气概固以咄咄逼人矣。而且年透食官，时透印一点，食神得禄，更见柱无关，又无箭；壬癸辛金三奇，由是推之，字字可谓整齐，格格出乎其类，不但根基稳固，易养成人；他日学问既成，游泮水，登科第，而为人间千里驹者，可预决而预贺也。真乃天上瑞麟，人间忽而露头角；云中灵凤，池上将来有羽毛。苟非德泽流光，曷克有此奇特之造哉！

庚申　庚辰　癸卯　甲寅　西孤

台造天元癸水，雨露之象。荣诞季春，黄帝当权，主元本属弱论，惟妙庚金两透，开水之源，癸水蓄辰，接水之源流，使水无涸辙之患，而得源远流长；兼之良时甲寅，又伏大溪水，由是而五湖水聚，万派朝宗。《经》云："万派朝宗奔玉阙，五湖水掌军民。"且甲木时露，顺尊水性，戊土两重，砥中流水，无泛滥之波，周流不息。是以襟怀潇洒，意气凌云；英雄出众，才思超群；禄位名寿，理所宜然。稍惜官星藏而不露，时逢驿马交临，以致去文就武，牛刀小试，操持鞅掌，① 勤劳王事，仕途烦

---

① 校注：鞅掌，谓职事纷扰烦忙。毛传："鞅掌，失容也。"郑玄笺："鞅犹何也，掌谓捧之也。负何捧持以趋走，言促遽也。"孔颖达疏："传以鞅掌为烦劳之状，故云失容。言事烦鞅掌然，不暇为容仪也，今俗语以职烦为鞅掌，其言出于此传也。故郑以鞅掌为事烦之实，故言鞅犹荷也。"

心,宦囊①清溟,②皆由此也。幸而官无杀混,威风必振;背禄逐马,中晚峥嵘必也。揭地掀天,机缘叠出,纵横而上,禄位不次而升,指日都阃③辕门,而游击参戎④之荣,实可运得掌上者矣!夫复何疑?

己亥 癸酉 癸巳 甲寅 中央贡水

癸水日元,在天为雨露,在地为泉沼;清而且丽,涌而不波;有滋生润物之功,施仁布惠之德。荣诞仲秋之月,金神荐夹之时,主宰柔弱,不待言矣。平云:"旺宜剥削,柔宜生扶",此一定不易之理也。美哉!干支比朋叠见,庚辛印绶乘旺,既得勖勤,复获生养,有此二者,堪作柱中妙剂,又何虑生于失令之候?自有转柔成健之力矣。故取伤官用印,其理确乎不爽也。于是格前于斯,则知为人诚实停当,聪明会操持,而应事勿庄饰以逢迎。抑且慷慨出众,少年稳重;和而不流,群而不党;能兴远大之规模,能创惊人之事业。惜己亥相冲,支神摇动;以致少无诗书之荣,早历操心之境;椿萱虽云有庆,骨肉宁得无亏?作事欲速不达,弄巧偏多弄拙。有许多乐而不乐之愿,遂而未遂之心。正是"外面春风,徒只他人道好;一腔心事,惟有自己深知"。最可喜者,癸日坐向巳宫,乃是财官双美,名虽阻于畜香,利必胜于陶朱。尤喜后来大运,悉属水木锦境,将见事业有日新之益,财源有陡发之奇,结局风光,后昆跻美,虽未许充金谷之主人,亦可算人中之豪杰,岂得以目前之景,而定终身之福泽者乎!

辛亥 庚子 癸丑 壬子 兴流丁水生

癸水日元,诞于严冬;阴气凝结,阳光难舒。且四柱蓄重叠之水,类聚成冰;五行少红炉之火,依谁解冻?明明金寒水冷,其理显然。是以六亲寡助,骨肉情希。碌碌忙忙,徒历风霜之苦;兢兢业业,惟增人事之烦。半生形影,恍若梨园演义;五十春光,恰似水中捞月。尤且运历蹉跎,椿萱凋谢于髫年;时运乖舛,手足分离于壮岁。孤衾冷帐,寒暑兴

---

① 校注:宦囊,因做官而得到的财物。
② 校注:溟,小雨蒙蒙。清溟,指不丰厚,很少。
③ 校注:都阃,指统兵在外的将帅。清方还《旧边诗·大同》:"绕镇卫城分十五,沿边都阃辖西东。"自注:"明初设山西行都司,管辖东西二路一十五卫。"
④ 校注:游击,清代武官名。从三品,次于参将一级。参戎,明清武官参将,俗称参戎。明李赞《追述潘见泉先生往会因由付其儿参将》:"夫文武不同,而忠孝则一……况堂堂国之参戎欤!"

嗟；只影单形,晨昏自叹。几番巧中弄拙,后悔何及？数次上当吃亏,含情莫诉。钱寻不少,只落两手空举；路上极多,惟抱双膝长吟。幸四十八岁后,运限走佳,断弦①相配,方忧佳偶天成；螟蛉②相继,何况犹子③比儿。勿谓寡宿④长随,今已幼妇褰裳；⑤休道孤辰永带,定卜老蚌生珠。早岁百味哑尝,难言其苦；晚岁蔗境⑥堪研,倒餐维甜。似此结局风光,而迴忆当年景况,当必辗然而笑矣。

壬寅　辛亥　癸卯　庚申

水不绝源,仗金而流远；水性泛滥,赖土克以堤防,但生于孟冬,寒气渐临；壬水盖头,引水送行；泾渭同流,清浊不分；阴雨连绵,积水较深；狂波卷地,阔浪浮天；沧海翳密云之障,蒙溶掩旭日之光。斯也冰塞长河,雪满群山；必须用土堵塞御流,取火解冻除寒,财官并用,其理明显。最妙干会三奇,金白水清；日支坐贵,身临文昌；伤官生才,驷马负印。如斯佳造,不凡之品。琢磨⑦经史,得志诗书。妙者后去大运一派火土,用神当令；消寒湿而回淑气,起和风吹散浮云；创前人未创之业,开后人永远之程,谁不曰"允矣君子,展也大成",名利兼收,日盛月新。

---

① 校注：古时以琴瑟比喻夫妇,故称妻子死了叫断弦,也指指断绝的弦音。语出晋王嘉《拾遗记·吴》："神胶出郁夷国,接弓弩之断弦,百断百续也。"

② 校注：螟蛉是一绿色小虫,蜾蠃是一种寄生蜂。蜾蠃常捕捉螟蛉存放在窝里,产卵在它们身体里,卵孵化后就拿螟蛉作食物。古人误认为蜾蠃不产子,喂养螟蛉为子,因此用'螟蛉'比喻义子。

③ 校注：犹子,指侄子。《礼记·檀弓上》："丧服,兄弟之子,犹子也,盖引而进之也。"本指丧服而言,谓为己之子期,兄弟之子亦为期。后因称兄弟之子为犹子。汉人称为兄子、弟子。

④ 校注：孤辰、寡宿,神煞名。神煞包括吉神和凶煞。源于远古的汉族神话传说,谓能致祸福于人类。亥子丑人,见寅为孤,见戌为寡。寅卯辰人,见巳为孤,见丑为寡。巳午未人,见申为孤,见辰为寡。申酉戌人,见亥为孤,见未为寡。孤辰星是孤独之星,寡宿星则为孀寡之星。"孤寡拱命,妻(夫)子难为",也就是说此二星分别在财帛及官禄宫,即成拱命之格。此时,若再与天虚、天哭交会,则有雪上加霜的现象。古书云"男怕孤辰、女忌寡宿"坐命,前者不解风情,后者不知情趣。

⑤ 校注：《褰裳》,《诗经·郑风》的一篇。为先秦时代郑地汉族民歌。全诗二章,每章五句。郑国习俗,每年仲春(一说三月上巳展出),少男少女们齐聚溱洧河畔。诗篇描述了在这气氛热烈的聚会上,一位少女主动对男士进行了追求和表白的故事。

⑥ 校注：蔗境,典故名,典出《晋书·文苑传·顾恺之》："恺之每食甘蔗,恒自尾至本。人或怪之,云：渐入佳境。"后因以"蔗境"喻先苦后乐,有后福。常用来比喻人晚年生活逐渐转好。

⑦ 校注：琢磨,比喻修养德业,研讨义理,修饰诗文等。南朝齐王融《三月三日曲水诗序》："斧藻至德,琢磨令范。"

披来富贵新图，金追玉琢。

演出繁华旧谱，璧合珠连。

乙丑 戊寅 癸酉 戊午

癸水者，阴水也。在天为雨露，在地为井泉；霏霏洒下银河，飘飘流于江汉；既有本而有源，亦可长而可远。润泽灌溉，为功颇多。得金接引，源远流长。日支坐酉，金水交融。澄清到底，波净无痕。如临剖蚌之珠，似照蟠龙之镜。金白水清，何等雅洁。微惜干支土多，填塞淤滞；月时会火，熏蒸煎熬。理取食神以制杀，比肩以帮扶。水木两用，运爱东北。妙者食神吐秀，杀印相生；官露才藏，食神制杀。如斯佳造，人中骐骥，诗书贵客，宜令琢磨经史，定干青云直上。

辛卯 辛丑 癸未 丙辰 贵

夫癸水者，在天为雨露之滋，在地为溪涧之水。荣诞丑提，序属暮冬；正黑帝司令，元武秉权。产于初旬，水星正旺；而年月辛金双透，又得生扶之美。况又长生在卯，得库于辰；此水归冬旺，生平乐而无忧之格也。然斯时北风其凉，雨雪其滂；滴水成冰，寒气难当。妙得丑未逢冲，冲开杂气为用；更喜辰时红日东升，太阳正照，能以解寒除冻，庶无凝结之病，而有暖物之功，所谓"水冷金寒喜丙丁"者是也。夫杂气财官格，为浊里流清；透才主富，透官主贵。兹虽才藏官露，富而不贵，而卯未之木神亲切，能引其火，以生其才，不贵即当大富者也。故《经》云："食神生才，福自天来"。又云："一世安然，乃是才命有气"。又云："辰戌丑未逢刑冲，无人不发"。又云："财星入库，逢冲破富有千仓"。台造既获此种种之妙，定绵绵之福寿之基，并非小富小贵之造所可比论也。盖天道尚有盈亏，人事岂无反复？且人生世上，那有三万六千日之乐？运际昌期，则生不意；喜纳无心，运晦则退耗非常，追悔不及。宾主虽然异姓，六亲皆同一运。想见君之为人也，金多主义，水旺主智，一生精明练达，每吃朋友之暗亏；心慈面软，反受人情之拖累。虽曰人事，岂非天命欤！然军家胜败，古之常理；财帛聚散，何足忧疑？一旦运转鸿钧，时万时亿；失之东隅，收之桑榆；有知为而为，莫知至而至者。名利子三者无亏，吾于此造，有可必焉。

癸巳　己未　癸巳　辛酉

癸为泉井，澈底澄清；润泽灌溉，为功颇多；得金接引，源远流长。诞于未提，时维季夏；日长霄短，铄石流金；物思甘雨，人望密云；用水济润，其理显明。但柱中火土并重，填塞淤滞，熏蒸煎熬；先取乙木疏土，次用比肩帮扶；水木并用，病药两全。最妙金水相融，食神制杀；日支坐贵，财官双美。有格如斯，所以秉赋颖异，早采芹香，树帜鸡坛。① 风采奕奕，群推为文章领袖，而嘹英声于少壮之年，行见月殿攀桂，秋风刷羽，② 鸣震天衢，显扬庭训，将与古之人同垂功名于竹帛，③ 未可以目前屈伸分成败利钝也。最妙后去大运，行一派水木用神，当见发生百谷，膏泽三农；掀天揭地，直上青云；杏苑探花，理有必至。

辛丑　壬辰　癸丑　乙卯

癸水日元，其体属阴。诞于辰提，时维季春。斯时也，桃花迎浪，柳絮随风；笋将露角，麦欲生须；万谷登生，兰芽吐秀；需癸为用，岂浅鲜哉！最妙辛金显露，金水交融；澄清到底，波净无痕。如临剖蚌之珠，似照蟠龙之镜；金白水清，何等雅洁？微惜乎挺出三库蓄水，狂波卷地，润浪滔天，泾渭同流，清浊不分；而汹涌淼茫之象，澎滚湃浪之势，似乎太过。究其端绪，未有不用决排之理，使决排之功，稍间必致泛滥横流，岗堤溃岸；浩浩荡荡，浑无涯际。取土塞流，宛在水中；用火暄照，太阳潜形。病重药轻，用神少力。专赖时上食神，以泄水势；流通江湖，引水东行。更妙后去大运，得一派财官，雨旸时若，水火既济，定然名利兼收，千祥云集。

---

① 校注：鸡坛：《说郛》卷六十引晋周处《风土记》："越俗性率朴，初与人交，有礼；封土坛，祭以犬鸡，祝曰：'卿虽乘车我戴笠，后日相逢下车揖。我步行，君乘马，他日相逢卿当下。'"后遂以"鸡坛"为交友拜盟之典。明李东阳《时用得诗见和似怪予破戒者用韵奉答》："勿厌箴规言，鸡坛有明祀。"

② 校注：刷羽，禽类以喙整刷羽毛，以便奋飞。南朝梁简文帝《咏单凫》诗："衔苔入浅水，刷羽向沙洲。"唐李白《为吴王谢责赴行在迟滞表》："越禽归飞，恋南枝而刷羽。"明屠隆《彩毫记·知几引退》："时不遇，刬地蛾眉生妬，天外冥鸿终刷羽。"

③ 校注：竹帛，竹简和白绢。古代初无纸，用竹帛书写文字。引申指书籍、史乘。《史记·孝文本纪》："然后祖宗之功德著于竹帛，施于万世，永永无穷，朕甚嘉之。"

论癸水

甚聿癸水，透于天干。几几乎重云密布，大雨淋漓；宇宙之尘氛一洗，山川之炎火以消。入目无非清景，关心尽属佳思。五行相济若此，平身造化如斯，有不令人且惊且喜。至若独财被劫缺官救，获其用神又伤病，一若指掌，复何望"迎迓遐福，介迓景福"乎？然斯造格属归禄，见官尚伤其格也。夫所谓归者，平云"今亦既无，官非完璧"之谓。何格既如斯，主人幼而颖异，长更神奇，他日受业谒帷，同星中共仰乎通经入史，寰区内感道其茹古含今。文章五凤楼手，诗赋掷地金声；步蟾宫而折桂，登雁塔以题名。作舟作楫，品望隆于当代；为霖为雨，事业胜于前人。实有命焉，非谬说也。

杂论

火贝

戊寅癸卯日，星盘△，子年外局如是。更是内盘，尤为奇特。依果老，究琴堂，按天官，三家合泰。查得命主西宫，野分①赵国，②以△为恩，而△乃生平之用也。然此其大概也。论盘中星格，须先看日月，方知其富贵；次看恩命，则知其根基。最喜者，太阳逢兔于生地，孤月独明于寒潭，则日月可谓分明而不悖矣。如《经》所云："日东月西，当朝之士"，又云："贵人日月要分明，日月分明真贵人。何况拦截满天星，漏出太阴在外明。"又云："众星朗，不如孤月独明"。夫如是，既为出奇之星格，定有出奇之造也。他日发奋书香，何虑不高掇巍科？③由科而仕，定为圣朝之明仪。天生斯造，岂偶然哉！次看恩命，二主皆有升殿之奇，则知其根，不啻龙盘虎踞；④知其根，自有砺山带河。⑤惟是身化劫暗，必须多叫慈闱；水土相理，主身应庶出。⑥天狗守财帛，我稷我稌，千斯仓万

---

① 校注：分野，指与星次相对应的地域。古人依据星纪、玄枵、降娄、大梁、实沈、鹑首、鹑火、鹑尾、寿星、大火、析木等十二星次的位置划分地面上州、国的位置与之相对应。就天文说，称作分星；就地面说，称作分野。我国古代占星家为了用天象变化来占卜人间的吉凶祸福，将天上星空区域与地上的国州互相对应，称作分野。我国古代占星术认为，地上各周郡邦国和天上一定的区域相对应，在该天区发生的天象预兆着各对应地方的吉凶。

② 校注：赵国全境东北与东胡和燕国接界，东与中山及齐国接界，南与卫、魏、韩三国交错接界，北与楼烦、林胡接界，西与韩、魏两国交错接界。

③ 校注：巍科，犹高第。古代称科举考试名次在前者。宋岳珂《桯史·刘蕴古》："其二弟在北皆登巍科。"

④ 校注：盘：曲折环绕。踞：蹲、坐。意思是好像盘绕的龙，蹲伏的虎。亦可形容地势雄伟险要。

⑤ 校注：砺：磨刀石；山：泰山；带：衣带；河：黄河。黄河细得像条衣带，泰山小得像块磨刀石。比喻时间久远，任何动荡也决不变心。《史记·高祖功臣侯者年表》："封爵之誓曰：'使河如带，泰山若砺，国以永宁，爰及苗裔。'"

⑥ 校注：庶出，姬妾或者非正妻的嫔妃所生的孩子叫庶出。姬妾有无名份，其后都是庶出。

斯箱，何啻陶朱复见。昆玉月司，难为兄可招其弟。田宅日掌，尚其第更广其业。男女最喜以朝君，燕山之数①可卜。疾厄极喜逢天首，沉疴之恙不沾。妻妾宫逢日照，曰鸡鸣，曰戒旦，宁非佳偶？奴仆赏归垣，呼于前，拥于后，尚招人能。国印玉堂坐殿，升迁自多奇遇。官禄化禄，靖尔位，供尔职，②官高而禄自厚。福德独步，毋伐善，毋施劳，③德茂而福自隆。以言相品，其宫居戌，在五行属火，在五常主礼。足知性慧心灵，知识招早。聪明俊秀，气概轶伦。④幼有击瓮⑤之才，壮有题桥⑥之志。即今日之一举一动，已见其大概，非庸常之品矣。但憎金入火乡，谓之金火不和，不免性急气傲，胆壮心雄，顺则悦而逆则恶也。然富既定于星盘，显达又必由乎运限。大运扣足一岁欠廿天，每逢△△交换，的实今弊大运。初上癸运，比助身强，又是美境。正如"近水楼台先得月，向阳花木早逢春"。天花清吉，豹变异常。就是转入亥字，亥卯会动，坐下长生，从此离怀抱，入学堂。是转亥字，父教师教，动静有规，有规有矩，养其良知良能。甲运伤官，文思大进。子运饥禄，破印更奇。兼查大限，上戌娄金度，下正顶文昌天喜。自此扫开云雾睹青天，斩除荆棘登大道。一为入泮之芹香，一为水泮之佳期。正为花烛，喜共芹香。喜利益名彰泰运，开乙运交来文星。透出限，换福德，又有科甲科名、文曲朱衣。荐元串入壁、水二度之下，此五年正大丈夫吐气之时，士君子扬眉之日。准见秋风飘桂

---

① 校注：《三字经》说："窦燕山，有义方。教五子，名俱扬。"这是对窦燕山教育子女经验的总结。窦燕山，原名窦禹钧，五代后晋时期人，他的老家是蓟州渔阳，也就是今天天津市蓟县（1976年划归蓟县，原属河北遵化县治），目前蓟县境内尚存窦禹钧墓和碑。过去，渔阳属古代的燕国，地处燕山一带，因此，后人称窦禹钧为窦燕山。

② 校注：靖尔位，供尔职，即"靖共尔位"的意思。《诗经·小雅·小明》："嗟尔君子，无恒安处。靖共尔位，正直是与。神之听之，式谷以女。"

③ 校注：伐，夸也。善，谓有能。施，表白。劳，功劳。《论语·公冶长》："颜渊季路侍，子曰，盍各言尔志。子路曰，愿车马衣轻裘，与朋友共，敝之而无憾。颜渊曰，愿无伐善，无施劳。子路曰，愿闻子之志。子曰，老者安之，朋友信之，少者怀之。"

④ 校注：轶伦，超出一般。《鹖冠子·天权》："历越逾俗，轶伦越等。"清何焯《义门读书记·文选二》："虽博徒狗屠，犹有轶伦之才。"陈去病《有怀刘三钝剑亚子并苦念西狩无畏》诗："吾有数同好，性行皆轶伦。"

⑤ 校注：指宋司马光幼时击破大瓮救小儿之事。

⑥ 校注：典出《华阳国志》卷三《蜀志》。汉司马相如初离蜀赴长安，曾于成都城北昇仙桥题句于桥柱，自述致身通显之志，曰："不乘赤车驷马，不过汝下也！"桥名作"升迁"。后以"题桥志"指求取功名荣显的壮志。"

殿之香，早蜚声于仙籍；动兰台之色，旋奏赋于龙光。身入凤池，名登词馆，正斯时也。至于弄珪璋，① 歌麟趾，② 此其余庆，何足道乎！丑运，文运开而愈显，馆散赞，善春坊。③ 丙运，从辛化而有权，持放西南主考，为国求贤。但查寅运，限度忽遇披披，宦海虽则澄清，只恐天伦生变。富贵荣华，暂停车马。易斯丁卯戊运，一片锦程，官庆内外升转，子亦奋发天香。辰运墓库逢冲，大伸志愿，而藩臬之荣在斯可必也。巳运杀去混官，当思退步，勿再贪恋，恐生他非，则费踌躇矣。但斯时也，子已显矣，孙已秀矣，身荣家富，可以休矣。巳运巽浪生波，日月逝矣，呜呼老矣，岁不我与，其赋归④欤！忝在知深，此皆据理直判，但应验之日，索谢千金预贺。

---

① 校注：弄璋，古人指生下男孩子把璋给男孩子玩，璋是指一种玉器，后来把生下男孩子就称为弄璋之喜，生女孩子叫"弄瓦之喜"。

② 校注：《诗．周南．麟之趾》："麟之趾，振振公子。"郑玄笺："喻今公子亦信厚，与礼相应，有似于麟。"后以"麟趾"作喻，比喻子孙昌盛。

③ 校注：散赞、春坊，官署名。北齐东宫官署有门下坊与典书坊。隋同。唐改门下坊为左春坊，掌侍从赞相，驳正启奏，设左庶子、中允、司议郎、左谕德、左赞善大夫等官，辖崇文馆及司经、典膳、药藏、内直、典设、宫门六局；改典书坊为右春坊，掌侍从、献纳、启奏，设右庶子、中舍人、太子舍人、通事舍人、右谕德、右赞善大夫等官。宋、辽、明、清沿设，职掌、辖属稍异。辽南面官东宫官署外，北面官另有皇太子惕隐司，主管皇太子宫帐事，南面各官徒存空名。宋庶子、谕德、舍人等官独置，不属春坊。主管以宦官二人兼任，附属机构较简。明、清春坊，接近唐制。明左右春坊各有大学士、庶子、谕德、中允、赞善、司直郎、清纪郎、司谏，名前各加左右。清赞善以下从略，乾隆时又省谕德。两朝春坊均无附属机构。明、清春坊官实际仅为翰林官迁转之阶，与前不同。

④ 校注：《论语·公冶长》："子在陈曰：'归与，归与！'"后因以"赋归"表示告归，辞官归里。宋朱熹《宿密庵分韵赋诗得衣字》："明朝驿骑黄尘里，莫待迷涂始赋归。"

东孤

丁火日元，星盘△，命立酉宫，野分赵地，禽演昴日鸡①八度，论宫以金为主，飞入午垣，躔柳土恩度；独步化贵，命主极为得地。且天官又有捧印之美，生官又得贯主之奇；理主文章华国，蜚声翰苑；夫何长才抱曲，仅登科甲之荣？牛刀小试，困迹琴堂之举，此其故。缘其升迁，官禄化刑，以致功名早登，达而不速。推其财帛，罗宿相侵，来多去广，暗耗明丢。妙喜主归强地，取用无穷。天厄占昆玉，雁行有折翼之嗟；唐符守田宅，心田庆种玉之宽。五鬼入奴垣，用人忠奸不一；文昌照疾厄，永祝沉疴不染。福德，能者多劳，身逸心烦，欲清闲而不得，图自在而未能。妻妾，六害为忤，结发焉能白发，续弦方许齐眉；还宜小星旁列，以庆老蚌生珠。男女，孛星扫垣，早嗣必定艰辛；必须偏生庶出，遭遭麟趾呈祥。相品，属金，金主义。其为人也，刚方中正，富贵不移，处世本来面目，全无半点装成。惟忌天狗插入，乃属无情指背；每以恩义待人，反招怨恨之报。惟推机于正士，实不足于小人。接推鸿运，已往不赘。迄今壬运，水来济火，润土生木，此中际遇，决非泛常。兼之明岁戊申流年，命主酉，小限△，原盘擢官爵荐等曜同毕度下，春末夏初，必主上游器重，记功卓异。秋间天马又临命府，若非着鞭北上，定是升擢美缺。惟小耗浮沉，玷于四季月令，公务行动，必须检点。一要紧披件加意一番，以免过后追悔，破我微赀，君子善调真吉。查六月吉神照限，一枝丹桂喷天香。己酉流年，食神主事，查月德天官顶串△△度下，是岁精神百倍，喜溢眉睫；不但官阶进步，更庆珠来掌上。正是"才福不求天自与，得来全不费功夫"。查△稍欠，诸事慎重，别无他咎。庚戌流年，正才主事。是年大

---

① 校注：昴日鸡为日，为鸡。古代汉族神话中的二十八宿之一。为西方第四宿，居白虎七宿的中央，在古文中西从卯，西为秋门，一切已收获入内，该是关门闭户的时候了，故昴宿多凶。诗曰：昴宿值日有灾殃，凶多吉少不寻常。一切兴工多不利，朝朝日日有瘟伤。

判，权衡两印，德布四方。秋末冬初，玉堂紫微并照，觐见天颜，圣情大悦。自此坐政黄堂，① 恩出九重之命；分猷②莲幕，③ 荣齐五马之尊。辛亥之秋，出署名邦，望隆中宪，有必然也。壬子年迁子运，虽曰"杀帮官显，爵禄频仍"，始终冲提欠善，雅宜知机退步。架上有书，堪以娱目；床头有酒，尽可消愁。癸丑十年，晚景堪寻，无事堂前观古画，闲来溪涧听泉声。至于寿元，实非浅学所能谓也。

---

① 校注：黄堂，古代太守衙中的正堂。《后汉书·郭丹传》："勑以丹事编署黄堂，以为后法。"李贤注："黄堂，太守之厅事。"
② 校注：分猷，犹分谋，分管。明高攀龙《崇正学辟异说疏》："本朝持衡国事者，无决断之勇；分猷庶职者，有模棱之风。"
③ 校注：南齐王俭功高勋殊，德重学深，时人把他的官署比作莲花池，萧缅又以此盛赞他僚属庾杲之。后就用"莲幕、幕下莲花、幕中莲"等美称官署的幕府、幕僚。

西孤

庚年己卯日元，星盘△，命主午宫，躔星日马之度。△坐照命，宫至仕途之吉庆，永无风波之险难。尤喜命主有朝君之美，恩掌催官之奇；金水附阳，嗣星化贵，自有出奇之机会，永荷不次之皇恩。次推财帛，△△在宫，宦囊聚中之散，外实内虚。幸而恩掌财帛，必须丰积约用。太阳照昆宫，当云难兄难弟。只△△一玷难免，雁行折翼，性情各殊。田宅，美厦宽庄。奴丁，面是背非。福星照妻垣，内助能淑，但有小耗吵度，正副为佳。男女，嗣许燕山之外。白虎守疾厄，一世无沉疴。△△照迁移，乔擢不次。命主守官禄，官显而禄厚；福德有小耗，安逸未能，静中多烦，心思愈劳。相品属金，月乃太阴之象，为人光明正大正直。奇格鬼神，疏财仗义，一毫不苟。只嫌△△在宫，为人损己，小人萋菲，[①] 心慈面软，火性招非，亦所不免。是岁流年，换交丑运，冲开财库，无人不发。此五星内，定有大贵提携，仁恩之眷顾，官爵愈显，仕途愈荣。喜来心腹才纳，添丁流流。△△到命，其春末夏初，秋深冬令，主人光彩，所欲遂心，喜音叠至，仕途增辉，好事不一而足。△△照宫，一载安宁，丁喜频添，家声大振，神清气爽利见土。今年正官主政，△月公务在神；事宜捡点，△年△△在宫。是岁人事光彩，机缘叠投，上贵特保，皇恩利见，荣上增荣，爵位又是一新，喜添庭署。只△月△宿一玷，偶有小灾小耗，未足深虑。△年△星到宫，△△守命，精神有倍百之增，喜气庆千祥之茂。仕途愈显愈荣，喜兆叠至，上欢下悦，内吉外宁，四序咸亨，良可贺也。

[①] 校注："萋菲"，即"萋斐"，花纹错杂貌。语本《诗·小雅·巷伯》："萋兮斐兮，成是贝锦；彼谮人者，亦已大甚！"孔颖达疏："《论语》云：'斐然成章。'是斐为文章之貌，萋与斐同类而云成锦，故为文章相错也。"后因以"萋斐"比喻谗言。《北齐书·幼主纪》："忠信不闻，萋斐必入。"《旧唐书·朱敬则传》："去萋菲之牙角，顿奸险之锋芒。"

其年步上丙运，丙辛化水有情，镇掌威权之职要。查△△顶度，主有巧机叠凑，际遇频逢，禄位高权，职任都阃，许多赏心乐事，无限美景良程。子运偏才，虽曰荣上加名，桂秀兰生；只子午一冲，卸脱之间，美未尽善，刑耗忧服相兼。运交△，杀星得禄，财官旺地，官途热闹，际遇奇特，叠加保举之章，屡蒙天恩之赐。游府参府，一并至矣。四境肃然安诸，军民交感恩威。且喜子名大显，兰孙增荣，真不胜雀跃之欢。甲运官星妩合，难言称意。若非金钗之变，难免虑己之烦。似顺似顺，似逆似逆；退步林泉，不必争名夺利。看后贤之显耀，授恩诰之荣。封暮荣华，乐以忘年。戌运老来墓库，愈老愈辛。只查△限躔度，禄马有碍，古稀之一，恐非顺境；阴骘①厚重，再延一纪。

---

① 校注：阴骘，语出《书经·洪范》："惟天阴骘下民，相协厥居。"为默定的意思。后引申为默默行善的德行，亦作"阴德"、"阴功"。道教中有《文昌帝君阴骘文》，简称《阴骘文》，劝人多积阴功阴德，为善不扬名，独处不作恶，这样就会得到暗中庇佑，赐予福禄寿。

西孤

　　庚年癸卯日元，星盘△，天官五星，命立于亥。文昌守照，足征为人，磊磊落落，浩浩大方，不以小事介怀，常以天真为乐。将见宦途无风波之险，处事有遍地之春。即以小人无缘，恒得上台之契，于此而征之矣。虽曰命主天官都入极间之宫，难免顺中之滞，显处之偏；幸而命主属木，飞入△宫，掌武曲而独步。金司天官，利泊于子垣而登岁，孛掌生催之宫，在戌典升迁，卯宫对合，相照依然，仕路升迁迅速，福位崇隆，又何足咎？财帛天狗，定知守之；虽非巨富，定庆优裕。惟是年杀混，昆玉敦友恭者固有忧刑者。不无白虎坐田宅，其守成者固易，而创业者何难。天耗守奴丁，防其饥赴饱饧；五鬼扰疾厄，慎免参荃当用。七杀宫△△坐玷，五宫△△独守，皆为忌曜，不宜乘权，早嗣难立，副室麟祥；商山四皓，[①] 尽出偏房。稽之唐符坐升迁，官声到处人推戴。天厨居官禄，禄食皇家千钟。太阳玉堂临福德，福泽远大。心德无私，但官逢△△，未有不操劳王事，贤能所固然耳。至于相品在子，子属土，土主信，其信尚温，知目八人也。不骄矜，无吝鄙，有慈祥之德，具安和之才。处世最爽，待人惟和，总是本来面目，毫无装点之心肠。天官坐照，尔雅雍容。太岁临宫，性情不无刚傲；究之土星升殿，实是光照正大，是则星盘之定论也。已往之运，顺逆得失，确有明征，无庸再述。查去岁交上乙运，名曰食神，《经》云，"食神有气，胜似财官双美"，此五年自应名利兼收，麟添凤育。且大限走△，掌△度，履△△，司三台，八座催官，定主宦途遂意，财源活泼，大人见喜，定庆荣升，大顺之境；福与时茂，官阶振起，财喜两增。继之酉字，印绶生旺之地；连及丙运，财生官旺，十载锦程，

---

① 校注："商山四皓"是秦朝末年四位博士：东园公唐秉、夏黄公崔广、绮里季吴实、用(lù)里先生周术。他们是秦始皇时七十名博士官中的四位，分别职掌：一曰通古今；二曰辨然否；三曰典教职。后来他们隐居于商山，曾经向汉高祖刘邦讽谏不可废去太子刘盈（即后来的汉惠帝）。后人用"商山四皓"来泛指有名望的隐士。此处指子孙优秀，象商山四皓一样有名望。

度限亨佳。串合△△，恩星管取，仕路恢宏，官声丕著，由都阃而升游府，定获美缺，而且"莫道子来迟，又见孙枝"，此中快境，令人称羡不已。△运冲提，恐有刑耗，虽无己身之咎，难免内顾之忧。后来△运，依然日正中天，度限串集，△△会合，△△照命，定主百福盈庭；叠沐恩光，准听喜音北至。引见天颜，荣升参戎。又快桂玉峥嵘，经文纬武，孙奋书香，克绍箕裘。△运嗔喜两有，知机勇退，开画锦之墨，享林下之乐。桂兰并茂，荣显一堂；诗酒陶情，乐之极矣。推查子运，禄堂不佳，又是印绶殒乡，度限不和，禄马不前，倘能越此，再卜天年。

火春

丙午戊日者星盘△，五星盘中最妙。命主归垣，宦海恒多吉庆；天官独步，仕途终鲜风波。水孛同荣而君恩厚渥，科名恩掌而早步青云。微嫌命同难立，岁破攻垣，"登科发甲，可期显达之荣；培福延龄，宜携冰霜之念"者此也。次看财帛属日，玉堂坐照，朝廷之俸禄重加；田宅属金，飞入强宫，规模之宏远可卜。昆宫临国印而棣萼联芳，奴仆司马元而用人如云。妻坐恩星，内助贤而且美。惜宫干△△，雅宜长配，方免锦帐萧萧。男宫属火，妙入木星，生生不已，自许五桂齐。一世不染沉疴，因文昌之居疾厄。出仕迁乔不次，缘爵星之坐升迁；官禄属火，坐木地而掌生官，禄位高升，实堪预卜。将星临福，晚景荣华，优游自得。相品属水，水德主智，其为人也，浩浩文波，即是昔年之潘陆；① 汪汪大度，斯为此日之韩范。虽曰天厄相侵，不过性情急躁，喜动而不喜静，喜顺而不喜逆耳。初行童运，些须灾病有之；至交大运，是良期一往，绝无灾晦。辛巳运，弟帮兄，势相宜，明珠夜照满堂辉，频岁安然无事；且运贵人之地，伤官制杀最为名，游泮水，乐何如，一派幽欢境遇。更羡佳人匹配，洞房花烛，镜台传著画蛾眉，② 皓月诗联并蒂。③ 戊运又为比助，此中度顶天嗣，兰房兆喜产麒麟，合堂欢声不已。

---

① 校注：潘陆，西晋太康诗人潘岳和陆机的并称。两人都是"太康体"的代表作家，是"三张二陆两潘一左"中的两位杰出代表。《南齐书·文学传论》："潘陆齐名。"今泛指文人学士。

② 校注：汉朝时期，京兆尹张敞为官没有官架子，经常在散朝后步行回家。他们夫妻十分恩爱，每天都为他的妻子画眉毛，而且技艺十分娴熟，画出的眉毛十分漂亮，当时的汉宣帝得知后为此召见他们，将他们树立夫妻恩爱的典范。

③ 校注：并蒂，比喻男女合欢或夫妇恩爱。唐皇甫松《竹枝》词之三："芙蓉并蒂一心连，花侵隔子眼应穿。"

火雀生

丙年丙日星盘△，五星盘中，科名贯日，与天官而并照，① 朱衣捧生，同君象以齐辉。② 命主有归强之荣而掌化福，③ 官福有升殿之美而归位掌文，④ 红旗伴命，卜毕生之险难无惊。卦气临垣，主一世之荣华有准。若论天狗守财帛，而囊逾万镒。⑤ 至于田宅，逢白虎而大厦千间。⑥ 昆玉⑦逢劫杀，难卜棣萼联芳，断多破损。⑧ 娄宿掌伤官，未许鲜花永茂，⑨ 断必凋残。⑩ 问子星而金星升殿，必多麟郎。查宫有天厄相侵，而早嗣难得。⑪ 论奴星逢大耗，托心之使者全无；究福德坐太阳，晚岁之风光大美。八煞掌君恩，玉体调和无巨恙。⑫ 文星司官禄，一生清贵享亨丰。⑬ 论升迁而坐日，行为多履泰之占；查相品以归垣，面魄且威仪之象。生当名世，格早合乎天星。运际昌期，算必兼乎运限。前走运程不赘，目今△运固堪为，妒合无情非美。所履皆成滞境，何须鏖战棘闱。至交△运是良时，此际谋

---

① 行注：干宫为日，火罗为用，一掌天官，一掌科名。
② 行注：日为君象，飞入巳宫生恩；炁星属木，飞入巳宫生恩，真上格也。
③ 行注：命主归于官禄，命主化为强，掌财帛而化天祸，只不宜主躔仇度，至早岁不免抑郁多端。
④ 行注：金躔元度是升殿，宜归本垣而掌文星，贵无疑矣。
⑤ 行注：天狗守才，此诚难得，但不宜计星同宫，不免因骨肉伤残，终多耗散。
⑥ 行注：白虎守田宅固美，总妙火星立祭故也。
⑦ 校注：昆玉，称人兄弟的敬词。元关汉卿《单刀会》第四折："因将军贤昆玉无尺寸地，暂供荆州以为养军之资。"《二刻拍案惊奇》卷二七："快不要行礼。贤昆玉多是江湖上义士好汉，下官未任之时，闻名久矣。"
⑧ 行注：昆玉属木，但嫌克命克财，主多破损。
⑨ 校注：鲜花永茂，指妻子身体康健。
⑩ 行注：娄属月，月掌伤官，又化天耗，庄子鼓盆之歌，不一而足矣。
⑪ 行注：此言金星化暗，不止天厄为灾，早获明珠，恐其夜坠。然喜主同恩立，不独双凤朝阳，还许三元及第。
⑫ 行注：疾厄星掌之，自获康泰，并主有能有胆。
⑬ 行注：此妙官禄归垣，升庚必主丰亨。

为凑趣，定贺蟾宫折桂，又当室产熊罴。① 家庭喜事叠相随，实是壮年美境。② 交上壬运，海水本连天；万顷波涛，调动机缘一线。放步宜前志向须坚，必有无心祥瑞，飞入华筵。若能抖擞精神，看乘槎③到日边。④ 交寅运本是长生，问行为当防偃蹇，⑤ 雅宜掩柴扉，坐听佳音。

---

① 校注：熊罴，指生男之兆。语本《诗·小雅·斯干》："大人占之，维熊维罴，男子之祥。"

② 行注：右调《西江月》。

③ 校注：晋·张华《博物志》卷十："旧说天河与海通。近世有人居海渚者，每年八月有浮槎去来，不失期，人有奇志，立飞阁于槎上，多赍粮、乘槎而去。十余日中犹观星月日辰，自后茫茫忽忽亦不觉尽夜。去十余月，奄至一处，有城郭状，屋舍甚严。遥望宫中有织妇，见一丈夫牵牛渚次饮之。牵牛人乃惊问曰：'何由至此？'此人为说来意，并问此是何处，答云：'君还至蜀都，访严君平，则知之。'竟不上岸，因还如期。后至蜀，问君平，君平曰：'某年某月，有客星犯牵牛宿。'计年月，正此人到天河时也。"

④ 行注：右调《绵搭絮》。

⑤ 校注：偃蹇，骄傲、傲慢。《左传·哀公六年》："彼皆偃蹇，将弃子之命。"杜预注："偃蹇，骄敖。"《后汉书·文苑传·赵壹》："偃蹇反俗，立致咎殃。"李贤注："偃蹇，骄傲也。"《新唐书·苏良嗣传》："遇薛怀义于朝，怀义偃蹇，良嗣怒，叱左右批其颊，曳去。"

高滑贲

壬午辛日星盘△，天官五星，命立△宫。查盘中星格，日帝居阳，命宫独步，足知性具和平，道由正大；临大事而不惊，履风波而自释。尤妙恩掌财帛，官禄伴身，罗计中分，天嗣化贵，有此美格，岂曰寻常！定拟家充金谷，家声大振，创番不朽之事业，建后人永守之规模，断非目前景况，而了生平之愿也。次论才帛，△△在宫，早财大来大往，明丢暗耗；幸而恩掌财帛，中晚运通财发，当为盈橐富翁。昆玉照孤辰，鲜有益我之情，掌持全凭一己。太阳照田宅，力能鼎新重建，守之厚不如创之多，居必宽而业之广也。天狗玷△垣，故有炊臼之梦；① 重配硬抵，还宜傍钗之助，必招贤淑，有司中馈之勤，力佐蘋蘩之附。男女坐太岁，早则似乎艰辛；妙将星守宫，桂子双双之外，内多跨灶贤郎。奴丁有疾，用人少力，多有饥附饱飏，② 必须宽严并济。福星照疾厄，永无凶灾恶症；纵有往来寒暑小咎，可以勿药有喜。③ 白虎守迁移，居安履吉；紫微拱官禄，到处丰盈。衣禄随地，朱紫相亲。福德有灾煞，难言安逸，虽然席丰履厚，持筹握算劳心。相品属水主智，为人智才长信义，中孚慷慨，豪爽交接，春风和气。行为雅度雍容，直傲刚方，出自性情。临财不苟，好胜挥霍。只嫌小耗为忤，小人不足，君子见喜。每因交接而劳神，常亲反而受累，赔钱惹气，布德招非，此乃星盘载之，何能免耶？从前之运，虽在阳和景，未及赏花；天外面风光人道好，许多心事只自知。△运虽有日进之金，竟多拂耗之事，谋为蹭蹬，无刑是刑。查限度走△，自然顺履和平，喜利滔

---

① 校注：唐段成式《酉阳杂俎·梦》："卜人徐道昇，言江淮有王生者，榜言解梦。贾客张瞻将归，梦炊於臼中。问王生，生言：'君归不见妻矣。臼中炊，固无釜也。'贾客至家，妻果卒已数月。"炊于臼中，谓无釜，谐音无妇。后以"炊臼"喻丧妻。

② 校注：附：依附，归附；扬：飞扬。不得志时即来依附，得志时便远走高飞。《后汉书·吕布传》："譬如养鹰，饥即为用，饱则飏去。"

③ 校注：勿药有喜，不服药而病自瘉。《易·无妄》："无妄之疾，勿药有喜。"孔颖达疏："疾当自损，勿须药疗而有喜也。"

滔。交戌运，印生身，大有际遇，广凑奇缘，大启金珠之柜，远招商贾之财，家计日新，财丁大茂，子秀书香，事业一新。五十八岁交△运，一为冲开才库，一为兄帮弟势，这十年另样风光，发整段之大才，完未了之心思，家园陡长，遍创田庄；事业由此恢宏，① 声名由此洋溢。子登科第，孙枝叠吐；世事悦同秋菊绽，果然遍地是黄金。△运贵人当道时行，大发大创，大振大兴，只寅与巳而相刑，其中不无损耗忧惊，捡点慎谨，始许咸亨。辛运比助身强，限度又佳，老更精神，福履才盈，衣帛食肉，② 何用不臧？贵子登达，修身齐家，③ 兰孙奋志峥嵘，闾里人才济济；一家安乐，满门聚庆。果然极目繁华，喜喜欣欣。△运冲禄伤神，限度欠宁，寿元渭水之二，④ 一切并不关心。情到不堪回首处，一齐嘱咐与儿孙。

---

① 校注：恢宏，亦作"恢弘"。亦作"恢闳"。1. 发扬；扩大。《书序》："所以恢弘至道，示人主以轨范也。"《三国志·蜀志·诸葛亮传》："诚宜开张圣听，以光先帝遗德，恢弘志士之气。"唐柳宗元《太白山祠堂碑》："邑令裴均，临事有恪，革去狭陋，恢闳栋宇。"

② 校注：衣帛食肉，穿着精美的丝绸服装，吃的是肉食。形容生活富裕。《孟子·梁惠王章句上》："七十者衣帛食肉，黎民不饥不寒，然而不王者，未之有也。"

③ 校注：修身齐家，儒家的伦理政治。指加强自身的修养，治理好家政。《礼记·大学》："身修而后家齐，家齐而后国治。"

④ 校注：渭水，用姜子牙垂钓渭水的典故。渭水之二，是指与姜子牙一样高寿。

贲孤

癸年辛日星盘△，查盘中日月二星，最重日帝归垣于午。如日丽中天，普照万方；月生于寅，孛星辅佐。正月孛清奇，光明宇宙，土司天官，土即命主，格曰天官贯主，中流砥柱。度躔张月，月即身主，明于东震，廊庙良臣。即以日月推之天官，他日仕途，威振显耀，出人头地，良有以也。第惜身命天官，尽入极闲之宫，未免顺中之滞，显处之偏；若非仕途淹留，亦别驾郡丞三位，亦属有之。究得木司生官，与天官同坐一宫，得三方钧会，命府坐荐元、串魁星为贵，依然莺迁①迅速，至小也膺四品，又何足咎！兼查土为财帛，掌天官而化贵，不但庇廕之丰，还沐皇恩、膺厚禄，于以致富而无疑。惟是昆玉坐太岁，虽有怡怡之乐，②仍然各显光辉。催官守田宅，可庆备全守创；广宅安居，创造愈光前烈。劫煞临奴仆，虽则侍从如云，其中柱直不齐。疾厄日帝归垣，灾眚未敢擅侵，可必生平无大患。独惜白虎侵妻妾，良缘岂止一二，而妻也妾也何妨。男女会金，为主桂子，奚啻窦氏之贤；③天狗居其室，花先果后相宜。荐元

---

① 校注：亦作莺迁，"鹢迁"。"伐木丁丁，鸟鸣嘤嘤。出自幽谷，迁於乔木。" 嘤嘤为鸟鸣声。自唐以来，常以嘤鸣出谷之鸟为黄莺，故以"莺迁"指登第，或为升擢、迁居的颂词。

② 校注：怡怡之乐，兄弟和悦相亲的样子。《论语·子路》："朋友切切偲偲，兄弟怡怡。"

③ 校注：窦燕山之典见前注。窦禹钧有5个儿子，家教甚严，建书房40间，买书数千卷，聘请文行之士为师授业。四方有志学者，听其自至。5个儿子聪颖早慧，文行并优，时人赞为"窦氏五龙"。长子仪，字可象，五代后晋天福六年（941年），举进士。后汉时，官至礼部员外郎。后周时，官至翰林学士、兵部侍郎。北宋时，任工部尚书兼判大理寺。北宋建隆三年（962年）奉命主撰《建隆重订刑统》（即《宋刑统》）三十卷、《建隆编敕》四卷。北宋乾德四年（966年）秋，病逝，宋太祖赠仪右仆射。次子俨，字望之，后晋天福六年举进士，历仕后晋、后汉、后周各朝，屡任史官。后晋时，定朝会乐章、二舞及鼓吹十二案。后周初，修后晋高祖，少帝和后汉高祖《三朝实录》。北宋建隆元年（960年），任礼部侍郎，奉旨撰定祠祀乐章、宗庙谥号。俨一生著有《周正乐》一二〇卷，文集七〇卷。三子侃，文行并优，后晋天福六年举进士，在后周官至起居郎。四子偁，字日章，为人刚直不阿。后汉乾祐二年（949年）举进士。宋太平兴国五年（980年），拜为兵部郎中，力主"休兵牧马，以徐图之"，阻拦宋太祖北征，被采纳，授予枢密直学士。后充职左谏议大夫，任参知政事。太平兴国七年（982年）秋卒。宋太宗亲临吊唁，赠工部尚书。五子僖，在北宋任左补阙，为官清廉，名扬城内。

生官到升迁，禄位层楼而上。官禄金星归垣，正印当有三升。文昌入兔，喜入福德之宫，心德无私而福泽远大。稍惜五鬼犯宫，一生勤劳不少，静里操烦，那能强制。相品属木，木德主仁，其质最秀，孛又飞入养木之精，知其信最聪而神最足，心似水而气似兰。文星坐照，尔雅雍容；太阴照宫，光明正大。惟木化天耗，性情不无矫激；喜孛来符印，心志总属和平。纵使火性一时，恨无隔宿；宁人负我，我不负人，此是星盘之定论也。前行大运，已往不述，现行午运，偏财生地，正官旺乡，理宜名利兼收；只大限行△，系命主忌地，识恐美中不足，名途遂有未遂，心绪安有未安，固是快活中人，却做了愁烦士也。查明岁生日后交上丁运，杀帮官显，名途丕振。△△度下顶天官、催官、职元、天禄、天恩等宿，定主富贵逼人，机元实出；务宜援例加捐，由此而登路，叠沐皇恩；较以星度，随荣外任；父母斯民，谁曰不宜。还期麟添凤育，好事齐来，此运实平生之美境也。

水苍高滑

丙年庚日星盘△，天官五星，查得命主之金，升殿归垣；又见天福月德坐镇，自是终身吉利，庆远祥长；身主之月，又喜飞入强宫，处世永无风波，福寿弥久弥坚。论春属日月两晦，骨肉无依，以致身立撑持；五鬼占财宫，早岁多来少聚。妙乎财星属火，躔于木垣，木能生火，有生生不已之妙，晚年丰足。妻室火化天权，应偕内助贤能。但查白虎入宫，若无暗疾，难免带灾。男土为恩曜，子许商山内，有不凡之象。奴丁犯刑，得力者鲜。三客孤辰，孤雁独飞，宅田善承善创，自有莫大规模。疾厄见空亡，准庆到老康健。福星临迁移，到处阳春有脚。官禄逢水孛，此宫难言全吉。福德属太阳，虽喜水辅，忌木同度，且太阳昼夜无停无止，宁免劳碌奔忙？居安未安，当乐未乐，实终身之玷也。十二相品，其宫属水，水德主智，为人明敏，做事直捷，待人霭霭春风，雍容和顺；至于施恩招怨，布德招尤者，皆由破耗侵宫之故耳。大运行辰会水局，用神喜见，经营快意，财喜从心，堪言顺履之境，实无危险之虞。或曰："辰与辰刑，不免吉处藏凶；岂知羊刃合逢，又是凶中变吉。"平云："凶中化吉，财福相随"，此之谓也。己运乃印绶生身之可喜，然土厚埋金之可憎。五年之内，晚景愈盛，财如春水，福似秋葵，子秀孙添，喜中见喜。卯运财临旺地，更刑冲两见，稍有微疵。查交送之际，天刑天耗混度，非刑即有一耗，每事知机为高。戊为枭神，虽曰印为扶身之本，嫌其浑水而致浊。金逢之而反晦，干为限度，平安即福也。寅运日主逢贵，却喜元用无亏，仍主精神健旺。丁运火炼秋金，快然安享岁月。丑运用神，用神受病，划度交征，恐光阴难久恋，韶华之不再矣。

俚孤火滑

乙年戊日星盘△，进阅五星，命立寅垣，野分燕国，度躔箕水之一度，论宫不为度主，喜水为恩，以火为用，稽格之最贵，日出扶桑，光明正大，襟怀磊落春风。况日为君父，月为母后，日月同宫，堂上椿萱，永祝遐龄。加以命主木星独步，一生受福匪轻；度主水星，又得金水相涵，富贵出乎本来，名利岂曰等闲与！其福寿根基，亦应真不浅矣。只惜罗计二星，不宜犯于日月之宫，未免居清闲而少安享，处富贵亦有忧思；许多仗义疏财，每被人情牵绊，心慈受累，面软吃亏。好在太阳有照命之美，罗月有交辉之奇，此履险如平，恒多吉庆；任入羊肠鸟道，一切化为乌有。次推天狗守财帛，财丰橐裕，取之不尽，用之无穷耳，季伦之风何多让焉。昆玉化天权，一哥式好无尤。白虎镇田宅，创成不朽之鸿基，广置田园于遍野。妻妾宫中犯计都，夫人同庚硬配，方免雀桥再渡。男女火掌天官，国器掌珠，不亚王氏三槐。[①] 奴仆犯大耗，用人忠干者鲜，近之不逊，远之则怨。疾喜天解，不染沉疴；至于元衰体弱，似乎先天不足，惟在明哲保身，达人自玉。迁移地皆吉，官禄纳粟奏名。福德一宫，静里生忙。言及相性司火，火主礼，足征为人豪爽，信义交游，不狂傲而自高，极聪敏而应事，为克己以全义；作为如行云流水，待人如霁月光风，不恀

[①] 校注：宋开宝二年（969年），有人密告魏州节度使符彦卿谋叛。魏州即大名（大名县亦名魏县），宋太祖乃派王祐权知大名府。那个时候，莘县一带归属大名府，宋太祖要王祐衣锦还乡，许以"便宜"行事，并以赵普（一说王溥）相位相许的真实用心在于除符，王祐自是心知肚明。但王祐至大名接任后，明察暗访，却查无实据，数月无闻。宋太祖乃驿召面问，王祐直言禀报，符彦卿无谋叛事实，并以自己全家百口性命担保。甚至直谏太祖吸取晋、汉（五代）皇帝因猜忌而滥杀无辜的教训。太祖听后很不以为然，乃把王祐改派知襄州。如此以来，王祐升迁宰相的许诺当然是落空了。王祐赴襄州任前在其宅院内，手植槐树三棵，曰："吾子孙必有为三公者。"后来的事实果不出其所料，他的儿子王旦在宋真宗时做了宰相，使他的预言变成了现实。三槐堂不仅成了王祐一支的堂号，而且成为整个王氏大家族中很重要的一个分支——三槐王氏。

不求，无谄无骄，诚有君之遗风，①元龙之再见。②只是火入水乡，水临火地，为自战斗，未免疑心思索，闲则忧虑，动则轩昂热闹，静则心事纷纭，火性一时守有之矣。再将运限，详陈前行之运，好歹不一。贺花烛，弄珪璋，仍不免乎灾诧。迄今癸运，虽曰才生官星，名利显扬；又嫌戊癸遥合无情，未免春光虚度，即如脱卸。年间限行福德，金为难限，宜防白落红摧，牵缠损折，株守为高；然妙度下清吉，己身仍然获福，至于添麟之喜，于此又喜重见。庆酉运行来，二卯不冲一酉，此中机缘，不比泛常，际遇出乎奇异，不特利涌佳囊，抑且名加衔爵。重产克家，令子大创不朽鸿图，正是"时来不须频蹙眉，吉至添财又添丁"。壬申年，足有厚年佳境，正大丈夫得志时也。如驾一叶之扁舟，满载西湖之景色，财利机缘，不一而足；南兴北置，事业重观。子也登云步月，孙也叠绕阶前，其快愉之情，宁有既乎！只查辛运，合破印绶，呈其中忧心驳杂，不释于怀，恐有杖桐抱竹之悲，无辜无辱之耗。未逢假墓假库，事无不利，愈兴愈发，俾炽俾昌。连及庚间乃华途，如花上着锦，锦上添花；名上加名，利中获利；南兴大厦，北置肥庄，一一惟其所愿，遂等闲身在五云中。午运阳刃逢冲，退步偷闲，设琴书之馆，开金谷之园，弄孙自乐，知己谈心。乃至巳运，我行我地，虽则精神百倍，诚恐天道难知。古稀只一难星宿度，桃花流水杳然去，别有天地在人间。

---

① 校注：《春秋公羊传》：冬十有一月己巳朔，宋公及楚人战于泓，宋师败绩。偏战者日尔，此其言朔何？《春秋》辞繁而不杀者，正也。何正尔？宋公与楚人期战于泓之阳。楚人济泓而来。有司复曰："请迨其未毕济而系之。"宋公曰："不可。吾闻之也，君子不厄人，吾虽丧国之余，寡人不忍行也。"既济未毕陈，有司复曰："请迨其未毕陈而击之。"宋公曰："不可。吾闻之也，君子不鼓不成列。"已陈，然后襄公鼓之，宋师大败。故君子大其不鼓不成列，临大事而不忘大礼，有君而无臣，以为虽文王之战，亦不过此也。

② 校注：元龙：三国时陈登，字元龙。原指陈登自卧大床，让客人睡下床。后比喻主人有豪气，看不起庸俗的客人。《三国志》卷七《魏书·陈登传》：后许汜与刘备并在荆州牧刘表坐，表与备共论天下人，汜曰："陈元龙湖海之士，豪气不除。"备谓表曰："许君论是非？"表曰："欲言非，此君为善士，不宜虚言；欲言是，元龙名重天下。"备问汜："君言豪，宁有事邪？"汜曰："昔遭乱过下邳，见元龙。元龙无客主之意，久不相与语，自上大床卧，使客卧下床。"备曰："君有国士之名，今天下大乱，帝主失所，望君忧国忘家，有救世之意，而君求田问舍，言无可采，是元龙所讳也，何缘当与君语？如小人，欲卧百尺楼上，卧君於地，何但上下床之间邪？"

俚雀

戊年乙日星盘△，五星盘中，命主有归垣之荣，男女有升殿之美。日照龙楼，一世逢凶化吉。福德独步，生平朱紫相亲。似此明星皎洁，格局辉煌，有不许创造惊人而收后程之热闹者乎？相品属土，土主信，其为人居心浑厚，立念真诚，每除强而扶弱，不利己以损人。只惜△△钧玷，未免心多过虑，作事徘徊；每受人之剥削，常释难而招非；类皆推本于天星，要亦关系乎运限。前运已往，不必后赘。现今子运，日元病地，恐其落日飞霜，克损并见。正是"向鸟影从江树没，青猿声入楚云哀"。至明年交乙运，亦非大美之运境，较之前运，颇胜一筹。不但作事遂心，还当旺喜生子。正是"日日笙歌归院落，霄霄灯火下楼台"。交丑运，丑未冲丑刑戌，人皆以为不美之境，不知杀星藏库，藉刑以显其威；财星亦藏，得冲而能启发，五载中真似"高宴未阑明月上，艳歌初转碧云留"。接行丙运，伤官生才；丙辛暗化，家丰业旺，喜至欢生，顺水行舟，毫无阻滞。寅运日元旺地，其中妙趣天生，所谋必就，所欲必成；只可意会，不可言形。接行丁运，丁壬化木逢寅，五年来名旺大兴，事业愈盛，时来不须人计较，忽然平地奔雷声。卯运禄坐，大非佳境，此际雷轰雨骤，雪舞风翻，雅宜深藏古剑，慎勿拨草寻蛇，① 正是"青山不灭平平恨，白云无端日日生"。戊运戊癸化火，虽则有情，却是妒合，亦防美处有疵。然斯时也，花甲已周，桂兰竞秀；囊逾万镒，志愿克伸；人生乐事，无以加矣。正可观山玩水，饮酒弈棋，所谓"人间乐土，天上神仙"，非虚语也。推查八卦之届，杀难相攻，将于蓬岛间另卜栖止也。

---

① 校注：拨草寻蛇，出自汤显祖《牡丹亭·回生》，比喻招惹恶人，自找麻烦。

火苍

甲年辛日星盘△，五星盘中，命坐恩乡，寿元独步堪许；数享遐龄，还当年齐鹤算。他与恩命同立，财主归橐。《书》云："命恩同立身无险，财主归橐福不休"。嫌△相戕，稍于泰中有否，以致心多虑，做事徘徊。常恩中招怨，每多乐处生悲；兼之劫杀临财，总多无头耗散。然者才主归垣，自必囊逾万镒；田逢正印，卜生平宅广庄宽。悖孛罗交战，宜其迁徙无常；天禄坐昆宫，定多伯仲之乐。不宜金受火克，庭前之荆树未许长荣。奴坐仁元，仆从皆为能使，亦不宜木来克土，饥附饱飏者有之。妻宫孤月独明，内助定推贤淑，但惜白虎侵宫，主星飞入难地，正当傍列小星，是以婺光不晦。男宫属木，喜坐天官，桂玉双枝，定是琳琅①国器。惜乎逢狗早子，难免刑吁迟招，断无妨碍。疾宫逢天厄，宜调气血免灾。官禄坐朱衣，堪羡家丰禄厚。迁移逢国印，一生到处阳春。五鬼侵福德之宫，人闲而心自劳碌，欲安静而志未能。相品属月，月乃太阴，其为人凛凛如寒松独秀，涓涓似孤月独明。事必自经手目，方能放下心来。忙则越有精神，闲则反生烦闷。目下现行卯运，日之才乡，理主明珠晚捧；天送麒麟，合室中共庆安宁，无恙也。微嫌卯冲提，闲烦闲闷。交辛运，比肩助身，从此苍松翠柏，愈老愈辛；又看芬芳桃李馥郁，许多佳趣，无限欢声。接行酉运，辰与酉合，龙凤呈祥，定贺与子完姻，快睹儿游泮水。精神健旺，实鲜灾非。△运交来，正可置家事于不闻问，享自在清闲之福。或临川而观鱼跃，或登山而听鸟音，或与良朋高谈于优游静室，或携童子嬉戏于金谷园中。虽非大美之乡，亦无妨寿年。及交壬运，海水沉珠，寅木是难乡，恐其飘然长逝。倘其越过此关津，阴骘延年，再加半纪。

---

① 校注：琳琅，精美的玉石。比喻美好的事物。

苍水册

　　己年丁日星盘△，五星盘中，恩命有同荣之美，官诰有伴命之奇。月明寒潭，妙躔娄金而耀彩；日居旺地，喜同金水以齐辉。种种格局不凡，收成自当热闹。微嫌主入仇乡，计犯月殿，以致髫年兴失怙之愁，幼岁玠家计之累。三分躁性岂能无，常见憎嫌于妻菲；一点疑心难顿释，恒多坐失于事机。半生愿遂何曾遂，单为他人作嫁衣。星平数定非能强，志到知非始不虚。次推财帛金，金入火垣而早多困乏，妙喜度躔氏土，堪许取用无穷。田宅属木，不宜飞金乡；祖业却微，而自兴必广。昆宫金同火立，又坐浮沉，不独鲜埙篪之乐，① 并难无耗散之忧。奴宫逢小耗，听使用者固多，而饥附饱飏者颇众。妻星属木，飞入难宫，又憎计掌正才，非其用矣。最喜夜生以火罗为主，飞入男女之宫，掌偏财而得用，函宜纳宠，而后裔有大望焉。兼之男曜化天权而掌吉神，一桂传芳，实堪预贺。八杀之宫逢夜月，为人多刚断之才，且喜沉疴不染。福德之位坐计星，一世少安闲之乐，然妙晚景优游。论迁移随地获吉，推官禄履厚广丰。及观相品属日，日为太阳，光明正大，不谄不骄，见亲友而鲜愧；无私无曲，对衾影以何惭。秉性刚而兼之以柔，可谓刚柔相济；品格瘦而精神百倍，名为瘦而有神。

---

① 校注：埙、篪皆古代乐器，二者合奏时声音相应和。因常以"埙篪"比喻兄弟亲密和睦。

火册

甲年丁日星盘△，五星盘中，罗计中分，毕世履春冰而不险；命主独步一生，跨虎背而不惊。日月坐强，庆椿萱之永茂；昆归旺地，快伯仲之身荣。田到强宫，家称巨富；田临武曲，阀阅名门。印坐奴宫，不乏伯玉良能之使；疾厄临八座，定许身同叶树常青。妻宫而坐禄神，内助贤如孟光。惜金受火制，宜硬配，① 或免两渡银河。男女属木，木掌仁元，麟郎应招四五，悉是跨灶②之英。贵人坐迁宫而缘火贵，文星照官禄而禄厚家丰。至有福德坐文昌，晚岁之荣华定取；及观武曲临相品，其智勇而能文。现行△运，椿荣萱茂，华堂之筵宴须开；色灿香呈，上苑之奇花宜赏。方翱翔于千仞之上，忽羁栖于一枝之中；一起一伏，乍屈乍伸；事到两番三覆，财常三虚四耗；两袖清风怀赤子，一轮明月照中庭。然妙迩来大运，悉属锦程；将见巧际频仍，奇机不次；官阶青云直上，禄位层楼；而加建房功于九庙，树伟绩于千秋；祝三多，歌五福，良有以也。

---

① 校注：硬配，指与同庚之人婚配。前文有"硬抵"之说，亦是此意。
② 校注：马前蹄的空处名叫灶门，跨灶本指骏马奔驰时后蹄印反而处在前蹄印之前，引申为儿子胜过父亲。《幼学琼林》卷二："子光前曰充闾，子过父曰跨灶。"

册生

　　辛年甲日星盘△，盘中星格，申时生人，首重在月，月朗昆仑，金星相伴于侧；命主属火，火躔片木，临恩星于实地。则一生之寄遇多投，终身之贵缘广结；造化不比寻常，事业出类拔萃。何况恩星有升殿之美，罗计有拦截之奇，一切要紧星曜，俱各委婉相顾；匪独庆椿萱之并茂，乐妻子之贤肖而已哉！其余之宿稍有不尽其美者，不宜岁破侵于命府，乃为格之所忌，不无恒生忧闷徘徊，恒多弄巧成拙。志气轩昂，每见无情指背；虽叨荫下光阴，仍有乐中之忧耳。

坤命一

辛金日元星盘△，五星盘中，命主有独步之荣，天嗣有化贵之妙。田主归窠，家有膏腴美厦。财临强地，库有白镪青蚨。稍嫌命主不宜坐于月乡，未免阴阳交蚀；且躔片木，又是难度，斯亦美中有疵。然妙恩星坐宫，自许无灾无难。次查夫星，化荫且又升殿，良人当许身荣。男女归强，兼躔恩度，桂子不乏三枝。但宫干△宿，运得方佳。奴宫逢阴杀，使婢鲜有知心。白虎相戕，妯娌未必帮扶。至于疾逢土计，难有暗恙之全无。若推行嫁坐字，恐其举动欠吉。官诰天官坐照，晚来受子荣封。水木会于福德，而收后之福厚可必。仪容日月并明，而德貌之华丽定然。

坤命二

戊年戊日星盘△，五星盘中，孤月有独照之美，天官有伴身之荣。月星朝斗，总为丰衣足食之征。日照龙楼，不少寿永福绵之乐。夫归恩地，主其琴瑟以和谐。不宜度躔箕水，宜乎长配，锦被盛免生寒。男星属水，躔恩度而坐恩星宫，桂玉三枝，定当稳取。只不宜病符一混，或先花后菓，不致珠泪轻弹。若问妆奁，即为财帛，床头总有金银。推之田宅，金匮拱临，膏腴自当广置。妯娌宫中逢月杀，终鲜帮扶。天狗之星入奴宫，难有得力。疾厄宫中逢白虎，宜调气虚血弱之灾。如官诰坐孛星，应有子肖孙贤之美。问行嫁而阳春和霭，卜福德晚景优游。及观相品属火，火宿光辉，其色明媚。惜五鬼相侵，难免躁性三分，喜顺而不喜逆；疑心一点，招喜而又招嫌。此命生成，无容强也。

坤命二

乙卯日元者星盘△。五星盘中，月照寒潭，一世无凶无险；玉堂坐日，将来享寿享荣。夫星独步，毕世琴瑟调和。① 男女归垣，晚岁麒麟高发。只不宜病符飞入，主居强宫，壮岁桂枝已被秋风吹折。问妆奁即为财帛，白镪②广积于床头。推田宅玉堂坐宫，膏腴③广置于厚野。婢坐正财，定多良能。使女妯娌于阴杀，持家叹少帮扶。疾宫逢白虎三分，暗恙总不能无。行嫁坐紫微，克勤克俭。金司官诰，妙掌恩星，荣封必然稳有。福临劫杀，一生安逸，其中难免操劳。以及仪容属月，月乃太阴，其为人也，无私无偏，有温有柔；遇贫能济，好善乐施。④ 惜有五鬼相侵，亦难免小辈瞋嫌、恩中招怨之弊耳。星盘剖毕，再将运限细陈于后。现偏己运，于△△交迁，理主喜出望外，人事安康；兼之土上水流，断为吉地。但嫌大限行仇，亦防泰中之否。接行庚运，正官良程，定有乐中之乐，欢上之欢。五载中真是花遇阳春，红紫夺目，令人玩赏之不置也。乙从庚化，其中妙境，嘉矣美矣！正是"一路群烟杨柳道，满川洪雨杏花村"。然斯时也，子也问名，娶媳生孙，满目繁华，实是花团锦簇。⑤ 推查午运

---

① 校注：琴瑟调和，比喻夫妻恩爱。《诗经·小雅·常棣》："妻子好合，如鼓琴瑟。"
② 校注：白镪古代当作货币的银子。明孔贞运《明资政大夫兵部尚书节寰袁公墓志铭》："是年四月，上念公（袁可立）劳苦边事，赐白镪文蟒以宠异之。
③ 校注：膏腴，肥沃。此指肥沃的土地。《战国策·赵策》："今媪尊长安君之位，而封之以膏腴之地。"
④ 校注：好：喜欢；善：亲善、善事；乐：乐意；施：施舍。指喜欢做善事，乐意施舍。出自西汉司马迁《史记·乐书二》"闻徵音，使人乐善而好施；闻羽音，使人整齐而好礼。"
⑤ 校注：花团锦簇，形容五彩缤纷，十分华丽的形象。锦：有彩色花纹的丝织品；簇：聚集成团。宋·释道原《景德传灯录》卷十七："自余是什么亲拟，将有限身心向无限中用……若无恁么事，饶你攒花簇锦，亦无用处。"

老怕长，限度以△，亦是难乡。八旬二岁之届，将与吴彩鸾、① 麻姑仙②同归阆苑③已耳。△流年月，将细推于后，以备取览。

本年丙午，伤官主事，查△△坐宫，△△顶照，定主四季清宁，始信

---

① 校注：唐裴铏的《传奇·文箫》里说吴彩鸾隐居在成都附近西山，后来她从西山下来，邂逅并嫁给了贫苦书生文箫。文箫家贫不能自给，她和文箫同甘共苦，彩鸾每天写韵书一部，让文箫售以度日。居十年，各跨一虎飞升。在唐末道教学者杜光庭改编的《仙传拾遗》里，吴彩鸾又被赋予了跨虎女仙的神秘形象：彩鸾是三国时吴西安令吴猛之女。时有得道之士丁义，授吴猛以道法。彩鸾师事于丁义之女秀英，道法亦深。有金陵文箫，寄寓于洪州之帷观。八月十五日为许真君上升之日，该观士女云集，连袂踏歌，谓之"酬愿"。文箫忽见一姝，美艳非常，即吴彩鸾。其所踏歌，含以文箫名姓，且有神仙之语，歌云："若能相伴陟仙坛，应得文箫驾彩鸾，自有绣襦并甲帐，琼台不怕雪霜寒。"文箫甚觉奇异，遂尾随其后。入松林，所居如官府，侍卫环列，文箫再三问其故，彩鸾曰："此不可轻泄，吾当为子受祸矣。"言后片刻，果然有黄衣使者降临告曰："吴彩鸾为私欲泄天机，谪为民妻一纪！"彩鸾遂与文箫结为连理。其后俱乘虎入于越王山中，道成升天，后人誉为"神仙眷属"。这两段优美浪漫的传奇都歌颂了吴彩鸾对爱的矢志不渝。

② 校注：唐颜真卿《麻姑仙坛记》曰：麻姑者，葛稚川《神仙传》云：王远，字方平，欲东之括苍山，过吴蔡经家，教其尸解，如蛇蝉也。经去十余年忽还，语家言："七月七日王君当来"。过到期日，方平乘羽车，驾五龙，各异色，旌旗导从，威仪赫奕，如大将也。既至，坐须臾，引见经父兄。因遣人与麻姑相闻，亦莫知麻姑是何神也。言：王方平敬报，久不行民间，今来在此，想麻姑能暂来。有顷信还，但闻其语，不见其所使人。曰："麻姑再拜，不见忽已五百余年。尊卑有序，修敬无阶。思念久，烦信，承在彼登山颠倒，而先被记，当按行蓬莱，今便暂往，如是便还，还即亲观，愿不即去。"如此两时间，麻姑来，来时不先闻人马声。既至，从官当半于方平也。麻姑至，蔡经亦举家见之。是好女子，年十八九许，顶中作髻，余髪垂之至要。其衣有文章，而非锦绮，光彩耀日，不可名字，皆世所无有也。得见方平，方平为起立。坐定，各进行厨。金盘玉杯，无限美膳，多是诸华，而香气达于内外，擗麟脯行之。麻姑自言："接侍以来见东海三为桑田；向间蓬莱水，乃浅于往者，会时略半也，岂将复还为陆陵乎？"方平笑曰："圣人皆言海中行复扬尘也。"麻姑欲见蔡经母及妇，经弟妇新产数十日，麻姑望见之，已知，曰："噫，且止勿前。"即求少许米，便以掷之，堕地即成丹沙；方平笑曰："姑故年少，吾了不喜复作此曹狡狯变化也。"麻姑手似鸟爪，蔡经心中念言："背痒时，得此爪以把背乃佳也。"方平已知经心中念言，即使人牵经鞭之，曰："麻姑者神人，汝何忽谓其爪可以把背耶？"见鞭着经背，亦不见有人持鞭者。方平告曰："吾鞭不可妄得也。"大历三年，真卿刺抚州，按图经南城县有麻姑山，顶有古坛，相传云麻姑于此得道。坛东南有池，中有红莲，近忽变碧，今又白矣；池北下坛，傍有杉松，松皆偃盖，时闻步虚钟磬之音；东南有瀑布，泻下三百余尺；东北有石崇观，高石中犹有螺蚌壳，或以为桑田所变；西北有麻源，谢灵运诗题：入华子冈，是麻源第三谷，恐其处也；源口有神，祈雨辄应。开元中，道士邓紫阳于此习道，蒙召入大同殿修功德。廿七年，忽见虎驾龙车，二人执节于庭中，顾谓其友竹务猷曰："此迎我也，可为吾奏，愿欲归葬本山。"仍请立庙于坛侧，玄宗从之。天宝五载，投龙于瀑布，石池中有黄龙见，玄宗感焉，乃命增修仙宇真仪，侍从云鹤之类于戏。自麻姑发迹于兹，岭南真遗坛于龟源，花姑表异于井山，今女道士黎琼仙，年八十而容色益少，曾妙行梦琼仙，而飡花绝粒。紫阳侄男曰：德诚，继修香火；弟子谭仙岩，法箓尊严。而史玄洞，左通玄，邹郁华，皆清虚服道。非夫地气殊异，江山炳灵，则曷由纂懿流光，若斯之盛者矣。真卿幸承余烈，敢刻金石而志之，时则六年夏四月也。

③ 校注：阆苑，也称阆风苑、阆风之苑，传说中在昆仑之巅，是西王母居住的地方。在诗词中常用来泛指神仙居住的地方，有时也代指帝王宫苑。

阳春有脚；一年吉利，方知泰运无亏。只干△△，钓动△△为忤，已往月建，不必重书，即在△月△时，理宜起迟眠早，慎勿畏热贪凉。"莫道山中春雨过，要防水面落花黄。"

丁未年食神主事。是△△坐宫，四正△△互照，定贺饮食加餐，堪羡精神于少壮；心欢意畅，更知人事胜寻常。即干△△混宫，不过于△月，稍慎寒暑。

戊申年正才主事，是岁宫逢△△，不宜△△为殃，限坐△△，且又冲动非吵，△△月及鬼危觜柳司令之月日，防有不耗之中生耗，无烦之中生烦。妙△拥照化吉，其余月令，恰似"金壶投箭消长日，翠袖传杯赏春光"。

己酉年偏才主事，查△△坐宫，钓动△△拱照，定主瑞蔼门阑，烟和浅华，迎人而祥，开金谷风，扫深红，衬锦妆。惟嫌△△相侵，及火土旺令，调目腹之灾，慎其寒暑之咎。"雨侵莺巢声全涩，风动花枝颠奇葩。"

庚戌年正官主事，定主合家清泰，全无灾咎相侵，举室安宁，时与宝光而布影。惜乎△△一混，△月唯宜寒则加衣，饥则进食。总怕"雁藏云渚朝慵起，燕守风帘昼倦飞"。

辛亥年七杀主事，查△△照命，内多乐事之重逢；△△拱限，不少喜音之叠至。只干△△为难，四季月令，"雨暗梨花春欲老，烟沉芳草梦初寒。"

壬子年正印主事，查△△在限，钓动△△拱照，应贺乐奏阶前，华堂早献千年菓；儿围膝下，戚友同歌八百秋。即有恶曜炳临，自与春风俱化，一是"一谷鲜花堆锦绣，满溪流水漾琉璃。"

癸丑年偏印主事，查宫△△，钓动△△混命，△月内恐其灾生，疼痛淹淹缠缠，总怕"鸠啼林欲雨"，并防"花困晚欲寒"。然喜月德坐宫，自不妨碍。

甲寅年劫财主事，查△△生命，邀太阳以齐辉；△△合宫，冲红鸾而耀彩。家业兴隆，恰似春花遇晚露。眷丁宁泰，实如明月遇清风。微嫌△△一吵，四仲月乃火土日，恐其"云暗鸠声急"，犹怕"天阴雁影沉"。

乙卯年比肩主事，查△△入命，应贺花烛融房，争羡佳人照锦。祥光满室，又看桂子传情，乐何如也。虽干△△相戕，不过△月，慎小恙微灾。

丙辰伤官主事，查宫中△△为忤，恐其△月灾生不测，忧出无心。然喜△△为福，其余月令，恰似"映日奇花红锦绚，连天芳草绿铺茵。"

丁巳年食神主事，查△△坐宫，四正月令，吉星高照，定见兰孙吐慧，香呈画阁朱楼。桂子含芳，色映雕栏绣户。惜干△△入宫，△月内"流莺有恨宫啼树，野水无言皆落晖"。

戊申年正才主事，是岁三方无恶宿，四正有吉星，喜事滚滚而来，好似春光荡漾，佳音叠叠而至，实如莺仿笙簧。微嫌△△一混，逢双月"莫说全无事，须防三不知"。

己未偏才主事，查本年交△非宜，又交△△为忤，四季月及其毕参昴值令之月日，恐其精神欠爽，云迷五夜之光明；丁眷生灾，两搅三更之睡梦。然有△△入宫，自使云开雾散。

庚申年正官主事，大限脱△交△，乃是难地，恐其"几十春光留不住，一声啼鸟又黄昏"。惟妙其吉星曜并临，一切灾眚，自化于风尘外矣。

辛酉年七杀主事，查运长生老来最忌，限行难地须伤，兼之度行△△，实事划度交攻，岁届八旬将满之年，时在五月榴开之后。"花将好色传于子，竹有清阴付儿孙。不堪回首啼红泪，日自西斜水自东"。杜鹃啼血，惊醒五更之孤魂；孤月西沉，迷却一堂之彩色。

流年月将，开列于后，以备通用。此是辛金日元者，随日主改换。

丙午年正官主事，查△△钓照，定主人阜物丰，始叹事随时至；入享履泰，方知水到渠成。只△月△星相侵，须慎无心气恼，不意灾眚。兼之度△，木掩阳光，是难度至△月交行△度，从此康衢履顺，绝无半点尘侵，真"三春杨柳依依绿，二月桃花朵朵红"。

丁未年七杀主事，查△星拱垣，应贺家中拥百倍祥光，室内有千寻佳气，即干△△入吵，不过△月，乃木火旺令，稍防目腹微灾，眷丁小咎，别无碍事。

戊申年正印良程，查△△冲宫，△△星进命，定贺精神陡爽，乐事重逢。微嫌△△进命，须防有耗，诸凡慎重，自然无妨。

己酉年枭神主事，查有△△进命，△△值限，应贺"才如春水涌溪，喜似秋月叠嶂"。稍嫌△△一侵，△月防有因人累己，勾绞闲非，小心为妙。

庚戌年劫财主事，是岁△△镇垣，应主谋事则取之，左右逢其源，应酬则任所，早宴呈其巧，恰似"奇花异卉开上苑，动人赏处动人吟"。△月防气恼闲非。

辛亥年比肩主事，△△坐宫△△入限，应贺财若井泉，涓涓不竭；事事如明月，看看渐圆。查有△△扰害，△月"宁可惜花朝起早，休教爱月夜眠迟"。

壬子年伤官主事，查三方大利，四序呈祥，定贺神爽清气，举室安宁，无烦无恼，歌馆楼台声细细；生才生喜，秋千院落夜沉沉。但嫌△△一混逢△△，千日防小人。

癸丑年食神主事，但查交运驳杂之年，如移花移木之岁，此中雅宜守身如玉，敛气凝神，以防不测灾咎。△月"最妙梧叶吹秋晚，犹恐灯花伴夜长"。

甲寅年正才主事，查△△拱垣，△△照限，一岁无灾无害，频年出泰履亨。真是"吾辈勤俭倡优拙，自卜丰年有笑声"。但△月防有小退损费，钱财索缠。

乙卯年偏才主事，△△照宫坐限，定贺玉桂完姻，百子池逢花欲语，佳人成配五云楼。内月初明，只△月△节前后，防丁眷小灾，无大碍。

丙辰年正官主事，△△钓照，△△顶度，当贺"子秀书香，入黉宫而游泮水；彩旗风摆，光宗以耀门间"，正是花时矣。

甲子年正才主事，查大限交△，又见苍松翠柏，愈老愈坚。看桂子之芬芳，而繁华满目。睹兰孙之馥郁，而捷报满堂。逢双月，防疼痛之灾。

乙丑年偏才主事，查△△在限照宫，定贺福似琪花紫，陌骄嘶金勒马人。如翠柏绿杨，高处画秋千。只嫌△△相侵，△月"江树寞寞烟初冷，风雨潇潇火自寒"。

丙寅年正官主事，是△△坐宫，主其心无系累，正堪静养天年，只查△△攻命，"凋零老梅浑无叶，清浅寒江半已沙"。

丁卯年七杀主事，是岁也，人似春花枝枝茂盛，神如秋水处处光明，一岁内毫无灾晦，正是"短发已无再可复，衰颜惟有酒能红"。

戊辰年大运交△，此运汪洋过旺，切恐辛金日主沉没水底而难寻，然其年未逢划难，仍主安然无忌，脱然无灾。

己巳年大限于△月交△，乃是难地，恐其蟠桃会上请君作《群仙乐聚赋》，八旬六岁之届，黄花开遍之时，飘飘然跨鹤登仙去矣。此皆依理直判，希留后验。

星盘活套

乙木七月之星盘△，夫命度主之水喜化天印，又与太阳同躔，恰合水辅阳光之格，是知终身吉利，庆远祥长。身主之月，喜同金星飞入强垣，得合金助月华，又有紫微守命、太阳升殿等格，如斯种种媲美，生平造化自有出人头地矣，岂以目前之境况而定终身之结局也哉！次推才帛有忌大耗之玷垣，故早岁之财，来来往往，聚散靡常，幸妙属月占宫，中晚致富，积玉堆金，夫复何疑。余宫减去，相品之垣属金，金主义，其为人也，重义轻财，多交广结，有恤孤怜贫之德，无损人利己之心，好善乐施，心慈面软，生平所为无不可对人言，司马光之自信[①]耳。但憎△△侵垣，未免聪明性燥，心快口直，顺则千金不惜，逆则一芥如珍；君子相亲，小人嫉妒，此皆宫分之定论也。再将大运细推，刻下正行△运，系南方之域，制杀生才之功，当主大顺；兼之限行△、度行△，乃是命度主之，用度亦主大利，定主头头是道，步步生财，添丁进业，大遂其愿。迨交△运，身弱用印，美可知也。限在△，度在△，系命主之本度，实人生难逢难遇之境。此运行来，财如鱼贯，而来喜似雀跃而至，又快业丁两旺，家声由此而丕振矣。但查交卸之际，△△混度，于此伦常之忧，殆不免耳，别无他虑。越此交行乙卯，一是比肩帮扶，一是饥人得禄，连及十载，俱属美境；置南北之庄田，创东西之大厦，子秀孙生，乐何如之。斯时事业，令人啧啧称奇矣。甲运劫地，其中不免一番耗烦，而又寅申相冲，此内宜防顿生灾害，幸限度清吉，无碍大事。交行壬运，正印生身之美，老更矍铄，半度精神，安享太平富贵。无事堂前观古画，闲事溪边看鱼游。惟交△运，邀成金局，元辰受损，兼之禄马不前，限逢隘道，古稀加之年，彼苍天宁不为我少延耶。再将流年，逐一细推。

---

① 校注："所为无不可对人言"，即事无不可对人言，没有什么样的事情不可公开。语出《宋史·司马光传》："平生所为，未尝有不可对人言者。"

其年流年，定主弄璋之喜，巧发之财，正是"海阔由鱼跃，天空任鸟飞"。妙△△星入限，定有好友相投，财源广纳，动往享嘉，诸凡快意。只干△△混宫，闲事少管，财谨取则吉。其年△△照宫，喜兆熊罴，财如泉涌，"一年好景君须记，最是橙黄菊绿时"。① 是年△△入混，休使过头力，莫与论笃言。△月巧遇奇逢，大获才利，般般凑巧，得利洋洋者也。任君作干皆如愿，万紫千红总是春。△月寒暑小灾，是非细咎，别无他虑。是岁流年，宁可开笼放雀，切莫草拨寻蛇，一切存神，度免一番耗费。幸△△入宫化吉，不过井水之波，宁有巨浪者乎？△月财星并集，业进良图，行动利达，意畅神驰者也。△星一混，宜慎乐中之悲，顺中之滞，莫与亲戚代力，休同老幼交财，庶免耗财惹气。此年内出入，慎其车马，忙中休使性气，再则财物谨取，仍然东西任意，南北安然，财涌云集，诸盘快意。

其年△△混宫，喜忧莫辨，哭笑不分。或因老损财，或为人损己，如此等咎，预慎则吉。慎耗于亲友，防非于邻社。

是年翩翩得意，偏坐意外之机缘，不但财源茂盛，更主喜气盈门，进口添丁。

是年宜防飞米损耗，丁眷之咎，慎口舌，耐心性，寒来暑往，均宜珍重。凡事不可固执，圆通一二是为嘱也。

是年坦道无荆刺，财源似水流，有意图为，必获巧遇，正是"造化逼人无处躲，得来全不费精神"，惟防小人暗算，比朋生非，凡事预为防闲。

是年△△照宫，凶星潜藏，福曜拥获，又主心舒意畅，业进财丰，正如"人遇时来添彩色，花逢春至愈鲜明"。

是岁△△吵度，△△到宫，莫道春风暖，常防夜雨寒。幸有△△入照，继有闲烦琐碎，自然化为乌有。伤官乃傲物之神，一呼一喝，若云飞散。图为偏喜踊跃，作事不宜沉吟。得△△照宫，不惟财利如意，更主丁业增添，其年大生有道之财，广纳无穷之利。财如春前草，喜是雨后花。△月动往通达，必有巧机。相是年有△△作祟，门户小心车骑，仔细口角

---

① 校注：苏轼《冬景》：荷尽已无擎雨盖，菊残犹有傲霜枝。一年好景君须记，最是橙黄橘绿时。

生端、失脱拐骗。步步存神，以免后悔。幸有△△化解，当有机缘巧遇，喜上眉尖。

其年△△到宫，△△照限，喜怒哀乐要知节，坐卧起居要小心。慎勿与造化争衡，切莫与小人斗志。

是年大利，财福骈臻，行止自如，喜气迎人。惟△月须防恩爱生烦恼，莫道平安无耗愆，妙有△△照限，仍当福随时茂，利遂初心，有谋皆遂意，无地不春风。

是年△节后，还当无意中而成得意之事也。△月恐为他人之琐碎，骨肉之焦劳，斗筲①浪语，② 不必采也。亲朋诿托，婉言推辞。至于微灾，目腹小灾，不足介意。

是年△△侵宫，主人心绪不宁，事多拂意，托付存神，用心择人，行勿欲速，却得△△到宫拥获，依然人欢家吉，物阜财丰，一举一动，无不赏心，快心如意。

是年△月，不宜多饮贪凉，恐有肺腑微恙。△月防穿窬，慎言行，戒马，除此之外，别无纤毫之碍。

是年有△△入限，△△到宫，图谋作为，一举一动，意到事随，又添财，又添喜，又主人精神停畅；当抖擞，莫狐疑，只管向前做事，正是"月色无云连夜彩，灯花有意向人红"。

是年入命，△△照限，不履风波险，何愁路不平，必主四时利达，八节亨嘉，作事迎机而就，所为随意而成，屡得外财，重添好意，正是运转时来，"黄菊霜中加彩色，梅花雪里长精神"。

---

① 校注：斗筲，指斗与筲；喻些微；微小。语出汉 桓宽《盐铁论·通有》："田畴不修，男女矜饰，家无斗筲，鸣琴在室。"

② 校注：妄说；乱说。《隋书·五行志上》："大业中童谣曰：'桃李子，鸿鹄遶阳山，宛转花林里。莫浪语，谁道许。'"宋 杨万里《酌惠山泉瀹茶》诗："诗人浪语元无据，却道人间第二泉。"清 曹寅《送施浔江方伯之任湖南》诗："酒热一时浑浪语，旌麾果喜见前驺。"

附录

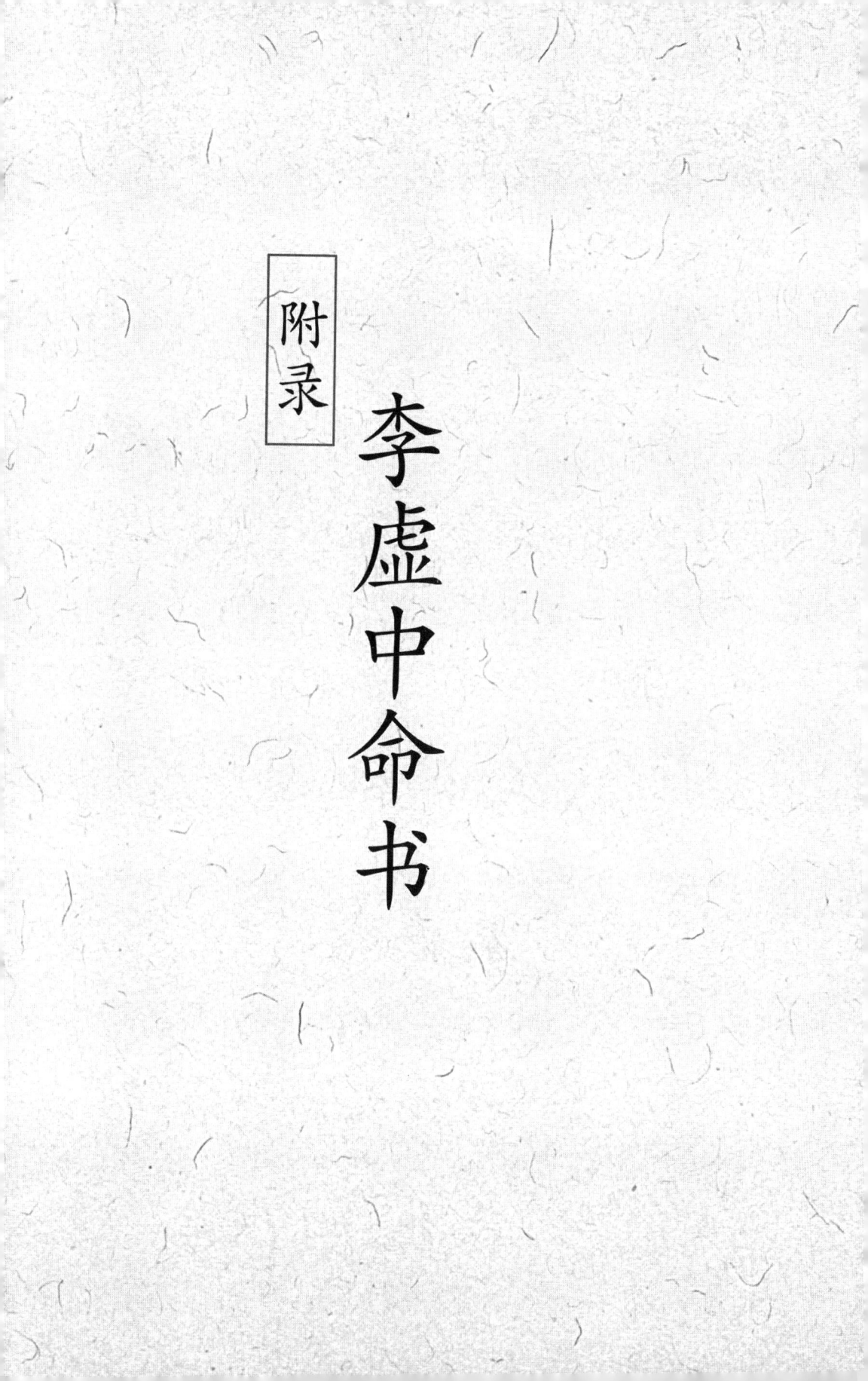

李虚中命书

李虚中命书

原　序

昔司马季主居壶山之阳，一夕雨余风清月朗，有叟踵门，自谓鬼谷子。季主因与谈天地之始，论《河洛》之书，箕子九畴，文王八卦，探赜幽微，造化至晓。出遗文九篇，包括三才，指陈万物。季主得而明之，每言人之祸福时数吉凶，应如神察，为当时所贵。今余得其旧文，稽考颇经证效。惟历世之久，篇目次序似乎乖异，其五行之要尚或备载，余恐其本将至湮没，故掇拾诸家注释成集，非敢补于阙文。且传之不朽，高明君子毋我消焉。

唐元和初载九月十三日殿中侍御史李常容虚中序

案：唐惟天宝至德称载此序，后元和而亦称载，是即作伪之一证。

提　要

　　臣等谨案：《李虚中命书》三卷，旧本题鬼谷子撰，唐李虚中注。虚中字常容，魏侍中李冲八世孙。进士及第，元和中官至殿中侍御史。韩愈为作《墓志铭》，见于《昌黎文集》。后世传星命之学者，皆以虚中为祖。愈《墓志》中所云"最深五行书，以人之始生年月日所直日辰支干相生胜衰死王相斟酌，推人寿夭贵贱利不利，辄先处其年时，百不失一二者"是也。然愈但极称其说之汪洋奥美，万端千绪，而不言有所著书。《唐书·艺文志》亦无是书之名，至《宋志》始有李虚中《命书格局》二卷。郑樵《艺文略》则作李虚中《命术》一卷，《命书补遗》一卷。晁公武《读书志》又作《李虚中命书》三卷。焦氏《经籍志》又于《命书》三卷外别出《命书补遗》一卷。名目卷数，皆参错不合。世间传本久绝，无以考正其异同。惟《永乐大典》所收，其文尚多完具，卷帙前后亦颇有次第。并载有虚中自序一篇，称司马季主于壶山之阳遇鬼谷子，出《逸文》九篇，论幽微之理。虚中为掇拾诸家，注释成集云云。详勘书中义例，首论六十甲子，不及生人时刻干支，其法颇与韩愈墓志所言始生年月日者相合。而后半乃多称四柱，其说实起于宋时，与前文殊相谬戾。且其他职官称谓，多涉宋代之事，其不尽出虚中手，尤为明甚。中间文笔有古奥难解者，似属唐人所为。又有鄙浅可嗤者，似出后来附益。真伪杂出，莫可究诘。疑唐代本有此书，宋时谈星学者以己说阑入其间，托名于虚中之注《鬼谷》，以自神其术耳。今以其议论精切近理，多得星命正旨，与后来之窈渺恍惚者不同，故依晁氏原目，厘为三卷，著之于录，以存其法。而于其依托之显然者，则各加案语，随文纠正，俾读者毋为所惑焉。

乾隆四十六年九月恭校上

李虚中命书卷上

甲子天官藏，是子旺母衰之金。溺于水下而韬光，须假火革，有旺盛之气，方可以扬名显用。

命入贵格，明暗取官。

乙丑禄官承，乃库墓守财之金。不嫌鬼旺之方，喜见禄财之地，水土砥砺，忽然有气，亦可以为器成材。

平和贵格，不须禄到。

丙寅禄地元，是子母相承之火，先烟后焰，抽其明而三进，喜木为助，嫌水陵迟，五行相养，虽在死方，亦可光耿。

命入贵格，不用干禄。

丁卯贵禄奇，乃本旺禄休之火。惟欲阴旺，恶处盛阳。若火木相资，连于艮震之方，必能变鼎味而成享礼也。

欲逢官鬼，始得贵奇。

戊辰神头禄，乃华实兼荣之木。爱乎水土，忌见火金。有所养于金，乃英实之命也。

相乘可贵，不畏鬼临。

己巳地奇备，乃气胜体刚之木。生逢对旺，干鬼相加。或木来比助，金伐以成为栋梁之材，皆得终美。

贵无官鬼，须见角音。

庚午天禄承，是含辉始育之土。气数未备，惟喜旺方，得数已完，尚嫌水重。若独禄会，命旺身绝，岂是贵地。

禄鬼自处，不假官鬼。

辛未禄自藏，乃自本立形之土。有火相助，得木相乘，水轻木重，亦可以小康。若败而乘禄多，方为厚载之福。

喜见干连，不畏木重。

壬申地天禄，乃自任权制之金。刚而有断，爱土木而嫌火重，虽居财旺身衰，亦主清华之贵。

真假财官，贵之为贵。

癸酉贵符印，乃刚锐利用之金。不嫌绝败，惟畏鬼多。若平易而不相刑，当有自然之材器。

庚辛无鬼，不假官贵。

甲戌禄临官，乃墓成息用之火。不求壮旺，欲物平资，福禄可以高厚。

入格可贵，干不必官。

乙亥地禄承，为气散游魂之火。生于木火荣方，上下不逢相制，仅而成达，多助尤崇。

真官相制，得贵亦崇。

丙子天禄承，乃深沉停会之水。若会源得生，用制于东南，为出常之器。

自有真官，佳期禄会。

丁丑禄自守，乃渐下欲流之水。得水土相承，经于败地，源脉不断，可升而济物，功德昭著也。

丑有癸藏，不明见官。

戊寅地官承，乃生体安和之土。若资之以火土俱盛，金旺之荣，虽多反制，尚可高崇，为不常之用。

得官不旺，贵出自然。

己卯地官承，为鬼旺体坚之土。生于金重木多，而见财重，乃富贵长远。

得官不旺，贵出自然。

庚辰禄暗会，乃显光之金，而未成材。金刚土重，得期相会，无炎火之官，乃大臣之制。

不假禄合，禄干克期。

辛巳地官承，为资始之金。身坚而体柔，欲平火之制。若金助土成，则为光大之器。

丙官在下，务贵于禄。

壬午天官合，乃化薪之木。畏在火强，得水资之，或处生旺而逢土，亦可富贵。若独见金制，在死败之乡，非长久之命。

丁壬德合，寄任旺官。

癸未禄自备，为伐根之木。气败而体柔，不嫌金制，喜水之荣，及会元而借生，主乃重器，成德之材。

癸在巳申，喜逢甲乙。

甲申地禄生，乃源泉之水。务有资助，流长而无鬼，则为运广之渊，可享高厚之福。

禄始生要干，生旺而无官。

乙酉贵还命，乃母旺进趋之水。若资以金，济用以火，自乾东而震北，亦超卓辅弼之用。

干之无官，会合而贵。

丙戌禄德合，乃禄资支，附坚固火钟之土。若资之以木，光耀不群，盖本重不须旺也。

自有辛符，不畏偏贵。

丁亥地贵符，乃福壮临官之土。若润之以水，丽泽以金，处魁罡坤艮之方，可以显功遂名。

贵守官藏，真鬼德旺。

戊子天禄合，乃神龙之火。利于震巽，不畏水刑。支干得官，皆可显用，水木盛则尤佳。

自有癸财，不必会禄。

己丑神头禄，乃余光不凡之火。惟期体重，不假奇财。若禄有资而命有成，方入康荣之贵局。

贵财相会，无禄亦荣。

庚寅地奇备，不避刑冲，宁辞衰败，乃五行坚实之木。若得和柔之气，德贵相符，必作显扬大用。

禄位生旺，得官鬼成。

辛卯贵冲命，自旺经制之木，不畏霜雪，气节凌云，可制之以金，损之以火，而逢旺相，即成巨室之材。若平易而无金火，生于曲直之会，亦为贵重矣。

禄命相击，不畏官耗。

壬辰禄清洁，乃会贵守成之水。五行不杂，在兑坎之间，无物来制，文明清异之资，可享高厚之福。

喜于寅亥，见戌亦清。

癸巳地带合，乃流远澄清之水。若溢之以水，在火木荣方，音中无土，则有济物惠施之德也。

真气得用，官气尤清。

甲午天符禄，乃沙汰之金，志大而有节操。或零火盖之而严，或旺金集之而刚，不遇丁壬，始可陶镕之宝。

禄神败而食子，欲妻刚而子旺。

乙未禄印绶，乃强悍刚矿之金。欲金相用在火盛处，父子相乘，皆为珍宝。

德神当位，喜见印官。

丙申地官承，乃无资之火。金木壮旺而有制，得干生即为厚实，若禄盛而无依，即灰飞而不焰矣。

官在生方，不须癸壬。

丁酉贵自承，乃平易无为之火。得木旺则大炎，见木多则成用，得火助则不清，在火位则常存，人生得此无不贵豪。

丁连丙贵，见合不清。

戊戌神头禄，乃不材之木。喜逢水旺，乃可资荣。岂厌生成，伐宜金败，真运自然，不嫌禄鬼，方可高崇。

明合暗官，成于旺方。

己亥地官承，乃粪水育苗之水。水多土而临旺，皆有成就。然逢败绝为殃，亦主富贵荣盛。

干支财禄，畏彼官鬼。

庚子天云日承，乃气过浮虚之土。得重土相资，水木不刚，即享福寿。

官鬼不刑，衰绝自保。

辛丑禄承库，乃气衰就本之土。欲承之以火，制之以木。或重遇木土有刑冲，须假禄元生旺，造化应斯，功名可立。

官鬼不加，禄刚则贵。

壬寅地会义，乃藏用体柔之金。喜土资之以旺，财官不可太刚。若能应此，富贵始得久远。

艮土包命，禄须贵旺。

癸卯贵会源，乃财旺体弱之金。财命相乘，喜身在生旺之方。或得真官真气，无不配合贵源，莫不易而厚禄也。

贵源多会，不在多逢。

甲辰禄马承，乃始壮之火。欲多生我，或会本源，却无炎光之极，自然超卓，水轻而无土，亦可腾达矣。

甲丙生寅，明我生气。

乙巳地官承，乃进功之火。欲辅助之不息，不必旺极。得木火相乘，虽死败而可贵。

或同音煞，丙亦生贵。

丙午神头禄，乃至阴之水。发于阳明，蒸气氤氲，何所不及？处金木旺而冲刑禄，得炎而财盛，始可贵矣。

身同官鬼，不避掩冲。

丁未禄文承，乃禄旺育生之水。宜于水火之中，得五行死败之气。禄干自旺，财贵会于乾方，乃富贵显扬之用。惟嫌土在旺乡，即非长久。

喜遇丙丁，畏官当用。

戊申地符会，乃柔顺发生之土。喜临四季，得木为荣。独居水火荣方，未得尊高之著。

真官符用，不畏鬼临。

己酉贵承，乃子旺母衰之土。喜火土之荣庆，从革之地。或水轻木柔，亦是滋生之德，倘能应此，轩冕非难。

不必正应，要临辛丙。

庚戌禄符源，乃钝弱成用之金，火轻金重，魁罡相乘。可以休逸，福禄自然。忌木火之极，则命迍蹇。

旺逢妻鬼，遇鬼反荣。

辛亥地禄印，乃木旺禄休之金。得平火之革，然后制于克伐；或冲击于金水之中，得以平安守职，富贵优游。

喜于金助，不畏丁鬼。

壬子神头禄，乃体柔用刚之木。居旺相而得金，遇贵地而无火，则可以扬名当世。

禄旺须官，音盛畏鬼。

癸丑禄得源，乃刚柔相济之木。水土承于旺方，则生育利物，金制于生成，皆可以立功立事，惟恐生旺逢火。

禄居北地，畏鬼掩冲。

甲寅神头禄，乃渊深处静之水。若资之木旺土衰，则为奇特贵异。

庚辛不畏，清在丁壬。

乙卯神头禄，乃死中受气之水。虽败无妨。或会源于音地，木有不达之者，此一水皆喜土而清。若水多而无土，则为伏寒之气。

癸马为官，胜于戊己。

丙辰禄自裕，乃发施养生之土。喜于火助，不畏掩冲。夫如是者，自然荣贵。

水在库中，无官自裕。

丁巳神头禄，是绝中受气之土。喜逢土助，不畏死败。惟能朝命建元，可以文章妙选。

上下火乘，鬼无害也。

戊午天禄备，乃神发离明之火。旺中受绝，喜木助于衰方，忌火乘于巳旺。生之应此，必作魁英。

真假居壮，水盛不伤。

己未神头禄，乃成功之火。得季夏之炎阳，守小吉之贵地，生自东北之南，有所资附，则能享福厚矣。

甲巳扶持，不须更旺。

庚申神头禄，乃未坚柔末之木，春相夏旺，金重而得火，土重而得水，则为出常之器。

不畏阳官，要官鬼旺。

辛酉神头禄，乃包秀结英之木。喜于生旺，忌见金多，得土水相乘，为物之贵。二者各旺，而不得水，亦为奇特之材。

不嫌官鬼，厌甲为财。

壬戌禄官顺，乃杳冥之水。喜于死败，要土之击发，则能博施之功及物也。

正气自守，持禄亦荣。

癸亥神头禄，乃始进成终之水。喜逢贵地，忌在禄乡，三元相反，福庆自然。盖其为用也，大而广，故不可以守常为尚，须升而为雨雾，散而为江河，乃为大用也。

此六十位五行支干，相乘要分轻重，若金溺水下，火出水上，木不得金之所制，木无成也。如甲子乙亥是也。金溺水下，火出水上，金不得火之所制，金无成也。如辛亥之金是也。夫如是而推伏现之情，则造化之机自理。

《鬼谷子》以此十二音五行，分轻重之用，以推通变之妙者，尚恐人执守方隅，故言称显隐可测造化之说也。

本家贵人命者，如甲人有戊，有庚，有丑，有未是也。大贵如甲人得丁丑，辛未又其次也。盖甲年丑上遁得丁，未上遁得辛也。更有一种贵人，亦为福甚重，得者必贵。甲戊庚得乙丑，癸未乙得庚子，戊申己得丙子，甲申丙丁得丁酉，乙亥壬癸得乙卯，癸巳六辛得丙寅戊午是也。甲阳木，戊阳土，庚阳金，皆喜土位，而未者土之正位，丑者土之安静之地，故以牛羊为贵。然细分之，则甲尤喜未，庚尤喜丑，各归其库也。戊子、戊寅、戊午喜丑，丑者火人胎养之乡。戊辰戊申戊戌喜未，未者木人之库，土人生旺之地也。乙者阴木，己者阴土也，阴土喜生旺，阴木喜阳水，所以鼠猴为贵。然乙尤喜申，申者木之绝乡也。己尤喜子，子者坤之正位也。丙丁属火，火墓在戌。壬癸属水，墓在辰，辰戌为魁罡之地，贵人所不临，故寻寄火，贵于酉亥，寄水，贵于卯巳，皆归静复之乡。六辛阴金，喜阳火生旺之地，故以马虎为贵。虽然宜以纳音，互换推寻，须皆和，则其贵为福。若丙寅火得酉，则火至此，焉足为贵哉？

《广录》。

天乙贵人者，三命中最吉之神也。若人遇之，主荣名早达，官录易进。若更三命，皆乘旺气，终登将相公卿之位。大小运行年至此，亦主迁官进财，一切加临，至此皆为吉兆。

《三命指掌》。

论贵神优劣

乙丑文星贵神、乙未华盖贵神。截路空亡。丁未退神、羊刃贵神。一云半吉。己未羊刃贵神。一云半吉。辛未华盖贵神。一云空亡大败。癸未伏神华盖贵神。己上甲戊庚人月日时贵神。甲子进神贵神、丙子交神贵神、戊子伏神贵神、庚子德合贵神、壬子羊刃贵神、甲申截路空亡贵神。一云半吉。丙申大败贵神、戊申伏马贵神、庚申建禄马贵神、壬申人败贵神。一云半吉己上，乙巳人月日时贵神。乙酉破禄贵神、丁酉喜神贵神。一云大败。己酉进神贵神、辛酉建禄交贵神、癸酉伏神贵神。一云吉。乙亥天德贵神、丁亥文星贵神。己上丙丁人月日时贵神。甲午进神贵神、丙午交羊刃贵神。一云半吉。戊午伏羊刃贵神、庚午文星截路贵神。一云半吉。壬午禄旺气贵神、甲寅文星建禄贵神、丙寅文星贵神、戊寅伏马贵神、庚寅破禄马贵神、壬寅截路贵神。己上六辛人月日时贵神。乙卯天喜贵神、丁卯截路贵神。一云半吉。己卯进神贵神、辛卯交破禄贵神、癸卯旺禄贵神、乙巳正禄马贵神、丁巳九天禄库贵神、己巳九天禄马库贵神、辛巳截路贵神。一云半吉。癸巳伏马贵神。己上壬癸人月日时贵神。凡如此己上贵神，若与禄马同窠，不犯交退伏神，支干相合者，定须官高职清。若无德更值空亡交退伏神，五行无气，至死不贵。紧要在月日时支干相合，则为吉，不然乃庸常流也。

并同《金书命诀》。

此格有三，干合为上，支合次之，无合又次之。如甲子、己未，此为上格，盖甲己合也。无死绝冲破空亡，更有福神助之，当极一品之贵宰。有死绝，为鄙吝杀也。如有死绝冲破空亡之类，只作正郎员郎，然多难无福耳。如戊子己丑，此为次格。若无死绝冲破空亡，须作两制两省，少年登科，当居清要华近之选。更有福神相助，为两府矣。有死绝即减作正郎员郎，亦须有职名。若有冲破空亡，只作一多难州县官，晚年得至朝官极矣。如辛未庚寅，此为第三等，若无死绝冲破空亡，即作正郎卿监，少达历清要差遣，更有福神为之助，往往为两制矣。若有死绝，即作员郎京朝官，更有冲破空亡，平生多难，只作州县卑冗之官。纵得改官易位，寿不永矣。

《林开五命》。

紫虚局。贵人交互，人多贵，旺气相乘，馆殿资，切莫五行伤著，主令人闲，地冷清虚。

《寸珠尺璧》。凡月日时互换见贵，太岁不带者，不贵。

贵合贵食

有贵合，则官位穹崇，所作契合。有贵食，则禄丰足，所成造望。如甲戊庚，贵在丑未，甲得己丑、己未，戊得癸丑、癸未，庚得乙丑、乙未。乙巳贵在申子，乙得庚子、庚申，己得甲子、甲申，丙丁贵在亥酉，丙得辛酉、辛亥，丁得壬寅、壬辰。如此之类，谓之贵合。甲食丙，乙食丁。丙丁贵在酉亥，甲得丙寅、丙辰，乙得丁酉、丁亥。庚食壬，辛食癸。壬癸贵在卯巳，庚得壬申、壬戌，辛得癸卯、癸巳，如此之类，谓之贵食。有贵合则官多称意。有贵食，则禄多称意，二者兼之，官高禄重，无往不利。

《阎东叟书》。

天乙贵神合者，谓天乙在贵神，亦合上是也。甲戊庚在子午，乙己在丑巳，丙丁在寅辰，壬癸在申戌，辛在亥未，皆主大福，遇两合以上者主贵。

《三命提举》。

李虚中命书卷中

通理物化

清气阳为天，杳杳而上冲乎阳；浊气阴为地，冥冥而下从其物。

太虚之先，升寂何有？至精感微，而真一生焉。真一运灵而元气自化，自化元气者，乃无中之有，有中之无，广不可量，微不可察，氤氲渐著，混漠无倪，万象之端，朕兆于此。于是有清通澄朗之气化而为天，浊滞烦昧之气积而为地，故清者自浊，而澄高者自下，而上天高而浮，地厚而沉浮者，有彰动之象，故为阳。沉者有寂没之理，故为阴。清者上腾高而纯阳，故充满。浊者下沉密而纯阴，故冥寂。而万物从化之，故冲于上者为阳而生万物，沉于下者为阴而成万物，然而实始于一者也。

清浊交分，人物混成，造化始于无，相因而三生。

太朴之散，乾坤之形，分体一定乎？尊卑有阴阳之相摩，有刚柔之相推，变动以行其道，经纬以成其事，凡垂象于天者，莫非文也。有高下之相倾，广轮之相推，动静之所生，形势之所持，凡其质于地者，莫非礼也。故万物生于其间者，亦且出机入机，出冥入冥，方生方死，方死方生。域于轮转之地，而机之动不能自已。故草木黄落而菊始华，仓庚鸣而鹰以化一，根荄之细，不知谁与之扶持？一昆虫之微，不知谁与之生死？戢戢而动植，非物与之雕刻也；芸芸而归根，非物与之揪敛也。自消自息，自智自力，自形自色，曾不知有造化之者，是人物混然而立也。则其光为日月，其文为星辰，其泽为雨露，其威为雷霆。辰集于房，月湛而明，日遹而化，此天之道也。其高为山岳，其大为江湖，其文为草木，其富为百谷，载万物而不慑，生万物而无穷，此地之德也。高而为君父，贵而为王侯，大而为郡牧，下而为庶民，文于仁义忠信，富于财谷布帛，成而祀天地，灵而驱万物，此人之事也。莫大乎天，莫厚乎地，莫灵于人，是以因于天体，成于地仪，范围天地之化，三才由一而生也。

天一地二，盖乾坤之体。坤为土也，乾为金，金亦土也，为水母。

天一地二，奇耦之策也，三奇为乾三耦为坤，是一而两之之义也。故阴阳自始者，谓之太始。阴阳自明者，谓之太极。则万物之始于乾也，亦由天地之所资以始，是以知乾为之太始。万物之所资生于坤也，亦由天地之所资以生，是以知坤为之太极。故乾之卦所以在西北，坤之卦所以在西南，以乾为太始，以坤为太极，可知矣。是以太始之极，一而两之，作乾坤之象，金土同体而异名，有此，见一数之终始也矣。

四正四隅，何遐迩之为？正艮为土也。应乎坤、巽，为风也，风出木。

乾坤艮巽，四隅也，而为天地之大纪。坎离震兑，四正也，而为乾坤之大纲，曾不知广轮之艮而有会通之情也。然则万物之始终，莫盛乎艮，故应乾坤之节制；莫始于巽，故为风。然风非出于木，而鼓舞于万物，为事由动之生息也，故巽继于震。

坎离未判，以清浊明水火；震兑之前，以左右用金木。

天一地六，相合生水；地二天七，相合生火。言水则含知而内明；言火则崇礼而外照。内明足以应物，外照足以知人。知人者，无所不知；应物者，无所不应，故清之为水。得天一辰中，是奇内而天一，耦外而地六，其为卦也，曰坎，故浊之为火。得地二辰中，是耦合而地二，奇外而天七，其为卦也曰离。夫二者，本水火南北之分，为乾坤男女之体，亦由清浊判于自然也。

天三地八，相合而生木于东方，木生风以动之，故为卦曰震。地四天九，相合而生金于西方，金生水以泽物而物悦之，故为卦曰兑。然东木受西金之制而左言木、右言金者，是震男兑女，尊卑之义也。

《易》八卦者，以刚柔相半；连四象者，分逆顺而生成。

《易》以八卦，兼三才而两立，为天地广轮之体用，故始三。一而为乾，二为坤，生六六九九之变，为四象五行之数，然后圣人分阴分阳，迭用柔刚，以相易之，故天地位而成章也。列万汇而象之，以别盛衰矣。四象者，大而为日月星辰，广而为金木水火，八卦由四象而两制之，则有阴中之阳，阳中之阴，寒暑运行而万物化育也。

二仪分列，各包四象之形；乾坤音土，遂作五行之用。

天地为二仪，则上有日月星辰运于无为；下有金木水火济于有用，金生于土而聚于土者。然乾坤本一而立二，为清浊之别包。括四象为五行，以尽天地之数，备万物之成终也。

一而两之，道法乎自然。八卦九宫，乘阴阳以数。

道生一，一虽立而道未离也。一生二，二名成而道斯远矣。是故道非数而数之所生，一非二而一之所出，阴阳之在天地，其妙有机，而物之所始；其显有数，而物之所生。始终如一，一有二而不可以相无。然阴虽有佐于阳，阳实始之而无恃焉。阳虽有赖于阴，阴实由之而不与焉。是阳常始而阴常成，阳常唱而阴常和，有自然之理。故阳奇阴耦，迭用生成，而天五地六，二五而成十，五十有五之策，所以行变化而明鬼神也。故乾坤之策万有一千五百二十，当期之日，当万物之数。四营成易，十有八变成卦，发刚柔而生爻，以八八于四维，则居中者尽乎九也。

五行分阴阳为十干，清而不下；五支易刚柔为十支，浊而不上。

天地之数各成于五，然始立甲者，本乎上之气申，乾坤皆土之义。始于甲乙丙丁，次生戊己庚辛壬癸，如一之有二，而为十干之气，主曰清则腾而生，故不同下之五行也。五支言道生一而支散为五，以成五行之数，乃浊者下沉而生二五，如十刚分支列于乾坤之广轮，如甲之生乙，丙之生丁之义，故寅则运于卯，巳则运于午。然而同类为阴阳而不同支干之生。

土逐四时之气，故有十二支。十二支以夫妇为体，十干以父子相乘。

四时乃四季也，顺四象之用。然四象为两立，成八支，惟土者本天地，各五而两之。则分四支，列乎四维，以终四象之变。盖辰戌同体，丑未同形，子阳亥阴、寅阳卯阴之类，如夫妇之同体。甲生乙，乙生丙类，如父子相生，本乎一而为五。

三才有阴阳之天地，五行运物化之人伦。

分明阳则为天地，立父子则为人伦，故干，阳也，亦有乙丁巳辛癸之为阴。支，阴也，亦有子寅辰午申戌之为阳。是知阴阳之相覆，奇耦相匹，故万物化成生者，为父为母，为子为孙，配之为夫为妇，以别人伦之要也。

故曰：甲巳真宫，乙庚真商，丙辛真羽，丁壬真角，戊癸真徵。

甲木，二五之始，名而为土，六位相成于己，故曰真宫。土考始成终，故金次于土，羽水之音，角木之音，徵火之音，此十干皆天之清气，生数成于五，至六而为耦，为阴阳之始作，天地之真运。然而真运在天，必自地而得之矣，何则？天罡本乎辰也。阳动而阴静，得十二常，转位自甲子为始，至于辰则见戌，是地之功。故甲之为土明矣。是知直运在天，自地而得之也。

寅午戌火体，亥卯未木体，申子辰水体，巳酉丑金体，斯非真体，乃五行生旺库之地。土则从四事成之。

四象之体而终皆土，故戊至辛而金之土也。

六十纳音者，配由十干十二支，周而终之数也。

干支相乘，归天地始终之数，为六十也。

自生成而言之，则水得一，火得二，木得三，金得四，土得五。感物化而言之，则火得一，土得二，木得三，金得四，水得五。

生成者，天地生成之数，物化则五行支干相成，纳音之数也。

法乎天地，支干数乘。

此十干配天，十二支配地，而合成万物动静之机，充合端委之数也。

支干配，则甲己子午九、乙庚丑未八、丙辛寅申七、丁壬卯酉六、戊癸辰戌五、巳亥支数四。

自九之数，损之又损也。然于巳亥者不由巳而存乾之一二，坤之二三，是道始一至三，错综而生诸数，以合乾坤覆载之功。若夫前所谓支干之配，则道生一，一生二，二生三，三之又三，则九为阳生，言数以甲己为造化之首，子午为阴阳之至，取极之数而先称九，而后损之八七五六四也。

子寅同途，岁上辰下，未可俱言。其支先甲后子，纳音金者，数也。始父母之气而成音，离天地则见名数。

子得同壬，寅得同甲，岁木辰水，如寅为木，二合若见子而得寅者，亦是甲子之金，不可独言木也。甲临于子而金者，是支干化纳音之数也。干支五行。始因天五地五之数，变而纳音，九八七六五四之数相成，上下而得，却须坎离五六之数也。

天五地五，则为造化之先，除其数则纳音之用。

天地变通，二五为十，终成万物，始一终五，皆阳。合之为六，则阴为六五数，外即天地数所纳五行之数也。假令水得五者，是本音以土权碍也，然后有音。故丙子丁丑共得三十之数，而六五皆土而得，纳音为水也。火得一者，是火无音，因水沃之，然后有音。故戊子己丑共得三十一数而除六五，而有一数，而纳音得火也。木得三者，盖木有本音，故壬子癸丑共得二十八数而有五之数，是三数而纳音得木也。金得四者，亦金是本音，而甲子乙丑共得三十四数而除六五之数，外是四数，乃金也。土得二者，盖土本无音，火陶之，然后有音，故庚子辛丑共得三十二数而除五六之数，而纳音为土也。故《经》云：先甲后子，纳音金者，数也。得此则彼可知也。

自乾而生顺，从坤而产逆，阴阳机括于五行，五行之体依八卦。

父生顺，母生逆，假如甲己干正月建、丙寅丙丁火，故木生顺母己之干在木，死为逆，故甲为父，己为母。在寅之家，天一生水，则由乾为属金。金，水也，故自乾生而顺，及纳音，即甲子乙丑金为首。盖乾纳甲子，即是天五地五，于坤数中生逆，其终数而生，亦由先九而从至四数也。阴阳者，乾坤，故金土。一而两之，以备五行，五行分体用而为八卦。

火爱乾为会，水利巽而享，岁守坤乡，金藏艮位。

乾，纯阳也，处西北，故至亥而显明。水性本下，巽出东南，顺下也，故水己为利也。坤则成物，岁以终之，故至中万物介然。守礼用艮，终始万物而仕于坤，故金至寅，终藏于土下。

木落巽本，水流趋末，火显诸用，金蔽于光。

各仕性乡，故守坤。乡水趋末则利巽方，火显用则爱于乾，金蔽于光则又藏于艮也。

水土金，性本下。木火，性本巍。

水流就湿，土积而载，金重而沉，故曰本下。巍者，上也，木性渐上，而火性炎上。

沉者得形而上腾，升者期卑而高会。

水得土而木生，是土克水而生木，木之克土而上腾，则水土之气自木而上也。火得水而上为既济，盖推五行之性，沉者升者，皆必以形为用也。

以坎为离，精玄者能知易。兑作震，通鬼神而作旨。

庚申辛酉，木在巳申酉之中，亦当作金。或卯人遇三酉之类，而可言金，余准此。推之则妙穷造化，但以本纳音为用，所谓易兑作震，通鬼神而作旨此也。假令丙午水得癸巳月、丙寅日、戊戌时，己午木为火之本方，寅戌午之正体，又上下俱火，虽纳音为水，多变作炎上之火看。或水多，人全在巳午未，生而不犯，本命支更干头有气，亦宜作火看，不可谓之休囚，此所谓以坎为离，精玄妙者为能知。

故以庚申乙卯为夫妇之本，宗子癸亥，壬丁马丙，蛇之寄位。

此论干禄也。季主所谓先南北之阳，以辨东西之阴，阴禄阳而阳禄阴，金自金而木自木，故金木自然而得专位，水火土从造化，故阳寄于阴而阴寄阳也。

劳而不息，驿居病方。

五行支病处而为驿，驿所以休息也。

马得纵横，更观乎干，生而不运，以气建推之。

以申子辰水位处驿为病也，以寅为驿，所谓马必以气建者，而驿之为马也。且甲子人正月丙为马，然不在正月，亦自得地位，建丙亦是马，故曰马得纵横矣。《珞琭子》云：见不见之形，无时不有正，谓此也。

出五行之外者，生死在乎我。居清浊之内者，存亡从数焉。

凡修德养性，炼假守真，灵台内静反复还，元神游六合之外，必造五行之先，则欲生欲死，欲隐欲显，皆由乎我，是谓神仙真人矣。岂由天地鬼神时数所拘哉？此欲人之自修，不可专滞乎命。彼生死犹可任，况修德致祥、转祸为福？夫人居清浊之内，皆由情性、善恶、死生而未能逃五行之数者，何也？盖未尝能炼阳纯阴，炼阴纯阳，虽存念至道，亦不能出于清浊之间，徒自苦形而不逃存亡之数也。

元命胜负，三元者，干禄、支命、纳音，身各分衰旺之地。

三元各分生旺库之地而为九命，是主禄主三会也。

干主名禄贵权，为衣食受用之基。支主金珠积富，为得失荣枯之本。纳音主材能器识，为人伦亲属之宗。

干为天元禄，故主贵爵衣食之正本也。支为地元财命，至此比形立象始终之元，故主贫富运动荣枯。纳音为人元身命，故主贤愚好丑形貌材能度量，凡有生。则彼我生克爱憎，故为人伦亲眷也。

支干纳音之气，顺四柱以定。休囚禄马神煞之方，分二仪以求胜负。劫灾天岁，遇用处不能为凶。禄马奇举，逢破处未始为福。

三元五行，亦各分四季，定休旺之气。干中所用神煞，乃天之清气。支中所用神煞，乃地之浊气。凡言神煞，各分天地二气，胜负吉凶。支煞自有诸例，言劫灾天岁，四煞虽凶，若支干配合有用，则为福禄之神。禄马奇举，虽干之清气，富贵之神，主福禄尊贵。若支神配合为破败者，则反为贫贱凶害之煞。

四柱者，胎、月、日、时。

三元为万物之本，四柱乃五行之辅佐，亦犹乾坤之有四时，上有四象，人有四肢，故《珞琭子》云：根在苗先，实从花后者，四柱有偏枯，则随所主而论之。

胎主父母祖宗者十分，主事者二分。

万物之根本，固在我名之先有也，故主祖宗者十分。然而根在物之先，而花实苗之后，虽主事二分，亦当以胎为本气。

月主时气者十分，主事者六分。

月为建元，分四时之休旺，故主三元。气用所出十分，是月与时为宾主，以辅三元，故主立气立事十分，是将来临月分亦定灾福之六分。

日主未得气者十分，主事者八分，时主用度进退、向背力气，胜负皆十分，吉与凶同。

日主月内四时向背之气十分，三元贵贱之气及胎本共时八分，时主元吉凶及胎月日之气皆十分，故言吉凶变异胜负之力同等也。

九命论互相奔刑，反顺生煞，以别源流。

三元四柱禄马为九命，须递相往来，取刑冲德合、逆顺盛衰、以定清浊之理。

先看重轻、盛衰、尊卑、逆顺，次分彼我、紧慢、情意、相续、干音、亲义、四柱，然不合冲类干头配合之理

先看三元支干本意，以辨四柱之力，有形视形气之厚薄。凡化象之有性操用度之浅深，勿论得地不得地，辨尊卑之胜负也。四柱相冲，然无配合，纳音取宾主，保义情亲，以定胜负。

大抵年为本，则日为主，月为使，则时为辅。

年为日之本，日为命主。如君之有臣，父之有子，夫之有妇，国之有王，是胎月生时为主本之扶援，欲得以序相承顺也。

主本保合，未有贫贱之人。时日乖违，岂有久荣之理。

主本保和，相育为贵，年克日，减力也。日克年，虽主贵气，亦多迪剥，况日时俱克于年，乖离尤甚也。

三元入墓，日时自旺。虽运并绝逢鬼，鬼亦不能取。

本入墓中，却主相辅，行在旺乡，虽逢并绝更来加身，命虽灾而未至死厄。

四柱集旺，运逢于禄马，禄马无用。

三元四柱俱到旺处，或生时又使过，若曾发禄于闲地，虽逢禄马而必灾。

过与不及，游移颠倒，气数中庸，应期而发。

五行喜刚柔得中，三命忌盛衰太过。

方信阳唱阴和，须分干正支邪阴静阳从，更忌禄衰鬼旺。

如乙酉得甲辰，虽天地合，却甲畏辛见，乙畏酉金，火畏死地，逢子也。又如戊逢癸亥，是干正支邪，戊午丙子，支正干邪，然水火阴阳相和，则不如干合为正也。又如丙辰见申为禄衰，土逢壬为鬼丁，人见乙卯、癸卯之类。

必死有生，凶中反吉。

如庚子见丁卯，死而得生，甲子见戊寅，凶中反吉。

旺衰之理，审量生克，轻重之名，须识向背。

三元旺地，畏忌衰处，好生须临时审其轻重，如壬申癸酉本

重，壬寅癸卯本轻，却取轻重扶持为用，始分向背之力气。

轻得地而可敌重，衰重无地而制之轻败。

如土制水，则丙辰丁巳之土能制丙子癸亥之水也。壬申癸酉之金虽重，却遇戊子己丑丙寅丁卯之火，虽金重，亦受制于火，盖火向旺，金绝方也。

各衰各旺，轻重自然。

如辛卯见癸酉，戊午见丙子，乃旺处相敌，支气不比，却有相敌为变化发扬也。甲寅水见庚午辛未土，力气各衰，水土和柔，则有化育之道矣。余准此。

守凶煞者，在其尊者制其卑；生克交加，应得先者令其后。

吉神凶煞，四柱先后，干神可制支煞，更分生克之理。

五行相敌，二凶一吉。

五行相敌，轻重相等，遇鬼二则为凶一，重为鬼，犹凶中反吉。

复以轻重之理，方得贵贱之原。

须以六十纳音、支干轻重，取衰旺制度，方可定贵贱也。

至如体轻用重，不免漂沉，本重末轻，广谋自胜。主客从容，优游享福。

如庚午辛未土，本轻也。见壬戌癸亥丙子之水，是本轻用重，反散流也。辛未年、壬辰月、甲申日、甲戌时，此正应体轻用重之格。如庚子辛丑土见癸巳乙卯，是本重，广谋自负之人也。五行主客轻重等，以制用有法，水土和柔，金火平适，则康宁。

水得水多，则沉潜伏溺，小巧多权，苗而不秀，声誉汪洋。

然而富贵则无变通，而势不峥嵘矣。

水得火多，则崇礼贪饕，自恃深虑，多忧，猛断后悔。

水遇火多，其性如此，不姑名利也。

水得木多，则流而不止，执志反柔，临事汗漫，奢俭失中。

水生木，木克土，土散而无止，故此情性也。

水得金多，则本末常安，多得资援。好义不实，智大多淫，智胜义负，则性灵强。水得土多，则沉静执塞，内利外钝，忍妒多恨，信义无决。

此论五行之性，不取神煞论也。

火得火多，则崇礼义洎，明外昏内，自华而俭。既旺即已，不可速达。

火星暴而无制，福至则祸来速。

火得木多，则自恃威福，聪明志懦，动思依辅。静则志明，好辩是非。

仁与礼不足，虽和而多忘。

火得金多，则志不自胜，好辩而刚，礼义失中，直而招谤。

火金两强，故多克辩。

火得土多，则立用沉密，利害敢为，言清行浊，执不通变。

火绝得土，土蔽火光，故所适不变利。

火得水多，则为德不均，巧而忘礼，多易多难，撼取艰险，计深反害。

水火未济，多智多伤。

木得木多，则柔懦泛交，曲直自循，多学不实，聪明华洁。

木主仁柔，色以表形。

木得金多，则克制憔悴，刚而无断，静思悔动，誉义不常。

义胜于仁，反客于心。

木得土多，则取舍自信，华而不奢，体柔伏刚，言必鉴人，智不自胜。

仁轻信过，无礼节也。

木得水多，则漂流不定，言行相违，处吉不宁，趋时委曲。

木华水智，故多顺取。

木得火多，则驰骋聪明，好学不切，礼繁义乱，明他害己，善恶决发。

火得木而炽，木无以自容。

金得金多，则刚直尚勇，见义必为，过不自知，忘仁好义，思礼好胜。

金重欲火，故思礼。

金得木多，则辩分曲直，利害兼资，置德怀忿，朋友失义。

仁义相伐，必有所失。

金得火多，则口才辩利，好礼忘义，动止宽和，中心鄙吝。

火胜于金，有义礼也。

金得水多，则计虑不深，为人无恩，临事龃龉，或是或非。

水重金藏，多计无刚。

金得土多，则失中有成，口俭心慈，作为暗昧，多处嫌疑。

金蔽土中，则求之者成。

土得土多，则重厚藏密，守信容物。或招毁谤，恩害敢为。

土虽守信，深厚难知。

土得金多，则信而好义，刚而多躁，不能持重，庶事无容。

金上争丽，两不自持。

土得木多，则形劳志大，杂好狂徒，用柔爽信，曲直党情。

木克土则信亏。

土得火多，则施义忘亲，外明少断，奢俭失中，好礼口惠。

土得火助，信有所毁。

土得水多，则贪功好进，泛顺伏机，志善若昏，爱恶无义。

土虽克水，水水多则土失信。

诚能以此更分轻重，明作为之性情，消息盈虚，依于祸福，然后为能言。以前五行多寡，论性情，而复推祸福，正气无刑。

如庚禄在申气当用甲，如诸位中不见庚之刑甲，或他位见甲，即为无庚是也。

名背之半。

不见正禄，如得己而无乙，亦是所谓得一分三之说，虽背正禄，必为福。

马无害，禄无鬼，食无亡，支合无元，干禄无厄。

如甲子得丙寅为马，见壬午及水在丙寅六合破刑之上。如不见正气，却见他干在禄位，其禄干亦要无鬼也。倒食顺食，皆要无空亡。亡神也，支神名合要无元辰，十干合处要无六厄。

旺无丧，衰无吊，妻无刃，财无飞，孟无孤，季无寡，生无劫，死无败。

如癸丑木命不要卯，此则旺无丧。如壬午木命不要辰，此则衰无吊。阳制阴为妻，不可在羊刃上，故妻欲无刃。命后四辰曰飞廉，我克者为财，不可犯之。四孟之人不得见，孤辰在命；四季之人不得见，孤宿在地，长生处要不值劫煞，如乙巳、丁酉、乙丑见寅是也。死处忌见八败沐浴金神。

火无水，水无土，土无木，木须金，金须火。

火无水降，亦能自润。水无土壅，莫不成流。土无木制，旷野安然。木须金克，可以成材。金无火锻，不能成器。

体重须鬼，禄轻须官，刑虽全，败虽孤，夫须鲜，妻须倍，吉须显，煞凶须沉昧，天盘须会，地带须连。

五行本重，须鬼损裁。禄轻须官，如甲人禄位虽辛，亦贵四柱之刑，各须全见八败之地，不畏本气在孤病。夫须鲜者，己不可见甲众也。妻须倍者，甲见己在旺地也。五行在吉神方须显，然见其清气，凶位见五行，须得凶煞沉昧，斯能无害。甲丙庚壬须左右朝揖，是天盘须会也。亥子丑寅卯须交连左右，是地带须连也。

干全顺，则为清气，完和者为贵。

如甲乙丙丁戊为十干，全须岁。胎、月、日、时顺，则为清，如水在申子辰中，或在亥子丑中，制用气完，乃为贵。

阴附阳，带岁则富贵；阳合阴，背本则虚浮。

阳支互合阴干，不来朝命，及本向衰，则无有用也。

应凶观空而无空，旺相得空而尤利。

应煞害刑，在空亡无合，动不为凶也。旺相处明暗合，或逢天月德见空亡，亦吉。

至若空亡有用，赖虚中而有应。

夫响之有声，莫非中虚也。至若钟鼓之声，虚中则击而鸣远。若实之，则不应。是以大人之命要虚中，德必居空，空自旺，有用，乃有大声之应器也。

库中鬼勿取，生旺继衰殃。

当生旺者，更引旺处，福与祸并，库中之鬼，如甲见辛未，金见己丑。

木本离而化薪，金趋坎而育水。

木见火多，或木重，运至离宫，则化柴薪也。虽金生于水，然子胜而母负也。

水有火，火有金，金有木，木有土，土有水。

如壬中有丁，丙中有辛，庚中有乙，甲中有己，戊中有癸。

干备而禄备，命成而财成，身有地而官行，贵贱自此而见矣。

干为天禄。要正气而有地备足贵扶之类。支为命，纳音为身，身命顺旺，财在中也。又能先论纳音轻重，而分干禄命财，更身有命，则贵可知也。

禄为君子之性，命为定性，身为用性，时纳音为居性。

言性则可至于命禄主贵，故为君子之性。支为定局，取其属以见人之定性。纳音主财，能器为用性也。有时则三元之气备，所以见人居止动静，情性也。

贵气无地，贱生贵中，本贱有时，贵生贱内。

本于日时上，旺相保和，却得贵气来。时上衰败，始贵终贱，四柱落在贫贱气中，而时运在旺方，逢时之贵气，贱中反贵也。

贵绝处观殃，因贵贱中亡，贱临贵，鬼旺贱向贵中死。

贵备之气，至绝处更带鬼，虽贵人死于终贱。主本贱，临鬼旺而有鬼气来承，虽贱而后亦贵。

支干太和而塞，夫妇失时而凶。

五行支干，纳音专位，相和则塞剥，如甲子逢己巳，在秋生，又见甲午冲命，两金克己巳木也。

三元有地而贵，四柱递合而崇。

三元俱有用，得地必富贵清显。胎、月、日、时交互相合而朝命，即是崇贵相辅，清显之命也。

真假邪正

变通拙而蔽于神，执一明而瞽于众，辨明真假，消息盈虚。

阴阳无形，为道至妙，须在智识变通为比，察观真假、消息盈虚，则灵于神明。

守位则正，失方则邪。

如甲寅乙卯在亥卯未，乃得正体。若居巳酉丑之方，谓之失位，他皆仿此。

阴生阳死，逆顺相因，甲气申方，乙绝酉位。

四时一阳生，六阴死，然阳道行左，阴道行右，如甲乙皆木也。甲阳生亥而顺行，至午则死。乙阴在午而逆行，至酉为绝。

子为天正，岁时始于一阳。寅为地首，阳备人兴于甲。

建子之月，一阳生焉，是为岁首。则一日建子，子时当为一日之首。建寅之月，草木甲坼，则阳气备。岁时兴建寅之时，则人兴寝日事始，非天道之始，为地首矣。

天左中而左吉，地右半而坤乡。

太阳法天，正月自子左行，至六月在未，未，小吉也，以是子为天正也。月建法地，自正月建寅，至六月在未，未，坤之境也。而天地异见而至同焉。

先天后地，宫土其中，人中贵神，丑上己土，正体大吉，形体小吉。

言天自子行太阳，至未如月建至寅，然往而中会于未，终于丑，故宫土其中也。天地自寅、子左右行，至中而终于丑，常中于地之道者，未有人中之贵神，丑为大吉，未为小吉，巳同丑未之体左右。天地中会，其方小吉，所以立贵神，用巳丑为家也。夫贵神者，在天为紫微星，在地为天乙贵神，领诸干神，助地旋德，奉天行道，以及乎人。

戌亥为天之成，辰巳为地之往，故贵神逢天则左，遇地则右。

言亥为地之阴极，戌为天之神极，守万物成功卑用之位，是谓天之成也。巳乃地之阳极，辰为天阴之始，是万物荣枯往来进功。又戌为魁成，辰为罡干，故贵神逢天地真运，进退之所领诸神避之，故逢天则左行，遇地则右行也。

天乙不守，魁罡庚辛，阴阳合异。

天罡、天魁，是天地造化，立事营始成终之位，二辰主生杀之权，行刑政之统。天乙紫微，以吉德善辅，行道而不乱，典彝行令而不杀戮，惟以正道尊严天德，故分旦暮之位，以别相仪。阴阳之卜，以当进退。人能审是，则见五行盈虚之异用矣。

魁为大煞，正月厌元。亥为地将，正期神合。

魁主肃杀揪敛之辰，寅为和气生育之首，故正月生体，以九月为厌元。亥为登明，正月将与合德，期合也。

德将无厌，清华总领之人，德合月承，金殿凰台之贵。

亥人正月生得亥而无戌，又此月生人，天德在丁，月德在丙，更与四柱德合。若人生有天月二德，朝命承之，必历显位。

金坚于土，乾坤妙用无方。

金土，一也。主色丽而坚刚于土，阳自阴生而尊于阳。

土重而金生，金强而育水，水流而岁成，木交而火炽。

清者自浊，而澄静者乃动之机，是土重则金生矣。湿生土，土生金，故云：金生水，水实地中，行非假金；故云：金土一也。水既生旺，则木荣长矣。木相摩而火炽。

火，无我也。夫薪归土，火遇土不能生。鬼在旺方，看五行之轻重。

火无相，托物现形，故谓之神。青赤而为父子，故火无木则化灰尘也。盈虚相代，逆顺相成，未始有生，未始有死，绵绵无穷，妙应无方，用之不匮，乃五行之阴阳。

测于无形，不执手相，乃得真际。

五行支干，相因而生。纳音五行，周运无穷。阴阳之道不见，声形无以比拟，执相之论，直须尽神据披变通，乃不乱用。

或有阳守阴多而利，阴逢阳盛而殃。

一者，众之归，故阳多得阴而利，阴卑而阳盛，故一阴众阳，必多殃竞。

日遇隔角，孤有用阳，就妻而成家，妇若奔夫，二位虽贵，合六马。

以年为夫，以日为妇，如日在孤绝隔角，却于年上有吉神之气，宜阳就阴为吉。如甲辰得己酉，是阳不往合其阴也。为妇奔夫，礼所屈也，若己丑合甲子，是夫位有贵神财命进旺，故从夫也。

先上清而得之下浊，后下浊而升越上清。

先取上之轻清为用神之福，次看浊气居下上，虽清而不秀，则取下浊有用之气为福所升越为上矣。

甲子己丑是天地合，轻重自分；丁亥壬辰清洁，会支干尤亨。

彼我往来，皆在囚死，故虽有贵者，不能拔萃，犹不若己丑见甲子是也。丁亥地贵符，壬辰禄清洁，丁壬合气为木生于亥，而更辰与亥为秀德合，贵气互换，乃清洁也。若壬辰生而得丁亥，未为尽善。

寅中有甲，得阴土以为妻，方知甲与己合，丑寅未会。

甲乙寅未相合，甲寅同体，丑未同己，故寅见丑未为合。

子巳体壬丁之会，卯申同乙庚之交，丙午辛酉无干，不为破刑。癸始亥中，辰戌得同乎戊，此乃有无之相承，异乎六合之配偶。

此言皆天地同道而分一二三，生而阴阳数异而为支干，故同体者支配干合矣。

同形则贵，在岩廊六合，或清居邦教。

辰亥子巳之数，皆同形之合，故贵而遇者必高大。六合专位，贵为清选。

连属不言，孤寡清绝。

一作纯粹。

可胜乖违。

如亥得寅，戌寅见丑未，或支干朝会包里贵人，连属本命，虽犯孤寡亦吉。如壬辰丁亥、甲午巳未，虽主木乖违，却有清纯秀气可以为福。

大凡多取真形，慎勿专持假体，寅午戌气禧于申，更观干头之轻重，合守安马于戌，全要无形。土马守于离，阳晶应于子。

五行支干配用，先推真者为用，则五行之妙见也。火体气病，散禧于申，须看干头所配生杀三支轻重，以论乎吉凶。三合季地，乃华盖下之暗马，会之者，亦当富贵，大忌冲破之处。土无正气，寄于离火为精神而禄应于子也，则土水为夫妇，由水之于火，正守子午之位。

三元失地，虽贵而弗贵。上下得真，虽贱而未贱。

三元失地，虽贵者必遭贬而不康宁。如甲子得壬子、己丑、甲寅、乙卯、癸亥、戊辰，乃天地之吉气，虽贱而不知卑矣。

盖阳盛则禧阳，阴极则杀阴是也。

阴阳各得专位而不为遇极，虽身受死绝亦有富贵之理。凡论阴阳胜负，必分真假邪正，斯可矣。

升降清浊

父子之行年同体，子享父利。夫妇之禄马并伤，妻殃夫病。

年父时子，生我为父，克我为子，二者气用，在行年上分吉凶，各随其用，以分休咎。年禄日马，日禄年马，各有时害，则夫妇并伤也。

五墓为岁藏之地，时贵亦妨四孟，是孤绝之方，带煞必克。

四季为五行之墓，万物之所终也。生时逢之，虽会吉而贵，亦主妨害尊亲也。四孟上有孤辰气绝，若更见亡神、劫煞、岁刑，亦主妨害父母也。

子午乃阴阳之至，卯酉为日月之门，死败全逢，刑犹寿考。

四仲时生主无妨败。若年死败有生，主有寿及父母。

有禄者，干支生成，动则周观。阙禄者，财命身禄，行游一理。

干禄破伤，五行不秀，须推财命，不可一撩，推其官鬼。至于行运，亦不论干头禄马矣。

禄位有无，认于官鬼，官鬼竞驰，灾殃并乱。

身有地禄，气无刑，更要干中无官鬼。有官鬼，虽贵而多殃。

身土遇火生而渐利，命水得金降而优长。金多须火，或从革以成名。木重得金，揉曲直而任使。水流不止，息土以攘之。火盛无依，惟水以济之。

生命喜于生旺禄干，不嫌克制金重，无火而集旺于酉中，亦可以成名。木重须金，如五金，而亥、卯、未亦为曲直理断之，任使水流不止，惟土以防之。水流不进，欲以土克发，仍有水土之轻重。如火之盛旺，左右无木，须得水制方成既济，使不极也。火轻则不然。

丙寅丁卯，秋冬宜以保持。戊午庚申，彼我得之超异。

木不南奔，火无西旺，故火木至秋冬势恐不久。庚申，石榴木夏旺，故喜戊午。盖天官旺而石榴之木性得时，戊午乃旺极之火气，喜于甲见天马相资也。

时居日禄，当得路于青云；五马交加，可致身于黄阁。

生月生日，两禄干在时，如敏少宰，己巳年、己巳月、己巳日、庚午时是也。注云：甲日得寅时，须有气而能朝命，主本三无气，亦可清贵，但寿福不永耳。年月日时胎五马不闲，定为文儒之贵。若年马、时马、华盖马、及二位天马不闲，亦是，如王安中左丞。乙卯年、丁亥月、乙巳日、丁亥时是也。

丁壬喜乎丙辛，乙庚爱乎甲己。

言彼有此，辨一分气，是得一分三之义，乃气相生也。

甲午爱官旺，辛酉忌生旺。

强悍砂洑之金，欲得官鬼。有生旺之气，亦可为贵旺，不必为官也。辛酉气绝之木，欲生旺以为荣，然金中之木，金木未成器，为贵美亦可矣。

物之未哄，盛衰有渐。

物生有渐，则坚实，盖其进锐者其退速，是以五行之命，贵在中庸之气。

以庆为吉，庆弗吉；知凶远凶，凶败无。

作福作威，返福为祸。知命畏天，转祸为福。

有根而无苗，实贫而尚可甘食。本气绝而花繁，纵子成而味拙。

根基主本有气，虽食运不扶合，亦可作六亲优备、平生自足之命。三元四柱，本无旺气，得到福禄之运，亦乍举乍胜，不可以大荣达也。

君子小人之用否泰，各端支煞纳音之情，体何一揆。

支干配禄马贵神，君子之事也；纳音财帛支煞，小人之用也；乃分君子小人，两端推之。

寅申巳亥，生成而有子有孙；禄命身源，衰旺而存终辨始。

四孟上见四柱之生旺，更不必推，乃有子有孙也。又说须是六合相合，方论此。如见六害，却无息也，如癸亥年、庚申月、壬寅日、乙巳时，却无嗣。先看三元轻重，次看四柱盛衰，既见主本高低，乃论运中得失。

顺往而亨，逆者则否。逆顺之情，从大小运而言之。

言三元分于四柱，要互换生旺，然后以九命看二运上。要休旺相顺为吉，胜负相逆为否。

智仁礼信义，水木火土金，论十二数者，支干极也。

水即言智，木则近仁，火则主礼，土则主信，金则主义，以支干相配五行，各有十二位也。

智仁则清，礼义则浊，信从四时之气。

水木和乐，主文章清秀；金火刚暴，主威武浊勇。土随四时而有浊有清，当随所犯而言之。

清无地而后浊，浊有时而返清。清得地而转清，浊会浊而愈浊。

水木失地，虽贵必俗。浊而为武人，金火得四时之生旺，气反清贵，而主文章继世，为天下英贤秀士。如木生亥卯未而有水生之性也。金水有用，可武耀于疆场，为天下元帅。

旺相之义，官鬼岂分？清浊之源，轻重可别。

戊午火旺盛，见木水相乘，则官在其间也。如无水木，即须见禄水木金火，各先分所得纳音之气轻重，然后论所得之地，以辨轻重清浊。

应得墓者，守成而无害。临生旺者，自损抑，则崇性。

凡得五行在墓，其中见财富官贵者，发旺即已当功成身退，守之乃荣本末，皆旺而运气。更临生旺，是人富贵得时者，宜自谦退。

禄马气聚，刑备贵全。清则清贵，浊则浊荣。

禄马在身命之刑位者，若见贵人全聚德合，生气聚旺，不论清浊，皆主富贵。

偶者则升，孤者则降。

支干禄会福禄，集聚则升清为上格。如不得天元一气，若又支干孤绝，正气刑破，却逢身会旺相有贵者，当降为下品之格。

德将相扶，金印垂腰之贵；递相揖让，调鼎位极人臣。

天月德临月将事合神，乃主紫绶金章之贵。支干六合，清气合四柱，支干左右朝命柱者，乃极品之贵人也。

李虚中命书卷下

衰旺取时

论一方之气，不可过角，进角为孤，退角为寡。

一方之气，则四象各主于一时之偶也。如寅卯，辰则巳孤丑寡。

既旺不过一方之气，却言衰者成功也。

木亥衰于辰，是木出东方春位而衰，此本末衰旺，功成身退，子结花落也。

华过衰而实成，是穷则变通之象。始生于沐浴为风水陶化之因，冠带则材器可任，临官则鬼害之难。

物主临官，则气血坚壮，可受制敌，不畏其鬼。

旺则刚介，自处衰则去华立实。病者，孤也。

病者形势孤弱，如木病巳则寅辰之孤也。

死兮无物，墓藏为造化之终绝；煞有鼎新之气，气尽后成胞胎，凝结始分形状。

此长生之气。言五行至绝，受气而成形。十二支位之上，乃代谢自然。

夫物出自然，端倪莫测，直须仔细探赜，消息龟数。

五行之造化，万物之盈亏，以尽蓍龟之数。

衰病之所，有鬼则止，无鬼则停。

止则穷已，停则流滞，如丙至壬戌，壬申则绝。至庚申乙亥，则流滞而不通。

水性本寒，火体本热，极寒则丑寅以为期，大暑则未申而自定。极也，反也，五行之常体。生也，殒也，万物之自然。

五行各有正性，在人所禀有吉凶。发觉未萌，须在期程之所极可定。《赋》云：三冬暑少九阳多，亦以正气为凭也。五行之运，阴阳相推，亦有不应，和者亦极相反，是谓死兮生之本，生兮死之源。

岁隐其神，神成而岁死。

岁，木也。神，火也。火盛则木死，势不两立，因恩而生害。

智从义出，智盛则主藏。

智，水也。义，金也。金生水，水盛金藏，未尝不失于义也。

信从四事，物物皆归。

钟于土是也。辰为木之土，戌为金之土，未为火之土，丑为水之土。

鬼财相会，则凶中得吉。

如庚申得癸卯，是庚申月乙卯有合会德之财，癸卯为木之鬼。

观刑逢妻生旺，不取生月为父，胎月为母，身克为妻，妻生为子，时生是妻子之数，成败自然。

以火克金为父，则以生月定之。然后看日时承受，胎月有无刑害。身克为妻，以日论之；妻生为子，以时推之，乃看生旺刑制，五行之定数也。

胎气同往，当有异母；月干相逢，须依二父。

受胎正在受气之地，而与日时支干同者，当食二母之乳。月干与年干相连而同在父母生地，当相交。或立身于二事而成也。

子息则先明生气，或用克以推之。

如丁巳土以木为子孙，建至亥上得辛。若四柱见丁，在无气,更有刑害者,必少子孙也。

自生自旺,更看运元胎月。

如生纳音,在月旺处,更不论刑害子孙之地,如胎月在有气处于生时之上,亦不绝子也。

禄马不闲,子孙未必绝灭。

若人生时见禄马,往来朝命,不犯孤寡,亦有子孙。

阴阳和会,交友结心,同气连枝,同名定数。

五行须和顺者,四海之人亦心于交友相结,况同胞兄弟,岂不得力?但五行中,以此为兄弟而无灾位也。

或有偶然同产,一母以生,须分深浅之时,复看五音向背。

凡一时有八刻二十分,故有浅深、前后、吉凶不同。其有以生,须分深浅,异姓则论五音向背。

本音生旺,须至福胜于休因;时日初终,更看先后之凶吉。

异姓同时,音得旺相者,福禄深厚。言同时则看先后吉凶。

岁月各计于气交,胎月定推于干数。

有年未交而气先交者,气已交而月未建者,须以交气为定。人之生也,禀五行四时之气为性命,且年岁乃辰煞而已,其余建月不足月,俱以十月为胎,以同天干之数。

是以天奇地耦,有万不同,阴煞阳生无形,自运察衰旺于气数之中,则万物变论之必应。

天地生物不同,如人质未尝相肖,盖使有造化之别尔。阳主生,阴主煞,乃运于无形之中,而万物先后自然应备。五行衰旺以四时轮转,则万物从而化育,至如鹰入水化为鸠、蚯蚓结之类是也。

贵贱所成,刑聚败极。

甲申得丁巳、己卯、己巳之类。

四柱不收。

甲子得丙寅、丁巳、辛亥、壬申之类。

五行未备。

甲子得庚子、己卯、癸巳之类。

数无取用。

如不合干，不冲支，而上下相异其气。

一方前后。

如木命人己丑之类。

柱多隔角。

辛丑得辛卯，甲子得甲戌。

真者失时。

如丙辛合在二月、六月，丁壬合在秋月。

假者殃克。

五行纳音本轻，却多逢克制。

主本倒乱。

火年水日，更先逢生旺，继逢死绝。

父子乖违。

日克年，时克月，贫贱之人皆从此出。人生元命犯以上之格，皆主贫贱害身。如此而元命有气，却得富贵者，必不久而多凶也。

禄期本地，身命旺相，禄承马在，贵合两同。

如甲人生亥卯未地，或寅卯辰中，即生旺气也。如壬辰得辛亥、丙寅、己亥，甲寅得乙未、丙子、己亥也。

真体守位。

如丁人得壬而在寅卯、辰亥之中，或见丙辛各在旺地，而别旺无丁壬也。

假音得时。

如上人生夏季，或居申子辰中，连四季皆是。

宝义制伐，四事显明。

尊生卑曰宝，卑生尊曰义，上克下曰制，下贱上曰伐，以此四者，胎月日时，上下相生相克是也。

　　五行不杂，九命相养。

　　谓三元各处一方，带本近禄而和及三元，各居生旺库，而纳音支干相生育也。

　　木官不重。

　　木须要金而木通，用甲重而无金者，须得支有。

　　金鬼无偏。

　　金须要火而金相当，或须重而合会于丙。

　　用刑者有时。

　　如寅刑巳而生在春，制克有用。

　　守刑者不乱。

　　如癸巳刑戊申而无丁干者是。

　　明官德合。

　　如丁亥得壬辰、壬戌、壬寅，又己卯得甲戌、甲寅。

　　暗逢支禄。

　　甲人得丑未亥之类。

　　支纯干一，有贵来朝。

　　本命四柱，支干纯一，或四柱干目纯带贵神，来朝本命，或四柱并在一支上见贵神。

　　主旺本成，会于一方。

　　庚子土得庚辰日、癸未时、丙戌月、丁丑胎之类，虽冲破，却会在本气之方，更有禄马尤吉。

　　金逢五事，顺得三奇。

　　金木水火土金，而三元有旺气，得生克相顺，尤嘉也。辛酉生人得甲午月、戊寅日、庚申时者，是三奇之顺得也。

　　富贵之人，皆能应此。

　　人生元命，支干四柱，应以上诸格者，主富贵。纵无气，亦主闻名，挺特出群。

五行各有奇仪，须分逆顺。

若三奇各带合，须前后五辰合为上，更分顺逆之用。

甲戊庚金奇，喜辰戌丑未，或金方乙丙丁火奇，喜寅午戌，或西方丙辛癸水奇，喜亥子丑申辰方，丁壬甲木奇，喜寅卯辰亥方，甲己丙土奇，喜四季及寅亥午申方。岁胎月日时者顺，时日月胎岁者逆。

三奇亦要合而贵，五位得逆顺三奇，皆吉。惟嫌不连顺。

胎本立于岁前，因岁得之胎月，故立胎在岁后。月前空刑败害，日时倒乱，却得顺奇，不为倒也。

三刑八败六害，空亡相生相绝倒乱者，却得三奇，顺在本方，亦主富贵。

日时无方，东里多迍。根鲜枝荣，西门寡禄。根固时雄，花实无忒。

日时之力不辅三元，或耗或克，主灾多。行年根苗花实，乃胎月日时相顺为贵。若五行更到旺方，即为长远。

应得位者，支干各有所刑官。或无气也，上下须依乎父母。

入前格而贵者，支干中须有冲刑之官，如无官，须以德运为清也。当死绝处，须要逢父母，故子晋云：赖五行之救助。

四柱主本禄马往来，须分建破，天乙扶持，将德侍卫，更辨尊卑。

谓当用处有建不可破，已破却不可建，吉神在四柱中，各在四时，用干为贵。

真合为紧。

子巳卯申之合为真。

德合不清。

甲子、己丑、丙戌、辛卯连顺而贵，尚不如壬子癸丑。

连珠未显。

连珠支干前后颠倒，皆不为显。

空合何荣。

四柱相合，不扶六马本命，即为不贵。

支连干会，连珠真同，凤凰薮刑，全贵全天赦，禄食麒麟窟。

甲子、乙丑、丙寅连顺而贵，尚不如壬子、癸丑、甲寅、乙卯为凤凰薮，其贵清异，人生二刑，更昼夜贵神全，皆主文章清秀之贵。

卯酉自分承不承，魁罡言之会不会。

乙酉得辛卯，辛酉得癸卯而有辰戌。言支干相承，用魁罡辰戌也。辰戌相冲，须有寅亥申支，乃为相会，不相会为凶。

罡中旺乙魁里伏辛贵神，得癸小吉，隐丁。

辰中是乙，戌中是辛，乙丑为贵神，丑中有癸，未中是丁。

有阴而无阳，乃四方之贡土。

言癸乙丁辛，皆阴干四位中贡成其物之土。

阳守正于魁罡，阴有用于丑未，金在火乡贵而迁，逐财则孤劳。

戊同辰戌，己同丑未，金命在火乡，贵人多黜贵，财人则孤劳。

体重为从革日新，本轻则灾殃短折。

金以火为官，若体重者为火位中生，亦可成器。若金本轻而生于火乡，更遇之，多必短夭刑折。

须详生克之爱憎，举一隅而辨众。

如金在火乡，各以其义辨生克爱憎，而言吉凶，如水木火土，各以金之义而推之，故一隅足以辨众。

支干论配合之情，力气取四时之义。

五行生在三合中，各以生克物化人伦之义，以辨吉凶。更看四时中所得力气，及支干配合真假，以定吉凶。

仍分尊卑上下，筋脉交连，神煞吉凶，以分高下。

此重言者，欲人不忽于消息，言更看上下先后尊卑，见不见、抽不抽之筋脉情理，乃神煞吉凶而定荣谢也。

至若贵神当位，诸煞伏藏，三元旺相，岂专神煞。

言天乙贵人论于干，看五行四时之气，及昼夜之干而定。若有气，天乙当位，则煞自藏矣。五行三元为本，若在旺相之地，不背克生气，不论神煞也。

或遇七元，刑劫败害，元亡冲破在上，无可救者，为头目之疾。

七元干鬼者，对命是也。三刑劫煞，八败六害，元亡冲破者，犯真禄之位。见干鬼及三两位并犯胎命之建，更地位无救，主头目疾。

在下无可救者，为手足之厄。

只犯纳音支者，乃手足股肱之病。

父母之孙，奚能免害？生时既用，行运亦然。

如此之人，亦须妨害六亲，以三元尊卑而言也。又言己土七煞之凶，不惟生时用于上下之灾，行运太岁，亦当与日时通论。

木火则奔速，土金水乃容之。

所遇上件破害，当向坐时运中，更分五行迟速之性，火木渐上，主速。土金水沉下，主迟缓也。噫！造化寥廓，祸福杳微，或积善而有灾殃，或积恶而多喜庆，盖祸福定于生时，善恶由人。然而天道福善祸淫，故君子修身以俟命。

三元九限

三元者，大小气运也；九限者，三运之荣谢也。自生得节日为初，阳男阴女，顺而理；阴男阳女，逆而推。向者数之未来，背者用之已往。十干分之，为月三日，成之一年。向背之数，须得其实，未来无日，谓当日得节也。当虚作岁，背之同推。行游四柱，吉凶自然，小运同途，盛衰理异。

运至四柱中，伏反生克，吉凶自然。同年小运，四柱所生有别也。

伏反之状，灾福仍分本主之基，以辨吉凶之变。

伏，守也，逢合则动。反，动也，逢合则静。先分君子小人之主本，次看运中吉凶变通。

小运天左地右，阳备于寅，阴备于申，故男一岁起于寅，女一岁起于申。

寅为三阳化主，申为三阴肃煞，故男小运起于寅，女小运起于申。假如甲子年男起丙寅，女起壬申之类是也。

以建元而论胜负，助岁运而依吉凶。

小运各以年遁月建，五行而分生克胜负。小运助大运，太岁相依辅，而为吉凶也。

反破刑孤，凶中有吉。寅申二命，小运不专。

返吟冲伏吟害，及孤病之类，虽是凶运，其中亦有吉者，二运生而小运伏吟反吟，故不以小运专仕太岁乏上也。

一岁一移，周而复始。

若一年各有一建而循环也，不可以气运取。男三十而女二十，阳自戊子，阴自庚子，男得丁巳，女得辛巳，男顺十月至丙寅，女逆十月至壬寅也。

气者，时也，未有时而气未定，既有时而气以完。用之纳音者，缘有身而得之气也。

言气运取生时五行纳音之休旺。

身者，三元之本也；气者，身之本也。运既顺而气逆，运若逆而气顺，自生时为始，转行不已，推迁逐岁一宫。以大小运分吉凶、休祥，非命之也。

甲己土运，乙庚金运，乃天道起魁罡之运，主国家运祚之休祥，非云命之气运也。

气运并绝则厄，太岁为君王，大运为元帅，气运如曹使，小运若使臣。帅凶则曹使不能吉。

气运、二真运，禄马之气并绝，则死。太岁为百神之主，大运、气运欲转轮不绝，则主本优游。大运主生煞之柄，故曹使不能违理。

会吉会凶，作用定矣。

在三元生旺库及禄马旺处为会吉，居三元沐浴衰病死绝处，逢禄马为鬼。无和顺者为会凶。

其象大者，至于死绝；小者期于灾挠，身须逐运，运须逐身，柱助运而凶反吉，柱败运而吉复凶。时运逢马，吉凶马上，一吉呼而百吉会，一凶驰而众凶符。

太岁起大运，及主本尊者，则大危，或死亡矣。小者有用。虽自有福，若伤慢处，亦主灾挠。身运二者，须左右有符，合资助为吉。柱为主，运为客，客为主，害无不凶也。二运到马上，即看马上之吉凶。马主动，必须细取三元四柱而论，不可以马吉而不言马上有凶也。

吉若胜凶，凶藏吉内；凶若胜吉，吉隐凶中。

其言吉凶有相反，如季主云：使尽吉，合则殃也。

运限之道，有天官限者。

三元到中庸之地，见贵逢合，或只有贵，却无合。或有合，而无贵。四柱相生，运岁相辅，凡得此限，君子将荣，庶人获安，事事皆吉。有得势限，三元俱到旺相地，四柱相贵承。有龟藏限，如禄金入土干下者是也。命金入土支下，身金入上纳音，下者则暮春之优游，不利君子，利平小人，盖子弱母胜也。有波浪限，金人运到亥子岁，乃小运上是也。木人大危，余人意思不调，飘泛如身也。有风雨限，运到三元衰绝处，气运小运，又为禄鬼，如此则吉凶相继，来去迅速，势若风雨暴遇而无所系也。有布素限，行运到身旺相支干死绝是也。若太岁小运扶助本命，虽入灾运于十载之间，亦有五年之吉，不至于凶甚，以此消息，故名布素限。分前后，五年不吉。后运则助，五年无凶。后运若凶，则凶咎。有失所限，三元俱值鬼二运，见三刑并冲柱，主本与行年不相承，作黄泉失所之命也。有破碎限，此非死限，只是金破碎，去如流水而不返，诸运气沐浴，更逢真鬼，谓甲衰而有庚之类。有灾位限，运至伏吟上，逢丧吊见白衣、飞廉孤寡、岁刑克身者，是主灾位之事。凡得此限，则亲戚不利，主有丧服。

夫三元九限者，乃人之利也；四柱三才者，乃人之本也。本轻则大者小利，小则主本贫而更无运路，亦惶惶无所依矣。

本大者得之小，犹胜小者得之大，本小者得之大，未及大者得之小。本重则利重，本轻则利轻，本重得小者，退迹无凶。得大者，官清禄崇。本轻则小者且福且利，得大者吉极。防凶有小者，如物待时，得时则万物滋长，本无者如折木悬空，气遇则花实并败，是故木生于震，临离兑以多殃。火产东南，赴天门而寡禄，金降自乾东，而震北遇坤乡，而败禄衰官，水长逢火木，崇方复乾宫而潜身退迹，五土忌于真败，随气运以详之。又土无正位，随真运而败，甲己土败在酉，乙庚金败在午，丙辛水败在酉，丁壬木败在子，戊癸火败在卯，各以十干所配消息而取用也。

天承地禄

日之火也，阳之晶；月之水也，阴之极。日自左而奔右，岁行一周。月自阴而还阳，三旬一往。子为天正，寅为地常。四正为上，以左右为门运。阴阳旋转之机，应天地亏盈之数，六十载支干同日神头，后有显说。

六合之德，甲子、己丑

换贵德。

甲寅、己亥。

三元承天德。

甲辰、己酉。

败干失地德。

甲午、己未。

败夫承妻神贵德。

甲申、己巳。

阴往阳承阳干败绝德。

甲戌、己卯。

自官从旺夫妻德。

丙子、辛丑。

阴盛归阳藏败德。

丙寅、辛亥。

天地贵神重换德。

丙辰、辛酉。

丙禄相合承地复败德。

丙午、辛未。

禄气相资生合德。

丙申、辛巳。

禄承本禄生成德。

丙戌、辛卯。

阳承本官干合德。

戊子、癸丑。

阳附贵而阴怀德。

戊寅、癸亥。

阳附阴神相济德。

戊辰、癸酉。

禄命吉神德。

戊午、癸未。

禄命太过不承德。

戊申、癸巳。

各守举而不敢刑德。

戊戌、癸卯。

阴贵暗符重贵德。

庚子、乙丑。

支干合换贵自盛德。

庚寅、乙亥。

阳附阴大贵德。

庚辰、乙酉。

金水未成用德。

庚午、乙未。

干禄不备自败德。

庚申、乙巳。

带刑带鬼带食德。

庚戌、乙卯。

禄承阴会小享德。

壬子、丁丑。

禄会官承换官德。

壬寅、丁亥。

禄贵本元生气德。

壬辰、丁酉。

贵会气承清洁德。

壬午、丁未。

支干不合阳禄阴符德。

壬申、丁巳。

本合无刑阴贵德。

壬戌、丁卯。

往来换官德。

若夫显说之外，非至圣则难言，二仪同德，归一而可。测搜造化伏现之机，格有无奇仪之会，发扬妙旨，神鬼何诛。

疑诛为殊，乃鬼谷自谓临于神鬼之妙，岂鬼神之所见诛也。

甲寅、己未、己丑。

上文秀人臣调鼎格，下秀而不清中贵格。

甲辰、甲戌、己亥。

上下禄命秀合重者，守德侍从，一本添己酉。

甲午、己酉。

重败禄，夫奔妻，有秀无禄格。

甲申、己卯。

正夫绝，妻贵奔夫，正贵格可作侍臣，并非长远之用。

甲子、己巳。

禄厚重合，奔妻夫地，清贵上品格。

丙寅、辛未、辛丑。

上承妻贵奔夫，大顺格。下夫奔妻，德通变，秀和格。

丙辰、丙戌、辛亥。

上自合承官，妻贵格。下德贵相承，自清格。

丙午、辛酉。

秀合神头禄，先利后败，夫妇文贵格。

丙申、辛卯。

支干无地，秀而不英格。

丙子、辛巳。

阳禄扶义，阴德相承，生旺格。

戊寅、癸未、癸丑。

上有贵暗官，不清格。下有地相通，贵浊格。

戊辰、戊戌、癸亥。

上妻奔夫神头禄，清贵格。下官轻承秀兵印，大权格。

戊午、癸酉。

支干失地，无官有禄，空秀格。

戊申、癸卯。

妻贵，扶禄承合，不秀格。

戊子、癸巳。

癸禄往还秀气，人臣格。

庚寅、乙未、乙丑。

妻重贵秀，合兵印重权，上清下浊格。

庚辰、庚戌、乙亥。

二者乃魁罡相承，兵印重承，上清下浊。

庚午、乙酉。

夫旺妻旺格，中而必败。

庚申、乙酉。

禄头专合人臣，刚毅格。

庚子、乙巳。

秀合暗官，妻奔夫，贵格。

壬寅、丁未、丁丑。

上阴地阳承，反复格。下秀合不清，高上格。

壬辰、壬戌、丁亥。

上秀清，禄会格。下浊，名卑位高格。

壬午、丁酉。

阴附阳录，阳承阴，贵格。

壬申、丁卯。

妻贵夫承，官德相交，中贵格。

壬子、丁巳。

禄德会合暗官，虚中大用格。

夫寅午戌之类，乃五行体合三生之会也。子丑之类，地支岁合也。甲己之类，真气德合也。寅丑未之类，天地真刑会也。甲得丑未，无合有合也。丁见亥之类，禄气通合也。申见乙，支合干也。甲见亥，干合支也。各看失位之轻重，得地之清浊，上下配偶，亲疏之紧慢也。其神头禄者，乃阴阳专位，天地神会也。列八卦之真源，演五行之成败，刚柔相推，有无合化也。故壬子之水，应北方之坎，丙午之火，实南宫之离，所以丙午得壬子不为破，丁巳得癸亥不为冲，是水火相济之源，有夫妇配合之理。

坎离，为男女精神之中者也。壬子见丙午，癸丑见丁巳，则先水后火，有未济之象，又不如丁巳见壬子，丙午得癸亥也。

庚申辛酉之金，应西方之兑，甲寅乙卯之木，象东方之震，凡甲寅得庚申不为刑，乙卯得辛酉不为鬼，是木女金夫之正体，明左右之神化也。

木主魂，金主魄，二者左右相间不合，若能全合，则神之化生以间也。若庚申见乙卯，辛酉得甲寅，不为变识之用也。

戊辰戊戌之土为魁罡相会，乾坤厚德覆载含生，不得以为反吟也。

戊辰戊戌不为冲破，是土得正位于守，元会也。

己丑己未是贵神，形体具备，守位贵贞，动静不常，此四维真土，有万物终始之道，非才能明于日月，器度广于山川大人君子，孰能备德？况神头禄各有神以主之，应日临神，或左右运动于六合之中，盈缩于吉凶之变也。

己丑土为天乙贵人，乙未土为太常福神，解百煞之凶，配一人之德，吉以吉应，逐凶释凶。若得之当用，则为横财之善。若戊辰为勾陈，戊戌为天空亡之神，多迁改，君师外藩，出镇边防，有所不常矣。丁巳为螣蛇之神，凶以凶用，吉以吉承，多荧惑之忧，有滑稽之性。丙午为朱雀之神，应阳明之体，文辞藻丽。甲寅为青龙之神，博施济众，得四方之利。乙卯为六合之神，主发生荣华，和弱顺倘。壬子为天后之神，主阴鹭天德，容美多权。癸亥为玄武之神，乃阴阳极终，有潜伏之气，从下如流。虽名大智，非轩昂超达之士，不可姑息。顺则安平，逆则奸危。庚申为白虎之神，利于武而不利于文，有抱道旅羁之性，善中严内，色厉内荏，有仁义，好幽僻。辛酉为太阴之神，怀肃杀之气者，有清白之风，为文章和易，不世之才。然后各以亲疏休旺定之也。

水土名用

土本无一方之气，从水妻之义也。阴阳各逐四时成就。

辰中有乙，则木土成之，故在寅卯辰中之土，随木之生旺也。魁里藏辛，则金土成之，故在申酉戌之土，随金之生旺也。贵神得癸，则水土成之，故在亥子丑之土，随水之生旺也。未隐丁火，则火土成之，故在巳午未之土，随火之生旺也。大体如此，则其土之用，皆喜于辰戌丑未也。戊气从戌从巳，戌火钟而土育，巳火极而土成，巳气从亥从午，亥火之绝也。土生午，火之旺也。土音盖巳午为火极，戌亥为火熄，父母极熄而子孙成之，与水之异也。二气俱逆，戊得丑而为巳，得未巳自亥逆至木旺，戌自己逆至丑旺，天地之中库于辰，金土之会，成于戌。然则水上当育于寅，阴阳之中，卯酉为无止之地。子午为夫旺妇极之所，丑乃木立形而上，藏甲为金，成而土衰，戌作魁而利乃土发之，独用不从，四时之义也。其立用之方，盖土无定形，虽载其文而未可究其指，故存之以待来者。

周易书斋精品书目

书　　名	作者	定价	出版社
术藏(全精装六箱共100卷)	谢路军主编	58000.00	燕山
道藏(全精装六箱共60卷)	谢路军主编	48000.00	九州
阳宅三要[宣纸线装一函三册]	[清]赵九峰撰	298.00	华龄
绘图全本鲁班经匠家镜[宣纸线装一函四册]	[周]鲁班著	680.00	华龄
青囊海角经[宣纸线装一函四册]	[晋]郭璞著	680.00	华龄
地理点穴撼龙经[宣纸线装一函三册]	[清]寇宗注	680.00	华龄
秘藏疑龙经大全[宣纸线装一函一册]	[清]寇宗注	280.00	华龄
杨公秘本山法备收[宣纸线装一函一册]	[清]寇宗注	280.00	华龄
校正全本地学答问[宣纸线装一函三册]	[清]魏清江撰	680.00	华龄
赖仙原本催官经[宣纸线装一函一册]	[宋]赖布衣撰	280.00	华龄
赖仙催官篇注[宣纸线装一函一册]	[宋]赖布衣撰	280.00	华龄
尹注赖仙催官篇[宣纸线装一函一册]	[宋]赖布衣撰	280.00	华龄
赖仙心印[宣纸线装一函一册]	[宋]赖布衣撰	280.00	华龄
连山[宣纸线装一函一册]	[清]马国翰辑	280.00	华龄
归藏[宣纸线装一函一册]	[清]马国翰辑	280.00	华龄
周易虞氏义笺订[宣纸线装一函六册]	[清]李翊灼校订	1180.00	华龄
周易参同契通真义[宣纸线装一函二册]	[后蜀]彭晓撰	480.00	华龄
御制周易[宣纸线装一函三册]	武英殿影印宋本	680.00	华龄
宋刻周易本义[宣纸线装一函四册]	影印宋刻本	980.00	华龄
易学启蒙[宣纸线装一函二册]	朱熹、蔡元定撰	480.00	华龄
易余[宣纸线装一函二册]	[明]方以智撰	480.00	九州
明抄真本梅花易数[宣纸线装一函三册]	[宋]邵雍撰	480.00	九州
古本皇极经世书[宣纸线装一函三册]	[宋]邵雍撰	980.00	九州
奇门鸣法[宣纸线装一函二册]	[清]龙伏山人撰	680.00	华龄
奇门衍象[宣纸线装一函二册]	[清]龙伏山人撰	480.00	华龄
奇门枢要[宣纸线装一函二册]	[清]龙伏山人撰	480.00	华龄
奇门仙机[宣纸线装一函三册]	王力军校订	298.00	华龄
奇门心法秘纂[宣纸线装一函三册]	王力军校订	298.00	华龄
御定奇门秘诀[宣纸线装一函三册]	[清]湖海居士辑	680.00	华龄
龙伏山人存世文稿[宣纸线装五函十册]	[清]矫子阳撰	2800.00	九州
奇门遁甲鸣法[宣纸线装一函二册]	[清]矫子阳撰	680.00	九州
奇门遁甲衍象[宣纸线装一函二册]	[清]矫子阳撰	480.00	九州
奇门遁甲枢要[宣纸线装一函二册]	[清]矫子阳撰	480.00	九州
遁甲括囊集[宣纸线装一函三册]	[清]矫子阳撰	980.00	九州
增注蒋公古镜歌[宣纸线装一函一册]	[清]矫子阳撰	180.00	九州

书　　名	作者	定价	出版社
宫藏奇门大全[线装五函二十五册]	郑同校	6800.00	星易
遁甲奇门秘传要旨大全[线装二函十册]	[清]范阳耐寒子辑	6800.00	星易
遁甲奇门捷要[宣纸线装一函一册]	[清]杨景南编	380.00	故宫
奇门遁甲备览[宣纸线装一函二册]	清顺治抄本	760.00	故宫
六壬类聚[宣纸线装一函四册]	[清]纪大奎撰	1520.00	故宫
订正六壬金口诀[宣纸线装一函六册]	[清]巫国匡辑	1280.00	华龄
六壬神课金口诀[宣纸线装一函三册]	[明]适适子撰	298.00	华龄
改良三命通会[宣纸线装二函六册]	[明]万民英撰	980.00	华龄
增补选择通书玉匣记[宣纸线装一函二册]	[晋]许逊撰	480.00	华龄
增补四库青乌辑要[宣纸线装全18函59册]	郑同校	11680.00	九州
第1种:宅经[宣纸线装1册]	[署]黄帝撰	180.00	九州
第2种:葬书[宣纸线装1册]	[晋]郭璞撰	220.00	九州
第3种:青囊序青囊奥语天玉经[宣纸线装1册]	[唐]杨筠松撰	220.00	九州
第4种:黄囊经[宣纸线装1册]	[唐]杨筠松撰	220.00	九州
第5种:黑囊经[宣纸线装2册]	[唐]杨筠松撰	380.00	九州
第6种:锦囊经[宣纸线装1册]	[晋]郭璞撰	200.00	九州
第7种:天机贯旨红囊经[宣纸线装2册]	[清]李三素撰	380.00	九州
第8种:玉函天机素书 至宝经[宣纸线装1册]	[明]董德彰撰	200.00	九州
第9种:天机一贯[宣纸线装2册]	[清]李三素撰辑	380.00	九州
第10种:撼龙经[宣纸线装1册]	[唐]杨筠松撰	200.00	九州
第11种:疑龙经葬法倒杖[宣纸线装1册]	[唐]杨筠松撰	220.00	九州
第12种:疑龙经辨正[宣纸线装1册]	[唐]杨筠松撰	200.00	九州
第13种:寻龙记太华经[宣纸线装1册]	[唐]曾文辿撰	220.00	九州
第14种:宅谱要典[宣纸线装2册]	[清]铣溪野人校	380.00	九州
第15种:阳宅必用[宣纸线装2册]	心灯大师校订	380.00	九州
第16种:阳宅撮要[宣纸线装2册]	[清]吴鼒撰	380.00	九州
第17种:阳宅正宗[宣纸线装1册]	[清]姚承舆撰	200.00	九州
第18种:阳宅指掌[宣纸线装2册]	[清]黄海山人撰	380.00	九州
第19种:相宅新编[宣纸线装1册]	[清]焦循校刊	240.00	九州
第20种:阳宅井明[宣纸线装2册]	[清]邓颖出撰	380.00	九州
第21种:阴宅井明[宣纸线装1册]	[清]邓颖出撰	220.00	九州
第22种:灵城精义[宣纸线装2册]	[南唐]何溥撰	380.00	九州
第23种:龙穴砂水说[宣纸线装1册]	清抄秘本	180.00	九州
第24种:三元水法秘诀[宣纸线装2册]	清抄秘本	380.00	九州
第25种:罗经秘传[宣纸线装2册]	[清]傅禹辑	380.00	九州
第26种:穿山透地真传[宣纸线装2册]	[清]张九仪撰	380.00	九州
第27种:催官篇发微论[宣纸线装2册]	[宋]赖文俊撰	380.00	九州

书　　　名	作者	定价	出版社
第28种:入地眼神断要诀[宣纸线装2册]	清抄秘本	380.00	九州
第29种:玄空大卦秘断[宣纸线装1册]	清抄秘本	200.00	九州
第30种:玄空大五行真传口诀[宣纸线装1册]	[明]蒋大鸿等撰	220.00	九州
第31种:杨曾九宫颠倒打劫图说[宣纸线装1册]	[唐]杨筠松撰	200.00	九州
第32种:乌兔经奇验经[宣纸线装1册]	[唐]杨筠松撰	180.00	九州
第33种:挨星考注[宣纸线装1册]	[清]汪董缘订定	260.00	九州
第34种:地理挨星说汇要[宣纸线装1册]	[明]蒋大鸿撰辑	220.00	九州
第35种:地理捷诀[宣纸线装1册]	[清]傅禹辑	200.00	九州
第36种:地理三仙秘旨[宣纸线装1册]	清抄秘本	200.00	九州
第37种:地理三字经[宣纸线装3册]	[清]程思乐撰	580.00	九州
第38种:地理雪心赋注解[宣纸线装2册]	[唐]卜则巍撰	380.00	九州
第39种:蒋公天元余义[宣纸线装1册]	[明]蒋大鸿等撰	220.00	九州
第40种:地理真传秘旨[宣纸线装3册]	[唐]杨筠松撰	580.00	九州
增补四库未收方术汇刊第一辑(全28函)	线装影印本	11800.00	九州
第一辑01函·1:火珠林	[宋]麻衣道者著	120.00	九州
第一辑01函·2:卜筮正宗	[清]王洪绪辑	220.00	九州
第一辑02函·1:全本增删卜易	[清]野鹤老人撰	480.00	九州
第一辑02函·2:增删卜易真诠	[清]张金和撰	240.00	九州
第一辑03函·1:渊海子平音义评注	[明]杨淙增校	120.00	九州
第一辑03函·2:子平真诠	[清]沈孝瞻撰	120.00	九州
第一辑03函·3:命理易知	[清]袁树珊撰	120.00	九州
第一辑04函·1:滴天髓:附滴天秘诀	[宋]京图撰	120.00	九州
第一辑04函·2:穷通宝鉴:附月谈赋	[清]余春台辑	240.00	九州
第一辑05函·1:参星秘要诹吉便览	[清]俞荣宽撰	240.00	九州
第一辑05函·2:玉函斗首三台通书	[明]吴图南辑	120.00	九州
第一辑05函·3:精校三元总录	[明]柳鋡辑	100.00	九州
第一辑06函:陈子性藏书	[清]陈应选撰	580.00	九州
第一辑07函·1:崇正辟谬永吉通书	[清]李奉来辑	300.00	九州
第一辑07函·2:选择求真	[清]胡晖著	200.00	九州
第一辑08函·1:增补选择通书玉匣记	[晋]许逊撰	200.00	九州
第一辑08函·2:永宁通书	[清]王维德纂	200.00	九州
第一辑09函:新增阳宅爱众篇	[清]张觉正撰	480.00	九州
第一辑10函·1:地理四弹子	[清]张九仪注	120.00	九州
第一辑10函·2:地理铅弹子砂水要诀	[清]张九仪著	220.00	九州
第一辑11函:地理五诀	[清]赵九峰著	200.00	九州
第一辑12函:地理直指原真	[清]释如玉撰	280.00	九州
第一辑13函:宫藏真本入地眼全书	[宋]释静道著	680.00	九州

书　名	作者	定价	出版社
第一辑14函·1:罗经顶门针	[明]徐之镆撰	120.00	九州
第一辑14函·2:罗经解定	[清]胡国桢撰	120.00	九州
第一辑14函·3:罗经透解	[清]王道亨辑	120.00	九州
第一辑15函·1:校正详图青囊经	[清]王宗臣著	100.00	九州
第一辑15函·2:平砂玉尺经	[元]刘秉忠撰	100.00	九州
第一辑15函·3:地理辨正疏	[清]张心言撰	100.00	九州
第一辑16函:一贯堪舆	[明]唐世友辑	240.00	九州
第一辑17函·1:阳宅大全	[明]一壑居士集	200.00	九州
第一辑17函·2:阳宅十书	[明]王君荣辑	400.00	九州
第一辑18函:阳宅大成五种	[清]魏青江撰	600.00	九州
第一辑19函·1:奇门五总龟	[明]池纪撰	200.00	九州
第一辑19函·2:奇门遁甲统宗大全	[汉]诸葛武侯撰	200.00	九州
第一辑19函·3:奇门遁甲元灵经	[清]隐溪居士辑	100.00	九州
第一辑20函:奇门遁甲秘笈全书	[明]刘伯温辑	280.00	九州
第一辑21函:奇门庐中阐秘	[汉]诸葛武侯撰	600.00	九州
第一辑22函·1:奇门遁甲元机	[宋]岳珂纂辑	120.00	九州
第一辑22函·2:太乙秘书	[宋]岳珂纂辑	100.00	九州
第一辑22函·3:六壬大占	[宋]岳珂纂辑	100.00	九州
第一辑23函:性命圭旨	[明]尹真人撰	480.00	九州
第一辑24函:紫微斗数全书	[宋]陈抟撰	200.00	九州
第一辑25函:千镇百镇桃花镇	[清]云石道人校	220.00	九州
第一辑26函·1:清抄真本祝由科秘诀全书	[上古]黄帝传	680.00	九州
第一辑26函·2:轩辕碑记医学祝由十三科　祝由科治病奇书	[上古]黄帝传	120.00	九州
第一辑27函:增补秘传万法归宗	[唐]李淳风撰	160.00	九州
第一辑28函·1:神机灵数一掌经金钱课	[清]诚文信校	100.00	九州
第一辑28函·2:牙牌神数七种	[清]岳庆山樵著	100.00	九州
第一辑28函·3:珍本演禽三世相法	[唐]袁天罡著	240.00	九州
增补四库未收方术汇刊第二辑(全36函)	线装影印本	13800.00	九州
第二辑第1函－1:六爻断易一撮金	[宋]邵雍撰	100.00	九州
第二辑第1函－2:卜易秘诀海底眼	[宋]王鏊撰	100.00	九州
第二辑第2函:秘传子平渊源	燕山郑同校辑	280.00	九州
第二辑第3函:命理探原	[清]袁树珊撰	280.00	九州
第二辑第4函:命理正宗	[明]张楠撰集	180.00	九州
第二辑第5函:造化玄钥	庄圆校补	220.00	九州
第二辑第6函－1:命理寻源	[清]徐乐吾撰	100.00	九州
第二辑第6函－2:子平管见	[明]雷鸣夏撰	180.00	九州

书　　　名	作者	定价	出版社
第二辑第 7 函:京本风鉴相法	[明]回阳子校辑	380.00	九州
第二辑第 8—9 函:钦定协纪辨方书 8 册	[清]允禄编	780.00	九州
第二辑第 10—11 函:鳌头通书 10 册	[明]熊宗立撰辑	880.00	九州
第二辑第 12—13 函:象吉通书 1	[清]魏明远撰辑	1080.00	九州
第二辑第 14 函－1:选择纪要	[古朝鲜]南秉吉撰	240.00	九州
第二辑第 14 函－2:选择宗镜	[明]吴国仕撰辑	120.00	九州
第二辑第 15 函:选择正宗	[清]顾宗秀撰辑	480.00	九州
第二辑第 16 函:仪度六壬选日要诀	[清]张九仪撰	680.00	九州
第二辑第 17 函:葬事择日法	郑同校辑	280.00	九州
第二辑第 18 函:地理不求人	[清]吴明初撰辑	240.00	九州
第二辑第 19 函:地理大成一:山法全书	[清]叶九升撰	680.00	九州
第二辑第 20 函:地理大成二:平阳全书	[清]叶九升撰	360.00	九州
第二辑第 21 函－1:地理大成三:地理六经注	[清]叶九升撰	120.00	九州
第二辑第 21 函－2:地理大成四:罗经指南拨雾集	[清]叶九升撰	90.00	九州
第二辑第 21 函－3:地理大成五:理气四诀	[清]叶九升撰	90.00	九州
第二辑第 22 函:地理录要	[明]蒋大鸿撰	480.00	九州
第二辑第 23 函:地理人子须知	[明]徐善继撰	480.00	九州
第二辑第 24 函:地理四秘全书	[清]尹一勺撰	380.00	九州
第二辑第 25—26 函:地理天机会元	[明]顾陵冈辑	1080.00	九州
第二辑第 27 函:地理正宗	[清]蒋宗城校订	280.00	九州
第二辑第 28 函:全图鲁班经	[明]午荣编	280.00	九州
第二辑第 29 函:秘传水龙经	[明]蒋大鸿撰	480.00	九州
第二辑第 30 函:阳宅集成	[清]姚廷銮纂	480.00	九州
第二辑第 31 函:阴宅集要	[清]姚廷銮纂	240.00	九州
第二辑第 32 函:辰州符咒大全	[清]觉玄子辑	480.00	九州
第二辑第 33 函－1:三元镇宅灵符秘箓	[明]张宇初编	120.00	九州
第二辑第 33 函－2:太上洞玄祛病灵符全书	[明]张宇初编	120.00	九州
第二辑第 34 函:太上混元祈福解灾三部神符	[明]张宇初编	360.00	九州
第二辑第 35 函－1:测字秘牒	[清]程省撰	120.00	九州
第二辑第 35 函－2:先天易数	[宋]邵雍撰	120.00	九州
第二辑第 35 函－3:冲天易数·马前课	[宋]邵雍撰	120.00	九州
第二辑第 36 函:秘传紫微	古朝鲜抄本	240.00	九州
增广沈氏玄空学	郑同点校	68.00	华龄
地理点穴撼龙经	郑同点校	32.00	华龄
绘图地理人子须知(上下)	郑同点校	78.00	华龄
玉函通秘	郑同点校	48.00	华龄
绘图入地眼全书	郑同点校	28.00	华龄

书　　名	作者	定价	出版社
绘图地理五诀	郑同点校	48.00	华龄
一本书弄懂风水	郑同著	48.00	华龄
风水罗盘全解	傅洪光著	58.00	华龄
堪舆精论	胡一鸣著	29.80	华龄
堪舆的秘密	宝通著	36.00	华龄
中国风水学初探	曾涌哲	58.00	华龄
大六壬通解(全三册)	叶飘然著	168.00	华龄
壬占汇选(精抄历代六壬占验汇选)	肖岱宗点校	48.00	华龄
大六壬指南	郑同点校	28.00	华龄
六壬金口诀指玄	郑同点校	28.00	华龄
大六壬寻源编[全三册]	[清]周螭辑录	180.00	华龄
六壬辨疑　毕法案录	郑同点校	32.00	华龄
大六壬断案疏证	刘科乐著	58.00	华龄
御定奇门宝鉴	郑同点校	58.00	华龄
御定奇门阳遁九局	郑同点校	78.00	华龄
御定奇门阴遁九局	郑同点校	78.00	华龄
奇门秘占合编:奇门庐中阐秘·四季开门	[汉]诸葛亮撰	68.00	华龄
奇门探索录	郑同编订	38.00	华龄
奇门遁甲秘笈大全	郑同点校	48.00	华龄
奇门旨归	郑同点校	48.00	华龄
奇门法窍	[清]锡孟樨撰	48.00	华龄
奇门精粹——奇门遁甲典籍大全	郑同点校	68.00	华龄
御定子平	郑同点校	48.00	华龄
增补星平会海全书	郑同点校	68.00	华龄
五行精纪:命理通考五行渊微	郑同点校	38.00	华龄
子平汇刊1:渊海子平大全	[宋]徐子平撰	48.00	华龄
子平汇刊2:秘本子平真诠	[清]沈孝瞻撰	38.00	华龄
子平汇刊3:命理金鉴	[清]志于道撰	38.00	华龄
子平汇刊4:秘授滴天髓阐微	[清]任铁樵注	48.00	华龄
子平汇刊5:穷通宝鉴评注	[清]徐乐吾注	48.00	华龄
子平汇刊6:神峰通考命理正宗	[明]张楠撰	38.00	华龄
子平汇刊7:新校命理探原	[清]袁树珊撰	48.00	华龄
子平汇刊8:重校绘图袁氏命谱	[清]袁树珊撰	68.00	华龄
子平精粹1:官板音义详注渊海子平	郑同点校	98.00	华龄
子平精粹2:秘授滴天髓阐微	郑同点校	98.00	华龄

书 名	作者	定价	出版社
子平精粹3:命理秘本穷通宝鉴	郑同点校	98.00	华龄
子平精粹4:神峰通考命理正宗	郑同点校	98.00	华龄
子平精粹5:子平真诠、命理约言	郑同点校	98.00	华龄
纳甲汇刊1:校正全本增删卜易	郑同点校	68.00	华龄
纳甲汇刊2:校正全本卜筮正宗	郑同点校	48.00	华龄
纳甲汇刊3:校正全本易隐	郑同点校	48.00	华龄
纳甲汇刊4:校正全本易冒	郑同点校	48.00	华龄
纳甲汇刊5:校正全本易林补遗	郑同点校	38.00	华龄
纳甲汇刊6:校正全本卜筮全书	郑同点校	68.00	华龄
京氏易精粹1:火珠林·黄金策	郑同点校	98.00	华龄
京氏易精粹2:易林补遗、周易尚占	郑同点校	98.00	华龄
京氏易精粹3:校正增删卜易	郑同点校	98.00	华龄
京氏易精粹4:野鹤老人占卜全书	郑同点校	98.00	华龄
京氏易精粹5:易隐、易冒	郑同点校	98.00	华龄
古今图书集成术数丛刊:卜筮(全二册)	郑同点校	80.00	华龄
古今图书集成术数丛刊:堪舆(全二册)	郑同点校	120.00	华龄
古今图书集成术数丛刊:相术(全一册)	郑同点校	60.00	华龄
古今图书集成术数丛刊:选择(全一册)	郑同点校	50.00	华龄
古今图书集成术数丛刊:星命(全三册)	郑同点校	180.00	华龄
古今图书集成术数丛刊:术数(全三册)	郑同点校	200.00	华龄
四库全书术数初集(全四册)	郑同点校	200.00	华龄
四库全书术数二集(全三册)	郑同点校	150.00	华龄
四库全书术数三集:钦定协纪辨方书(全二册)	郑同点校	98.00	华龄
增补鳌头通书大全(全三册)	[明]熊宗立撰辑	180.00	华龄
增补象吉备要通书大全(全三册)	[清]魏明远撰辑	180.00	华龄
绘图三元总录	郑同编校	48.00	华龄
绘图全本玉匣记	郑同编校	32.00	华龄
周易正解:小成图预测学讲义	霍斐然著	68.00	华龄
周易初步:易学基础知识36讲	张绍金著	32.00	华龄
周易与中医养生:医易心法	成铁智著	32.00	华龄
梅花心易阐微	[清]杨体仁撰	48.00	华龄
梅花易数讲义	郑同著	58.00	华龄
白话梅花易数	郑同编著	30.00	华龄
一本书读懂易经	郑同著	38.00	华龄
白话易经	郑同编著	38.00	华龄

书　名	作者	定价	出版社
周易象数学(精装)	冯昭仁著	98.00	华龄
知易术数学：开启术数之门	赵知易著	48.00	华龄
术数入门——奇门遁甲与京氏易学	王居恭著	48.00	华龄
奇门秘书：鸣法体系校释(精装上下)	龙伏山人撰	198.00	九州
中国风水史	郑同傅洪光撰	32.00	九州
壬奇要略(全5册：大六壬集应钤3册，大六壬口诀纂1册，御定奇门秘纂1册)	肖岱宗郑同点校	300.00	九州
白话高岛易断(上下)	[日]高岛嘉右卫门	128.00	九州
周易虞氏义笺订(上下)	[清]李翊灼校订	78.00	九州
周易明义	邸勇强著	73.00	九州
论语明义	邸勇强著	37.00	九州
统天易数	秦宗臻著	68.00	城市
润德堂丛书六种：新命理探原	袁树珊著	30.00	燕山
润德堂丛书六种：命谱	袁树珊著	60.00	燕山
润德堂丛书六种：大六壬探原	袁树珊著	30.00	燕山
润德堂丛书六种：选吉探原	袁树珊著	30.00	燕山
润德堂丛书六种：中西相人探原	袁树珊著	30.00	燕山
润德堂丛书六种：述卜筮星相学	袁树珊著	30.00	燕山
天星姓名学	侯景波著	38.00	燕山
解梦书	郑同	58.00	燕山

　　周易书斋是国内最大的专业从事易学术数类图书邮购服务的书店，成立于2001年，现有易学及术数类图书、古籍影印本、学习资料等现货6000余种，在海内外易学研究者中有着巨大的影响力。请发送您的姓名、地址、邮编、电话等项短信到13716780854，即可免费获取印刷版的易学书目。或来函（挂号）：北京市102488信箱58分箱　邮编：102488　王兰梅收。

　　1、QQ：(周易书斋2)2839202242；QQ群：(周易书斋书友会)140125362。
　　　　免费下载本店易学书目：http://pan.baidu.com/s/1i3u0sNN
　　2、联系人：王兰梅电话：13716780854,15652026606,(010)89360046
　　3、邮购费用固定，不论册数多少，每次收费7元。
　　4、银行汇款户名：**王兰梅**。请您汇款后**电话通知我们所需书目**以及汇款时间、金额等项，以便及时寄出图书。
　　　　邮政：601006359200109796　农行：6228480010308994218
　　　　工行：0200299001020728724　建行：1100579980130074603
　　　　交行：6222600910053875983　支付宝：13716780854
　　5、京东—学易斋官方旗舰店网址：xyz888.jd.com
　　6、学易斋官方微信号：xyz15652026606

北京周易书斋敬启